학교 오케스트라

지도 지침서

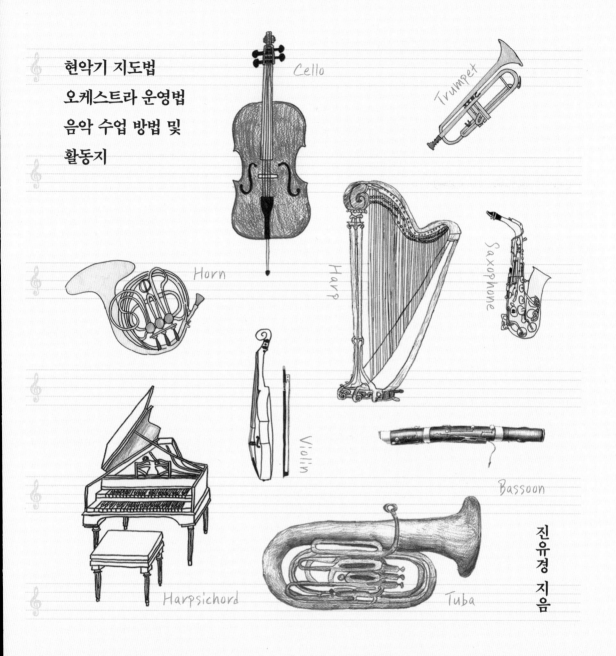

현악기 지도법
오케스트라 운영법
음악 수업 방법 및
활동지

Cello

Trumpet

Horn

Harp

Saxophone

Violin

Bassoon

진유경 지음

Harpsichord

Tuba

학교
오케스트라
지도 지침서

한그루

이 글을 읽고 계신 당신은,
교사입니까?

혹시 그중 음악 교사인가요?
그렇다면,
매우 극한 직업을 가지고 계시네요.

　만약 제가 중고등학교 교사가 될 것을 미리 알았다면 음악을 전공하지 않았
을 겁니다. 그런데 음악을 먼저 전공하였고, 교사라는 직업을 뒤늦게 선택한
것이 저의 큰 실수였습니다. 우리끼리는 다 알잖아요? 소싯적 각종 음악 콩쿠
르에서 1등을 수상하고 대학에서도 인정받던 실력 좋은 연주자였지만 학교
현장에서는 하나도 필요없다는 사실을 말이죠.

저는 피아노를 전공하였습니다. 한때 천재 소리도 듣는 영재였으며 세계적인 연주자를 꿈꾸기도 하였지요. 그런데 어쩌다가 교사를, 그것도 '음악' 교사를 하게 된 걸까요? 우리나라 IMF 외환 위기 시대에 하필 고등학생이었던 저는 사회적 분위기와 부모님의 권유에 따라 사범대학을 가게 되었습니다.

방황하던 대학교 시절 교생 실습을 갔을 때, 선배들이 그런 이야기를 하더라고요. 교생 실습을 다녀오면 교사가 되고 싶은 마음이 마구마구 생기고, 그래서 임고(공립 중등교사 임용시험) 준비를 열심히 하게 된다고 말이죠. 그런데 전 아니었습니다. 교생 실습을 다녀오고 나서 정말 교사가 하기 싫어졌어요, 하하하.

하지만 사범대 졸업생이 부모님께 임고를 안 본다는 말은 차마 못 하겠더라고요. 1년만 공부해보자, 노량진 좁은 고시원에서 고시식당 밥을 먹으며 1년을 공부했습니다. 그러나 2004년도 임고에서 서울 3차에 낙방하게 됩니다.

서울시교육청, 당신들 나한테 실수했어. 나를 떨어뜨리다니!

이런 오만한 생각을 했던 철없던 20대의 저는 부모님께 앞으로는 제멋대로 살겠다고 엄포를 놓고 탕자를 자처하며 교육계를 떠났습니다. 그리고 10년 동안 다른 일을 하면서 방황했습니다. 그러나 수많은 일들과 세월 속에 결국 저는 교단으로 돌아오게 되었습니다. 어차피 할 거였으면 그때 좀 더 열심히 해서 합격할 걸 그랬어요. 호봉이 10호봉은 올라가고 경력도 더 많이 쌓였을 텐데요.

서울 안에서만 살겠다고 큰소리치던 저는, 34세에 첫 발령을 받은 노령의 신규교사로 제주도 서귀포 어느 작은 농촌마을로 가게 됩니다. 그 학교에서 전교생 오케스트라를 직접 지도, 지휘, 업무 담당했던 이야기들을 이 책에서 하려고 합니다. 1장에서는 저와 위미중 오케스트라의 소소한 이야기들, 2장에서는 구체적인 오케스트라 지도법과 운영에 관해 연구한 내용들, 3장에서는 학교에서 실제로 이루어졌던 음악 교과수업에 대한 이야기로 구성됩니다.

이 책이 극한 직업을 가진 음악 교사들에게 위로와 지침서가 되기를 바랍니다.

음악교사 소양 TEST

음악 교사신가요? 음악 교사는 아시다시피 갖추어야 할 소양이 매우 많습니다. 제가 간단한 음악 교사 소양 test를 준비했습니다. 나는 어느 정도 소양을 갖춘 교사인지 자가test를 해보세요.

	음악 교사에게 필요한 여러 가지 능력	매우 잘함	잘함	보통	서툼	매우 못함
1	피아노 연주 능력	④	③	②	①	⓪
2	즉흥적으로 전조하여 반주하는 능력	④	③	②	①	⓪
3	성악 발성 지도	④	③	②	①	⓪
4	국악 발성 지도	④	③	②	①	⓪
5	장구 반주와 동시에 지역별 민요창	④	③	②	①	⓪
6	단소, 피리 등 관악 국악기 연주	④	③	②	①	⓪
7	리코더, 오카리나 연주	④	③	②	①	⓪
8	시창 청음 능력	④	③	②	①	⓪
9	전자악기 다루기	④	③	②	①	⓪
10	새로운 트렌드 악기 정보와 적응력 (우쿨렐레, 칼림바, 핸드럼, 붐웨커, 오르골 등)	④	③	②	①	⓪
11	오페라, 뮤지컬 섭렵(주요 아리아 또는 넘버 파악)	④	③	②	①	⓪
12	클래식 곡 섭렵	④	③	②	①	⓪
13	재즈 음악과 대중 음악 장르	④	③	②	①	⓪
14	최신 유행하는 노래와 인기 가수 알기	④	③	②	①	⓪
15	영상 제작, 오디오 파일, 편집 능력	④	③	②	①	⓪
16	스마트기기 다루기(각종 플랫폼, 기기, 앱 등)	④	③	②	①	⓪
17	노테이션 프로그램 다루는 능력(피날레, 시벨리우스, NWC 등)	④	③	②	①	⓪
18	PPT와 학습지를 잘 만드는 미적 감각	④	③	②	①	⓪
19	간단한 악기 수리 능력	④	③	②	①	⓪
20	신체 동작(손기호, 지휘, 춤, 수화 등)	④	③	②	①	⓪
21	미술 지식(음악사조와 연관하여 수업 가능)	④	③	②	①	⓪
22	세계사와 한국사 지식	④	③	②	①	⓪
23	기획력(학교축제, 발표회 등)	④	③	②	①	⓪
24	공문서 작성력	④	③	②	①	⓪
25	각 학생의 특징을 살피는 관찰력과 작문력(생기부 작성 시 필요)	④	③	②	①	⓪

어떠셨나요? 사실 우리가 학부에서 배운 음악은 위의 많은 영역 중 1~2개에 해당될 것입니다. 하지만 대한민국에서 음악 교사로 살아가기 위해서는 수많은 새로운 영역들을 끊임없이 배우고 지도해야 합니다. 이런 교과가 또 있을까요? 그렇기 때문에 저는 음악 교과는 매우 어려운 과목 중 하나라고 생각합니다.

이 책을 쓰고 있는 저의 점수는 100점 만점 중 68점입니다. 나름 다른 선생님들보다 능력이 좋다고 자가진단하는 편인데도 말입니다. 전국 음악 교사들이 모여있는 단체 SNS에 가입되어 있는데(회원수 약 1,500명), 그분들의 수업내용과 방법들을 보고 있자면 감탄사가 나옵니다. 간혹 무슨 말인지 알아 듣기 어려운 내용들도 있습니다. 그럴 때면 '한참 길이 멀구나, 공부할 것이 어마어마하게 많이 남았구나.' 하는 자책감도 들지만 아마 제가 부러워했던 그 선생님들께서도 다 똑같은 생각을 하고 있지 않으실까, 하는 생각도 듭니다. 그렇기 때문에 우리는 주눅들거나 기죽을 필요가 없어요.

지금도 충분하다,
지금도 매우 훌륭하다,
우리 함께 칭찬해 보아요!

CONTENTS

프롤로그 ··· 04

제1장

나의 교직 이야기,
우미마루
오케스트라
이야기

01 나의 임고 이야기, 제주 이야기 ··· 13
02 나의 첫 발령지, 위미중학교 ··· 16
03 우리의 첫 도전, 무대에 서다 ··· 19
04 나의 다짐, 낙오자는 없다 ··· 26
05 나의 20대 이야기 ··· 28
06 지휘가 두렵나요? ··· 32
07 나의 오케스트라 4년 계획 - STEP 4 ··· 34
08 새로운 지도법 개발과 실행 ··· 41
09 해마다 성장한 오케스트라 ··· 43
10 2학급 만들기 미션 ··· 46
11 13명이 밴드도 하고 앙상블도 하고? ··· 48
12 제주 국제학교 '브랭섬홀아시아(BHA)'&
　　서귀포여자고등학교와의 교류 ··· 50
13 교육공동체란 ··· 60

제2장

오케스트라
지도법 이야기 &
현악 지도법

01 연구의 시작 ··· 67
02 선행 연구에서 찾는 이론적 배경 ··· 69
03 가설을 검증하기 위한 2가지의 검사도구 ··· 72
04 우리 학교 오케스트라의 발전과정 ··· 75
05 현악 오케스트라에 대한 고민 ··· 77
06 중학생의 음악 인지 특성 파악하기 ··· 80
07 운영 과제와 프로젝트 방향 ··· 81
08 학생 실태 분석 ··· 87
09 우리 학교 오케스트라 구성 ··· 89
10 학생들을 대상으로 한 사전 검사 실시 결과 ··· 92
11 운영과정 실행 포인트 ··· 98
12 악곡 정하기 ··· 99
13 현악기 지도하기 ··· 106
14 관악기 지도하기 ··· 118

15 합주 지도하기 ··· 121

16 모두 참여하기 ··· 131

17 연주 전 집중 연습 ··· 132

18 작은 오케스트라(앙상블) 지도하기 ··· 135

19 학생들이 만드는 오케스트라 운영하기 ··· 137

20 기타 운영 방법 ··· 139

21 정기연주회 ··· 140

22 연구의 결과 ··· 154

23 연구를 마치며 ··· 166

24 오케스트라 교육 실제 후기 ··· 170

제3장

슬기로운
음악 수업

01 음악 교사의 음악 수업에 대한 고민 ··· 189

02 지금 세대의 문화 읽기 ··· 195

03 과정중심평가, 원래 하던 대로 ··· 198

04 음악사 수업, 어떻게 접근할까? ··· 200

05 '거꾸로 접근하는 음악사' 수업 모델 ··· 201

06 '학교 교가 배우기' 수업 모델 ··· 213

07 '창작뮤지컬(극음악)' 수업 모델 ··· 217

08 '음악 영화와 연계' 수업 모델 ··· 230

09 '가상 음악회 기획하기' 수업 모델 ··· 235

10 '음악의 생활화' 수업 모델 ··· 241

11 '동요 악보 만들기(청음과 이론의 종합)' 수업 모델 ··· 248

12 '화성학' 수업 모델 ··· 260

13 '학급 노래방' 수업 모델 ··· 262

14 '판소리의 세계화' 수업 모델 ··· 266

15 '악기 구조 사전 만들기' 수업 모델 ··· 276

16 '악학궤범 문헌을 통한 8음의 분류' 수업 모델 ··· 284

17 '온라인 사이트를 활용한 음악 수업' 수업 모델 ··· 290

18 학교 게시판과 인스타그램 계정 활용하기 ··· 292

에필로그 ··· 296

제1장

나의 교직 이야기, 우미마루 오케스트라 이야기

PART. 01

나의 임고 이야기
제주 이야기

나는 경남 창원에서 학창 시절을 보내고 격동의 IMF 외환 위기 시대에 대학을 간 99학번의 사범대생이다. 앞으로 학교 교사가 유망직업이니 국립사범대를 가야 된다는 주변 어른들의 성화로 생각해보지 않았던 사범대에 진학하게 되었다. 그 시절 수능 성적도 상위 1%, 실기 실력도 매우 뛰어났던 나에게 사범대라니?

"부모님, 저는 사범대를 가기 위해 하루에 10시간씩 피아노를 치지 않았습니다. 차라리 공부를 해서 다른 과를 가는 게 낫겠습니다."라고 이야기했던 기억이 난다. 그렇다, 난 연주자가 되고 싶었다!

예술대학을 가고 싶습니다!
음악으로 사람들에게
위로와 공감과 감동을 주고 싶습니다!

그러나 어리고 힘이 없던 나는 등록금이 저렴하고 집과 가까운 국립사범대에 진학하게 되었다. 부모님의 권유로 억지로 다니게 된 학교였지만 어쩌다 보니 졸업까지 하게 되었고 더불어 따라온 교원자격증이 지금의 나를 있게 하였다. 지금 와서 생각해보면, 사범대를 가게 된 것도 내가 10년 동안 교직을 떠나 방황한 것도, 뒤늦게 제주도에서 교사가 되어 늦깎이 신규를 보내게 된 것도 모두 축복이 아닐 수 없다.

나는 대학 졸업 이후 첫 임고에서 3차 낙방을 하고 방랑의 20대 생활을 하게 된다.

교직도 음악도 모두 버리고 내 멋대로 살아보았다. 그러다가 어느 날, 다시 음악이 하고 싶어졌다. 교사라는 직업이 하고 싶어졌다. 이미 서른이 넘은 나이였고, 다시 공부를 하려고 책을 펼쳐보니 머리가 삐거덕거리며 잘 돌아가지 않는다. 저 수능에서 언어영역 고득점자였거든요? 수리영역도 거의 만점이었거든요?

10대 시절 악보 한번 보면 사진 찍듯 착착 머릿속에 저장되던 총명했던 내 과거의 모습은 다 사라지고, 난 그저 건망증이 심각한 30대의 솔로 여성이었던 것이다. 용산구였던 집에서 다리 하나 건너는 노량진 학원에 갈 체력적 에너지도 없었다. 차라리 오가는 버스와 지하철에서 쓰는 힘을 아껴 공부를 하자. 나는 인터넷 강의를 들으며 하루 종일 집에서 나가지 않고 공부에 매달렸다.

내 생에 그렇게 열심히 공부를 한 적이 없었다. 공부만으로 견디기가 힘들었다. 새벽 예배를 다녔다. 성가대 지휘와 반주로 봉사도 매우 열심히 했다. 신앙이 아니면 제정신으로 살아갈 수 없었다. 내 생에 그렇게 절실한 기독교인이었던 적이 없었으며 가장 뜨거운 신앙 생활을 했던 시기였다.

거의 1년 가까운 기간 동안 집과 교회만 오가며 오직 나에게 모든 것을 집중했다.

여러분, 그래서 제가 어떻게 되었을까요?

그때 함께 그룹으로 공부했던 나의 고시 동기들 중 1명은 인천, 2명은 강원도, 2명은 제주에서 지금 교사로 재직 중이다. 물론 한 번에 된 것은 아니었다. 나는 서울지역에서 3차 낙방을 또 경험하게 된다. 맙소사. 서울시교육청이 나를 2번이나 놓치다니, 정말 큰 실수했어. 3차에서 처음 낙방한 것과 2번 낙방한 것은 차원이 전혀 다른 문제다. 나의 자존감은 매우 낮아졌다.

주변에서는 서울이 아닌 다른 지역으로 보는 건 어떠냐고 얘기했다. 서울과 경기지역은 전국에서 가장 커트라인이 높은 지역이었고 그 외 지역에서는 합격이 가능한 점수였기 때문이었다. 하지만 나는 전혀 그럴 생각이 없었다. 한 번도 다른 지역을 생각해 본 적이 없었다. 그런데 어느 날, 2012년 봄에 임용고시의 예비TO가 발표되었다.

「제주 5명」

제주??? 제주라고???? 난 순간 눈이 번쩍 떠졌다!

그때까지 제주에서 TO가 난 것을 본 적이 없었다. (제주는 10여 년 동안 교사 TO가 거의 나지 않았다.) 세상에! 제주에 음악 교사가 존재하다니! 그동안 교사가 없어서 안 뽑는 줄 알았을 정도였으니…. 홀로 제주 올레길 여행을 하기도 하면서 오랫동안 막연히 꿈꾸어 왔던 제주 삶! 제주살이에 대한 로망을 가지고 있던 나는 무조건 제주로 가야겠다고 다짐했다. 사실 그때까지 제주지역은 TO가 없었고 임용과 관련된 정보들도 전무했다. 하지만 나에게 그것은 중요하지 않았다.

  단번에 다짐을 한 나는, 서울에서 근무 중이었던 학교 2곳을 1학기가 끝남과 동시에 그만두고 살고 있던 오피스텔을 정리했다. 제주로 이주하게 되었다며 친구들과 작별 인사를 나누었다. 아직 제주에 원서 접수도 하지 않았을 때였다. 무모하고 용감했던 나는 어차피 제주로 이사 가면 이 짐들이 다 필요없을 테니 반년 일찍 정리하고 고향으로 내려가서 두 계절을 살아보자고 다짐했다.

  제주에 가기 전(왠지 해외 이민을 가는 기분이었다.) 나의 사랑하는 가족들과 친구들과 가까이에서 몇 달 살고 싶었다. 99년도에 창원을 떠나 14년 만에 다시 창원으로 간 것이다. 나의 가장 소중한 절친인 현은 나 대신 집을 알아봐주었고 나는 현이 보낸 사진을 보면서 계약해달라고 부탁했다. 무더웠던 8월의 어느 날, 나는 드디어 대부분의 물건들을 처분하고 필요한 것만 챙겨서 창원으로 이사를 했다. 그렇게 반년 동안의 창원살이는 사랑하는 가족, 친구들과 가까이에서 생활하며 나에게 힐링의 시간이 되었고, 또 지금의 남편을 만나게 해준 소중한 기회가 되었다.

  서울에 있던 나의 친구들은 나의 갑작스런 행방에 매우 의아해했다. 어떻게 보면 무모했지만 그런 결단력이 나를 정말 제주로 갈 수 있게 만든 것이 아닐까.

PART. 02

나의 첫 발령지,
위미중학교

내가 첫 근무지로 발령받은 곳은 서귀포 남쪽에 위치한 위미중학교였다. 신규 연수를 받는 도중 발령지가 정해졌는데, 선배 선생님들께서 "좋은 곳으로 발령받았네!"라고 하신 말씀이 어떤 뜻인지 알지 못했다.

지리의 문외한이던 나는 위미가 대한민국 최대 감귤 생산지인 것도 처음 알았으며, 지명이 참 귀엽고 정답다고 느꼈다. 그해는 발령지가 늦게 발표되는 바람에 집을 미처 구하지 못하여 학교 인근 게스트하우스에서 2주일 정도 출퇴근을 하였는데, 나는 매일 여행자인 듯한 기분으로 설레면서 출근하였다.

위미중학교는 한 학년에 2학급(남, 여 1학급씩) 30명 남짓, 전교생 100여 명의 작은 학교이다. 신규 발령받은 음악 교사인 나를 학교에서 어찌나 반갑게 맞이해주시던지 어깨가 우쭐했으나 나중에 알고 보니 근무하겠다는 음악 교사가 없어서 교장 선생님께서 애를 좀 먹으셨다고 들었다. 내가 근무하기 전 계셨던 선생님께서 오케스트라를 창단하셨고, 4년을 운영하시다가 근무연한이 다 되어 전출하셨다.

'전교생 오케스트라'라는 대단한 타이틀을 갖고 있던 이 학교는, 월요일과 금요일이면 오후 내내 모든 학생들이 방과후 수업과 창체 동아리 활동으로 오케스트라를 한다. 명칭은 '전교생 오케스트라'였으나 3학년은 고등학교 입시 시험이 있던 때라 제외였다. 1학년과 2학년 6~70명의 학생들이 단원이었다.

'우미마루 오케스트라'라는 이름은 소의 꼬리 모양을 닮았다는 위미의 옛 지명(우미)과 언덕(마루)에 있던 학교의 지형적 특징을 함께 결합한 단어이다. 무조건 입학과 동시에 학생들이 악기를 하나 선택하고, 2년 동안 매주 5시간의 오케스트라 수업을 받는다. 물론 악기 대여도 수업료도 전액 무료이다. 3시간은 파트별 레슨 및 파트 연습, 2시간은 합주 수업이었다. 이 지역은 대부분의 학생이 초등학교 시절 음악을 배워본 적이 없고 악기에 대해 아무것도 모른 채 아무 악기나 선택하는 실정이었다.

"왜 첼로를 선택했어?"라고 물으면 "그냥, 멋있어서요."가 대답이다.

나는 학부 시절 2년 동안 바이올린을 부전공했는데, 학교 오케스트라에서 2nd 바이올린 파트로 활동했었다. 물론 그 시절 악기를 좋아했고 연주가 재미있었지만 졸업 이후 오케스트라 활동을 그만둔 지가 어언 10년이었다. 심지어 바이올린은 꺼내보지도 않고 방구석에 모셔놨을 때여서 앞이 깜깜하였다. 이번 기회에 바이올린 연습도 하고 실력도 다져보자며 마음먹었다.

학교는 농어촌의 소규모 학교라, 체육관도 없고 음악실도 작았다. 전교생이 모두 모여서 전체 모임을 할 수 있는 규모의 작은 강당이 있었는데, 거기서 합주 및 연주회를 하고 파트별 연습은 악기별로 나누어 각 학급에서 하는 상황이었다.

4년 동안 운영된 방식을 살펴보았더니, 1학년과 2학년을 나누어 따로 합주를 하였고 연주곡은 매해 동일했다. 학년별로 곡이 다르다 보니 같은 곡을 4년 동안 했어도 별문제 없이 진행된 모양이다.

'오케스트라'라는 단어가 주는 웅장함을 기대했던 나는 많이 놀랐다. 내가 생각하던 수준의 오케스트라가 아니었다. 그저 악기를 해보지 않은 학생들을 모아서 동요라도 가르쳐 다 함께 연주하는 것! 그것 자체로 학생들과 교직원들과 학부모들은 감동을 받고 있었다. 다시 생각해보니 그것도 매우 의미 있고 좋은 교육이었다.

이미 위미중학교는 음악특색사업으로 인하여, 학생들의 학업 성적이 좋고 인성도 훌륭하다고 제주 도내에서 인정받은 곳이었다. 실제 학생들은 즐겁게 학교생활을 하고 있었으며 SBS에서 선정한 미래학교로 방송되기도 하고, 청와대에 사례발표까지 했던 유명한 학교였다. 서울 용산구의 모 중학교에서 바로 전 해에 근무한 적이 있던 나는 학생들의 밝은 표정과 인사성과 학습 참여도에 이미 놀랐다. 중학생들이 만날 때마다 배꼽인사를 하는 것을 나는 서울에서 상상해 본 적이 없다. 현재 근무하고 있는 제주의 다른 학교에서도 배꼽인사를 하는 학생들은 드물다. 그런데 위미중학교에서는 대부분의 학생들이 공손히 손을 모으고 배꼽인사를 했는데 그 모습이 얼마나 예쁘고 사랑스럽던지! 나는 초롱초롱한 눈으로 귀여운 제주방언을 섞으며 인사하는 학생들의 모습에 이미 뿅, 사랑에 빠져버렸다.

그런데, 아뿔싸…. 모든 학생들이 악기를 한다는 것은 현실상 매우 어려운 일임이 틀림없다. 수업 시간에도 100% 학생들을 다 이해시킨다는 것이 얼마나 어려운 일인지 모든 교사는 알고 있다. 이렇게 좋은 프로그램에도 전체 학생의 10% 정도의 허수가 있었다. 자리에 앉아 있고 악기를 연주하는 시늉은 하지만, 전혀 연주하지 못하고 악보도 악곡도 모르는 학생들이 있었다. 특히 그중 한 남학생은 악기를 손에 잡고 '연주하는 척'도 안 하는 것이었다. (이 학생의 이야기는 한 번 더 등장한다.)

나는 고민에 빠졌다. 현실상 어쩔 수 없으니 포기하고 방치해야 되는 걸까? 음악에 전혀 관심 없고 악기를 하기 싫어하는 학생들에게 강요하는 것 또한 인권침해가 되는 건 아닐까? 학생들과 얼굴을 붉히며 싸우지 않고 스스로 음악을 좋아할 수 있게 하는 방법은 무엇일까?

이 글을 읽고 있는 당신의 생각은 어떤가요?

모두가 참여해서
함께 연주한다는 것 자체로 의미 있는
아름다운 우미마루 오케스트라

PART. 03

우리의 첫 도전,
무대에 서다

시골의 학교에서 근무하다 보면 업무가 과다하게 배정된다. 나는 과다한 업무를 비롯하여 첫 근무의 미숙함, 낯선 환경, 수많은 공문에 파묻혀 정신없이 시간을 보냈다. 게스트하우스에서 출퇴근하다가 겨우 집을 구했고 결혼도 앞두고 있었다. 특히 첫해 나의 업무는 오케스트라뿐만 아니라 진로와 위클래스(상담실) 담당을 했는데 진로교사가 없던 곳이라 진로업무만 해도 일이 벅찼다.

정신없이 한 달을 보냈다. 4월은 제주도에서 매우 중요한 시기이다. 제주도 사람들이 고사리를 따기 위해 산과 들로 총동원되는 시기! 4월 초에 내리는 봄 장마가 있는데, 제주 사람들은 그것을 '고사리장마'라고 부른다. 명절에나 먹는 고사리와 내가 무슨 상관이 있는가? 30여 년을 살면서 한 번도 고사리에 관심을 가진 적이 없었다.

그런데 갑자기 교장 선생님께서 부르신다. 4월 남원읍에서 열리는 고사리축제에 우리 오케스트라가 오프닝 무대를 해야 된다는 것이다. 장소는 남원읍에 있는 야외공연장이었다. 아마 남원읍 관계자분은 우리가 평소 준비해놓은 실력으로 연주가 바로 가능하다고 생각하셨나 보다. 고사리축제라니, 세상에…. 급하게 학생들을 모아서 전년도에 했던 곡들을 연주시켜보았다. 눈앞이 깜깜하다. 너무 단순하고 템포가 느린 곡들이라서 도저히 축제와 어울리지 않는다. 대표적으로 우리가 했던 곡은 'Falling slowly(원스 OST)', 'Pirates of the Caribbean(캐리비안의 해적 OST)'이었는데, 캐리비안의 해적은 템포를 너무 느리게 연주해서 거의 장송곡 수준이었다.

기존 곡들이 축제와 어울리지 않아서 고민하던 나는 버스커 버스커의 '벚꽃엔딩'을 편곡자에게 맡겼다. '벚꽃엔딩'은 우리 학교 오케스트라에서 그동안 연주했던 곡들에 비해 매우 어려운 수준의 곡이었지만, 화성 진행이 단순반복되며 학생들이 좋아하고 잘 알고 있는 곡이라, 리듬을 구현하는 데 어렵지 않을 것이라 판단했다.

오케스트라 창단부터 지금까지 가장 오래 출강했던 선생님(편곡과 합주지도, 현악지도를 담당, 앞으로는 합주강사라고 지칭)께서는 학생들이 할 수 있겠나며 고개를 갸우뚱했지만, 내 요구에 따라 편곡을 해주었다. 악보를 받은 학생들은 눈이 휘둥그레졌다. 지금껏 2분음표, 4분음표, 어쩌다 8분음표 조금만 봐오던 학생들에게 이 괴상한 악보는 충격이었을 것이다. 그러나 나는 이미 마음을 먹었으므로 후퇴란 없다, 눈 한번 꿈쩍이지 않고 학생들의 아우성에 귀를 닫고 얼마 남지 않은 시간 동안 소위 빡세게 연습시켰다.

마지막 합주시간이었다. 금요일 오후였는데 아무리 생각해도 연습이 너무 부족하다. 정말 한 번만 더 연습할 수 있으면 좋겠다는 생각이 들었다. 나는 초년 신규교사의 무모함으로 합주 수업이 끝나기 바로 직전, 내일 오전에 다시 합주연습을 하니 모두 등교하라는 폭탄 발언을 하였다. 그리고 혼자만의 생각을 머릿속에 정리하면서 교무실에 내려갔다. 현재 나의 상식으로는 할 수 없는 일이었는데 그때는 무식해서 용감했달까. 머릿속에서 오로지 연주 생각만 다듬으며 책상에 앉아있는데, 교장 선생님께서 긴급 회의를 한다고 빨리 오라 하신다.

응? 뭐지? 나는 상황을 전혀 파악하지 못한 채, 교장실로 털레털레 걸어가고 있었다. 교사가 고작 10명 남짓인 작은 학교에 교장·교감 선생님, 부장님, 각 담임들이 다 모이니 교장실이 꽉 찼다. 교장 선생님께서 침착하지만 빠른 목소리로 말씀하셨다.

"내일 학생들이 전체 등교를 하게 되었습니다. 다음 주 오케스트라 연주회 때문에 긴급히 결정한 사항이니, 선생님들께서 협조를 부탁드립니다."

헛, 아이쿠, 내가 사고를 쳤구나. 그러나 후회는 이미 늦었다. 학생들은 내일 등교하는 것으로 알고 이미 집에 가버렸기 때문이다. 나는 이날 관리자 선생님들과 선배 선생님들의 무한한 포용과 이해와 협조에 정말 감동을 받았다.

우리 교직원들은 나에게 한마디의 질책도, 기분 나쁜 기색도 없이 10분 정도의 짧은 회의 시간에 이 모자란 신규교사의 사고를 수습해 주셨다. 각 담임 선생님들께서는 다음 날 초과근무를 내시고 출근을 하셔서 학생들을 인솔해 주셨다. 부장 선생님께서는 학부모님들께 안내문자를 발송하고, 행정실 선생님들도 일찍 나와서 학교 문을 열어주셨다. 합주 강사 선생님이 꼭 계셔야 합주 수업 진행이 가능해서 예정에 없던 강사비와 지출까지 고려하셨다. 애들이 배고플 것을 염려해서 간식이 필요하니 동네 빵집에서 햄버거와 음료를 주문하시고, 그 예산은 교장 선생님께서 마련해 주셨으며 품의 또한 다 내주셨다. 걱정하지 말라고, 애들 연습 잘 시켜서 연주회 잘 해보자며 응원의 말씀까지!

토요일 오전, 한 명도 빠지지 않고 학생들이 모두 학교에 등교하는 기적이 일어났다. 나는 정말 지휘와 지도에만 신경 썼을 뿐, 아무것도 하지 않았지만 모두들 일사천리로 착착 일을 진행해주신 덕분에 아주 순조롭게 연습을 마칠 수 있었다. 그들의 모습에 프로다움이 흠뻑 묻어났다. 심지어 학부모회에서 학생들 하교 시 주라며 간식 봉지까지 준비해 오셔서 응원도 해주시고 가셨다는 것이 믿기는가? 내가 이 사건을 통해 크게 깨달은 것이 있다. 학교 일은 단순히 담당자 혼자서 하는 것이 아니구나, 나 혼자서 결정하는 것은 오류를 범할 수 있구나, 서로 협조한다면 못 할 일이 없구나.

혹여 원칙을 중요시 여기시는 관리자 선생님이셨다면 이렇게 중대한 상황을 상의도 없이 저질렀냐며 나에게 야단치셨을 수도 있다. 만약 그랬다면 나는 내 평생 교직생활에서 시도할 용기 없이 낙오자로 은둔하며 보냈을 수도 있었을 것이다. 그러나 첫해 그분들의 지지와 응원으로 나는 일이 생기면 무조건 맞닥뜨려 부딪혀보는 용기와 도전감이 생겼다. 그 시절 나를 그렇게 아껴주셨던 교장 교감 선배 선생님들과 나는 아직도 좋은 친분을 유지하고 있는데, 5년 정도 지난 훗날 그때의 교장 선생님께서 나에게 하신 말씀이 참 듣기 좋았다.

"신규로 와서 아무것도 모르고 어설픈 것 같은데, 너도 해본 적 없고 낯선 일들을 내가 할 수 있냐고 물어볼 때마다 너는 '예'라고 대답했다. 한다고 해서 시키긴 했지만 나도 걱정되고 조마조마하였는데, 가끔은 저런 용기가 어디서 나나? 의심스럽기도 했었지만 그런 경험들이 모여서 너는 정말 일을 잘하게 되는 실력을 갖추게 되었다."

나는 하하 웃으며 이렇게 대답했다. "우선 한다고 하고 어떻게 성공시킬까를 고민했어요. 그게 성공할지 실패할지 저두 모릅니다. 그런데 방법을 생각하다 보면 어떻게든 하게 되더라고요."

나는 한 가지에 집중하면 주변의 소리나 관심이 사라지고 내 중심적으로 생각하는 습성이 있다. (전형적인 ENTJ이다.) 그래서 그랬는지 정말 학생들이 불만 없이 따라왔는지 기억은 나지 않는다. 그러나 결국 짧은 시간에 불가능할 것 같던 곡을 우리는 해냈다. 물론 현악기의 가장 큰 치명적인 단점인 부정확한 음정과 악곡의 매끄러운 흐름, 음악적 완성도는 부족했지만 처음부터 끝까지 완주하는 데에 성공했다. 실제 연주회에서도 바람이 세게 불어 악보들이 날아가는 등 웃펐던 우여곡절들과 어설픈 실력 등으로 우왕좌왕이지만 우리는 함께 해냈고 학생들은 매우 만족해했다.

선생님! 우리도 이런 곡을 연주할 수 있네요!
어려웠지만 재미있었어요!

학부모님들께서 연주가 끝나고 나에게 와서 한마디씩 해주신다.

선생님, 제가 본 우리 학교 오케스트라 연주 중에서
오늘이 제일 좋았어요!
정말 음악을 연주하는 것 같았어요!

2013년 4월 나의 무모한 첫 도전의 성공은 내가 이 오케스트라를 4년 동안 지도하고 지휘하면서 흔들리지 않는 믿음과 신념이 생기게 해주었다. 앞으로 천천히 이 이야기를 풀어보겠다.

남원고사리축제를 시작으로 2013년에 우리는 많은 연주를 했다. 위미마을 체육대회와 위미중학교 총동문회 체육대회에서 오프닝 야외공연을 했고, 2학년은 수학여행 일정 중에 곶감이 유명한 상주의 상주중학교에 방문하여 연주를 했었다. 악기들을 다 들고 수학여행 가는 비행기에 탑승할 수 없어, 합주 강사 선생님과 내가 하나씩 포장해서 화물로 보냈다가 다시 제주로 보냈다. 애들은 맛있는 식사도 얻어먹고 참외박스를 선물받기도 했는데, 상주라는 곳에서 새로운 친구들을 만났던 의미 있는 경험이었다. 선생도 학생도 어설펐던 우리 오케스트라는 2013년 그해, 참 재미있고 행복했다.

무대가 작아서 학생들이 올라가기 좁았다.
무대 아래에 자리를 잡고 연주를 하였는데,
야외 무대의 특성상 현악기는 소리가 작아서
관중석에 전달되기 어렵다.
중간중간에 마이크를 세웠는데,
정확한 음정을 내는
학생이 없어서 마이크가 원망스러웠던 시절.

♬ -고사리축제 현장 연습

지역 뉴스에도 소개되어

내 생에 처음으로 방송 탔던 날이다.

마지막 순서인 '벚꽃엔딩',

상주중학교 학생 2명이 싱어로

우리는 오케스트라 반주로 함께 공연했다.

그해 '벚꽃엔딩'은 우리 학교 최고의 인기곡이 되어

선생님 학생 할 것 없이 학교 내에서 계속 울려 퍼졌다.

♬ -상주중학교와 함께한 교류음악회

마을 체육대회에서 축하연주를 하는데
우리 오케스트라는 야외 연주에 매우 취약하다.
울림이 좋은 전문 공연장에서 공연하고 싶지만,
우리의 바람일 뿐.
파란 하늘과 초록 잔디운동장이 참 예뻤다.

♬ -마을 체육대회 축하연주 장면

PART. 04

나의 다짐,
낙오자는 없다

학생들의 연주실력을 향상시키는 것도 중요했지만, 내 머릿속을 떠나지 않던 고민이 하나 있었다. 낙오자들 때문이다. 전교생 오케스트라의 진정한 의미를 위해서는 모든 학생이 연주해야 된다. 낙오자들은 한창 혈기왕성하고 흥분을 잘하는 남학생들이 대부분이었다. 악기라는 것은 집중하고 반복을 통해 끈기 있게 연습을 해야 실력이 느는데 어떻게 해야 이들을 앉혀서 악보를 보도록 만들고 악기를 연주하게 하는가. 이것을 해결하지 못한다면 나는 부끄러운 교사가 될 것이다. 우리는 프로 오케스트라단이 아니다. 교육의 일부이고 교육 그 자체이다. 그런데 낙오자라니!

그해 나는 우리 학교와 42km 거리의 중학교에서 주 2회 순회 수업을 해야 했다. 학생들을 다루기 힘들다고 제주도내에 손꼽히는 학교 중 하나였는데, 하필 제일 문제였던 2학년이 내 담당이었다. 그 학교에서는 수업 시작종이 울리면 교실로 빨리 들어가게 하는 것부터가 과제였다. 학년 부장님은 매 수업 시작종이 울리면 학생들에게 불호령을 하고 학생들은 그러든지 말든지 신경도 안 쓴다. 수업 태도는 더 말해 무엇하랴. 지금껏 내가 본 학생들 중에 최악이었다. 수업을 진행할 수가 없다. 내 목소리보다 학생들 목소리가 더 크다.

나는 매주 화요일과 목요일 이곳에 출근할 때마다 스트레스를 받았지만, 나도 만만치 않은 성격의 소유자라 어떻게 수업을 듣게 만들까 수없이 고민했었다. 큰 기술이 있었던 것은 아니었고 다양한 수업기법을 써서 먹힐 정도의 학생들도 아니었으나 그래도 점점 학생들이 수업을 듣고 참여하는 확률이 늘었다.

사실 나는 홀로 서울에서 10년 동안 무서운 사회를 이미 뼛속 깊이 경험했었다. 웬만한 것으로는 눈 하나 깜빡 안 하는 강인한 정신력의 소유자다. 어느 날은 학생들한테 사회의 이야기를 해주기도 했다. 지금 눈앞의 것만 생각하고 추구할 것이 아니다. 너희들이 사회에 나가면 학교와 어떻게 달라지는지, 실제 사회에서 대부분의 일반인들과 약자들이 어떻게 살아가고 있는지 등 경험에서 우러나온 조언도 했다.

학생들이 점점 내 말을 듣기 시작했다. 어떤 날은 정말 아무도 자거나 딴짓하지 않고 내 이야기에 귀를 기울이고 질문을 하기도 했다. 이런 신뢰가 생겨서 그랬을까, 학생들과의 관계는 점점 좋아졌다.

가을의 어느 날, 리코더 연주 수행평가를 보았다. 대부분의 학생들은 무난하게 연주해서 수행평가를 마무리하였다. 몇 명이 문제다. 어떤 여학생은(아직도 그 학생의 얼굴이 기억난다.) 악기를 손으로 잡지도 않는다. 어떻게 잡는지 몰라요, 어떻게 부는지 몰라요, 계이름을 운지할 줄 몰라요 등의 핑계를 대며 전혀 아무것도 시도하지 않았다. 나는 손으로 악기를 쥐어주고, 손가락을 악기에 대주고, 이제 불어! 이렇게까지 에너지를 쏟아 한 명의 학생도 빠지지 않고 모두 악곡을 완주하게 했다. 정신력의 승리였다.

난 그 이후에도 지금까지 단 한 번도 수행평가를 거부하고 안 보려고 하는 학생을 용납한 적 없다. 한 번 용납하기 시작하면 내 교사 인생이 점점 무너질 것 같았다. 강제로 무섭게 해서 성공한 것이 아니다.

나는 평가 중이나 지도할 때 감정을 전혀 드러내지 않고 침착하게 사실만 전달하는데 학생들도 큰 불만과 저항 없이 따르는 편이다. 1년 동안 이 학교에 순회 수업을 다녔는데, 2학기가 되어서는 날 좋아하고 따르는 학생들도 생기고 편지도 받았다. 쉬는 시간이면 학생들이 음악 시간에 배운 노래를 크게 떼창(제창)하며 즐겁게 복도를 지나다니기도 했다. 이때 지도했던 반 학생이 나에게 한 말이 인상 깊었다.

"선생님께서는 모든 아이들을 차별 없이 똑같이 대해주셔서 참 좋아요."

불가능하지 않나, 내 교사 인생에
낙오자(낙오자가 아니라, 교사가 포기한 학생)는 없다.

PART. 05

나의
20대 이야기

　사범대학교 음악교육과를 다니던 시절, 내 전공은 피아노였고, 2년은 성악 부전공, 2년은 바이올린 부전공을 선택(반강제)했다. 사실 피아노 전공자들에게 바이올린은 그리 어렵지 않은 악기이다. 물론 바이올린에서 가장 어렵고 중요한 것은 활 사용법과 음색 표현이다. 그것은 논하지 말고 운지만 봤을 때 피아노 전공자에게 바이올린은 금방 적응 가능한 악기다. 나는 바이올린을 사자마자 학교 오케스트라 제2바이올린 파트에 들어갔는데, 금세 모차르트 교향곡 21번을 완주할 수 있었다. 어떤 곡이라도 그 음정과 리듬으로 연주는 가능했다. 음색이 참 귀에 거슬리게 깽깽거리는 것이 문제지만 말이다.

　그중에서도 초견이 빠르고 빠릿빠릿 잘 따라가던 나는 제2바이올린 수석이 되었다. 2년은 아무것도 모르고 신나게 오케스트라 단원으로 활동했다. 학교 내의 커리큘럼이 아니라면 어느 오케스트라에서 나 같은 실력의 연주자를 받아주겠는가? 고독한 1인 악기인 피아노를 전공하다가 함께 모여서 하는 합주는 다른 매력으로 다가와 매우 재미있었고 나에게 좋은 경험이 되었다. 그 누가 알았는가? 그 시절 2년의 경험이 날 위미중학교로 이끌게 된다는 사실을!

　나는 10여 년간 서울에서 거주할 당시 여러 교회에서 반주자와 지휘자로 활동했었는데, 그중 용산구에 있던 어느 교회에 다닐 때였다. 어느 날 안면만 있던 교회학교 부장님께서 나에게 저녁을 사주신다며 약속을 잡으셨다. 저녁을 먹으며, 청소년부 성가대를 만들고 싶어서 10년을 기도하는 중이라는 이야기를 꺼내셨다. 크지 않은 중소 규모의 교회였고 최근 한국 교회는 장년층을 중심으로 돌아가고 있다 보니 중·고등부가 활성화되어 있지 않았다. 나는 교원자격증을 가지고 있었지만 주로 성인 예배의 음악을 맡아 교회학교는 나와 전혀 별개의 분야라고 생각해왔는데, 정말 그분들의 기도가 응답된 것인지 갑자기 나는 교회학교 지휘자가 되었다.

중·고등부 예배를 여는 찬양단은 계속 운영되고 있었으나, 중·고등부 성가대는 처음 생기다 보니 아무런 매뉴얼도 체계도 없었다. 교회학교 부장님께서는 착하고 성실하며, 교회 중책을 맡으신 분들의 자녀들로 성가대를 구성해주셨다. 담임목사님 아들, 부장님 아들 등이 주축이 되었다.

마침 새로 오신 나와 동갑의 전도사님과 함께 사역하게 되었는데, 나는 짧은 시간 동안 엄청난 고민을 하며 성가대의 운영 방향성을 시나리오로 짜보았다. 내가 정한 방향성은 '전통 성가대'였다.

요즘 학생들이 찬양과 CCM은 좋아하는데 찬송가와 전통 합창은 잘 해보지 않았고 관심도 없었다. 나는 중세 시대의 소년합창단처럼 깨끗하게 4성부로 합창하는 성가대를 만들고 싶었다. 발성부터 시작해서 성인 예배 성가대에서 주로 부르는 4성부 합창곡의 악보들을 잔뜩 들고 왔다. 물론 짐작하다시피 성가대 학생들은 재미없다, 하기 싫다, 이게 무슨 노래냐, 처음 듣는다, 불만이 많았지만 나는 한다고 마음먹으면 귀를 닫는다. 전혀 감정의 동요도 없이 나는 몇 달을 그렇게 학생들에게 합창의 아름다움, 성가의 의미와 가사의 전달에 대해 가르쳤다. 성실하고 착한 학생들이 주 단원들이라 불만 속에서도 유지가 가능했다. 우리는 단 한 번도 CCM을 부르지 않았다. 매주 성가곡으로 합창을 하였다. 몇 달 동안은 앉아서 듣는 학생들의 반응도 없었다. 하지만 점점 변화할 것을 믿고 기도하며 기다렸다.

그때 나와 함께했던 3년 동안 그 성가대 학생들은 합창에 푹 빠졌다. 교회 내에서 하던 기관별 성가대회에 중·고등부도 참가하였는데, '여호와는 나의 목자시니(최덕신 曲)'를 우리 아이들이 얼마나 기쁘고 아름답게 불렀는지, 성도님들께서 파리나무십자가 합창단인 줄 알았다고 하실 정도였다.

그 이후 여름 성경학교를 2박 3일 일정으로 강원도로 갔다. 학생들이 미션을 수행하기 위해 조별로 나누어 밤을 걷고 있었는데 한 학생이 "여호~와는~ 나의 목~자~시니

~"를 부르자마자 옆에 있던 아이들이 동시에 4성부 무반주로 셈여림과 표현력까지 완벽한 합창을 하는 게 아닌가. 강원도 어느 산골의 옥수수밭을 지나며 불렀던 그 찬양은 지금까지도 내 가슴속에 깊이 남아있다. 학생들은 진심으로 좋아하게 되었다. 노래를 성가를 합창을 말이다. 이전에는 전혀 몰랐던 노래들을 배우면서 라디오에서 방송에서 같은 곡을 들었다며 눈을 반짝반짝 빛내던 용산의 그 아이들이 난 아직도 기억난다.

그때 같이 사역했던 중·고등부 담당 전도사님은 이렇게 합창하는 중·고등부 성가대는 아마 우리밖에 없을 거라며 매우 칭찬하고 자랑스러워하셨다. 클래식에 대한 사랑이 깊어졌을 때 나는 슈만과 슈베르트의 연가곡을 특강처럼 가르쳐주기도 했는데, 전도사님도 항상 빠지지 않고 참석하셔서 예술가곡을 배우고 부르셨다. 말씀을 전하는 사역자와 음악을 주도하는 지휘자의 역할이 다르지만 같은 마음으로 예배를 아름답게 만들 수 있다는 경험, 사역을 동행한다는 경험을 피부와 가슴으로 느꼈던 시기였다.

지휘는 내가 제주에 오기로 결심을 하면서 그만두게 되었는데, 마지막 예배 때 우리 성가대 학생들이 나를 안고 엉엉 울었던 기억이 난다. 지금도 그때를 생각하면 마음이 뜨거워진다. 제일 나를 좋아해준 남학생은 우리 부장님의 막내아들이었다. 내 송별회 며칠 전부터 집에서 울었다는 이야기를 전해주셨다. 부장님이 물어봤단다, 너 왜 그렇게 우냐고. 그랬더니 나와 가장 가까운 친구와 헤어지는데 어떻게 안 울 수 있냐며 '유경샘은 내 친구'라고 했단다.

그중 한 학생은 의대에 갔고, 다른 학생들은 서울대, 한양대, 성균관대 등 명문대학교에 진학했다. 엉엉 울었다던 그 남자 중학생은 지금 어엿한 서울대생이 되어 제주도에 놀러와 나와 만나기도 하고 벌써 군대도 전역하였다.

나는 이때의 경험을 통해, 학생들이 싫어하니 이건 안 하는 게 좋을 거야, 학생들은 가요나 랩을 좋아해, 게임이나 해야 재미있어해, 이런 생각은 교육을 편협하게 만들 수 있는 위험한 생각이라는 것을 깨달았다.

나는 초등학교부터 대학교 시절까지 연주를 할 때면 굉장히 곡에 심취하고 깊이 집중하여 연주하는 것이 특기였는데, 어수선했던 연주장이 내가 연주하는 동안 쥐 죽은 듯이 조용해지는 경험을 자주 하였다. "이거 곡 제목이 뭐예요?"라고 물어보며 사람들의 관심이 생기는 것을 수없이 보았다. 사람들의 박수와 표정에서 내가 느끼는 짜릿함이 좋았다. 그래서 나는 연주자가 되고 싶었다. '음악'이라는 언어로 이야기하는 것, 그것으로 사람들과 소통하는 것이 나의 꿈이었다.

사실, 클래식이란 장르가 그렇다. 클래식을 대중화하겠다면서 대중들이 잘 아는 쉬운 곡들만 계속 연주하는 것이 과연 맞을까. 신년음악회 또는 학생들을 위한 음악회 등을 보면 매번 비슷한 레퍼토리들이다. 유튜브에서도 듣기 좋은 클래식을 검색하면, 나오는 곡들이 매우 한정적이다.

방법을 바꿔야 한다. 정말 음악의 아름다움을 알려줘야 한다. 감동을 줘야 한다. 정말 좋은 연주를 들었을 때 그 곡을 처음 듣더라도 가슴 속 깊이 드는 감동이 그 곡을 다시 찾게 하고 듣게 하고 직접 연주하게 하는 것이다. 클래식을 대중화하고 사람들에게 알리고 싶다면, 연주를 정말 잘해야 된다. 진심이어야 된다. 그런데 아주 테크니컬하고 기계적으로 훌륭하게 연주하지만, 공허함과 지루함을 주는 연주를 보면 음악가로서 아쉽다. 연주자가 곡을 사랑하고 연주를 미치도록 좋아해야 한다. 그 마음이 음에 그대로 묻어서 청중에게 가기 때문이다.

학생들이 음악 자체를 즐기지 못하는 것은
우리가 알려주지 않아서다. 몰라서 그렇다.
아름다움에 대해 알게 되면
그것이 어렵다 하더라도 좋아하게 된다.
어려운 것을 해내면서 만족감을 느끼면
더 어려운 것에 도전할 힘이 생긴다는 것을 기억하자.

PART. 06

지휘가
두렵나요?

　연주회나 연주 동영상을 보면 지휘자들의 카리스마 넘치는 지휘 모습에 주눅이 든다. 나는 원래 타고난 몸치로 운동도 못하고 춤도 못 춘다. 심지어 그림도 못 그린다. 사범대학교 학부 시절 지휘법 수업이 있긴 했지만 나는 반주자 역할이라 지휘를 하지 않았었고 중·고등학교에서 배운 기본 지휘가 전부였다. 합창 지휘와 중창 지휘도 많이 했었고, 심지어 많은 지휘자들과 호흡을 맞추어 수없이 피아노 반주를 했었지만 나에게 지휘란 매우 어려웠다.

　현실상 기본 지휘 도형만으로 지도할 수 없다. 나는 지휘 자체에 대한 두려움이 있었고 현재도 있다. 거울을 보고 연습을 해봐도 내 눈에 영 어설프고 이상하다. 사람들이 내 지휘를 보고 웃거나 어설프다고 느낄 것이라 확신이 들었다. 그런데 타고난 몸치를 어떻게 교정할 것인가?

　타고난 음치나 박치를 교정하는 것은 불가능하다는 것을 우리는 안다. 아무리 기계적으로 연습해도 순간적으로 머릿속이 엉키면 다 흐트러지고 만다.

　고민을 하던 나는 '지휘'에 대한 개념을 바꾸기로 했다. '지휘'라는 것은 단순히 팔을 움직여 멋지게 보여야 하는 것이 아니다. 그저 '지도'이다. 단원들과 어떻게 연습하고 호흡하였는지 그 과정들이 차곡차곡 모여 우리만의 약속 신호가 되는 것. 그것이 지휘이다. 그렇다면 손 모양이 무슨 상관인가? 내가 원하는 음악이 내 손의 신호에 따라 단원들과의 약속을 기억나게 해주는 것이 지휘이다.

　사실 연주장에서도 지휘자는 관객들과 등을 돌리고 있고, 지휘는 내 몸의 범위를 벗어나지 않아서 관객들이 지휘 도형을 보지 못하도록 해야 된다. 그래야 음악적 표현을 직관적으로 귀로 들을 수 있게 된다. Subito Forte(갑자기 커짐)를 해야 하는데, 지휘자의 예비 박자를 보고 소리가 커질 것을 미리 알면 재미없지 않은가?

나는 꽤 오랫동안 지휘했지만, 지금도 내 지휘 모형은 형편없다. 학생들과 미리 눈짓 손짓으로 사인을 주는 것, 특히 눈을 마주치고 표정으로 얘기하는 것이 매우 효과적이다. 물론 멋지게 지휘하는 지휘자들을 보면 참 부럽다. 그렇지만 나는 지금 내 지휘가 부끄럽지는 않다.

지휘를 맡았을 때, 몸동작 때문에 두려운 사람이 있다면 걱정하지 말라. 음악을 어떻게 만드느냐가 지휘자의 역할이지 멋지게 지휘폼을 자랑하는 것은 다르다. 나의 음악이 연주자들과 호흡이 잘 맞아 듣기 좋다면 그 누구도 지휘 동작으로 우습게 여기지 않는다.

PART. 07

나의 오케스트라
4년 계획-STEP 4

위미중학교 첫 1년 동안은 학교의 건물 구조상 1학년과 2학년을 분리해서 오케스트라를 운영하였다. 그렇지만 우리 학교에도 드디어 체육관이 만들어지고 있었다. 이제 체육관이 완성되면 합쳐서 연주가 가능하다. 첫해에는 나도 적응하는 기간이 필요했고, 한번에 모든 것을 새로 바꾸는 것은 무리였다.

하지만 머릿속에 차근차근 STEP 4의 청사진을 이미 첫해에 완성했다.

- STEP 01. 낙오자가 없도록, 어떤 학생도 나는 포기하지 않는다.
- STEP 02. 1학년과 2학년을 함께 통합오케스트라로 운영하여, 오케스트라의 기반을 잡자.
- STEP 03. 연주 레퍼토리를 다양하게 하자. 다양한 스타일의 음악을 경험시키자.
- STEP 04. 연주곡의 수준을 점점 높여서 진짜 프로 오케스트라에서 연주하는 곡을 연주해보자.

이렇게 목표를 잡고 실행하였다. 실제 나는 4년 동안 이것을 이루기 위해 준비하고 노력했고, 결과는 성공적이었다.

낙오자가 없도록,
어떤 학생도 나는 포기하지 않는다.

첫 번째 목표는 낙오자가 없게 하는 것이다. 학교 수업에서도 낙오자가 생기는 이유는 빠른 대처를 하지 못하기 때문이다. 문제가 생겼을 때 바로 도와주고 해결해 나간다면 누구나 완전학습을 기대할 수 있다. 그러기 위해서는 교사당 학생이 10명 이하로 배정되어야 하며 매 시간 교사가 개별 피드백을 할 수 있는 여유가 있어야 한다. 한번 낙오된 학생은 다시 학습의욕이 생기기 어렵다. 초등학교에서 이미 낙오된 학생은 중학교 내내 낙오될 수밖에 없다.

나는 끈질기게 학생들을 괴롭혔다. 파트별 강사 선생님들께 잘 따라오지 못하는 학생들의 이름을 매 시간 나에게 알려달라고 말씀드렸다. 나는 그 친구들을 하나씩 남겨 개별지도를 하였다. 근무 외 시간을 계속 쓰게 되므로 나도 부담스럽긴 했지만, 그때그때 해결하지 않고 미룬다면 포기할 수밖에 없기 때문에 이를 악물고 지켰다.

먼저 그 학생이 해결하지 못하는 부분을 짧게 분리시킨다. 8마디, 16마디, 혹은 학생의 수준이 너무 낮다면 2마디씩 나누기도 하였다. 학생이 같은 부분을 20번 30번 반복해서 연습하도록 교사는 돕는다. 대부분의 학생들은 반복을 여러 번 하게 되면 자연스럽게 외우게 되고 그 부분을 해결할 수 있게 된다.

그룹 레슨 시 낙오된 학생은 내가 따로 남겨서 연습을 시키기 때문에 하교가 늦어지게 된다. 다행히 민원이 없었고 학생들은 집에 늦게 가는 것을 가장 두려워했기 때문에 효과가 좋았다. 희망자 몇몇은 토요일에 나오게 하여 또 연습을 시켰다. 이런 노력들은 연습의 효과도 물론 좋지만 과정들을 통해서 학생들이 깨닫게 되는 것이 더 중요하다. '진유경 선생님은 대충 넘기지 않으시는구나. 꾀부리지 말고 주어진 수업시간에 열심히 참여하는 것이 제일 좋구나.'를 느끼게 된다.

"선생님, 이 부분 너무 어려워요, 못 하겠어요."
라고 질문하면 나는 이렇게 내답한다.

정말 나와 함께 나누어 반복 연습을 하다 보면 모두 해낸다. 점점 파트연습에서 게으름을 부리거나 수업을 따라오지 못하는 학생이 사라졌다.

학생들은 처음에는 어려워서 못 한다고 아우성이었지만, 해를 거듭할수록 곡은 점점 더 어려워지고 내가 요구하는 것은 점점 더 까다로워지는데 신기하게도 '어렵다', '못 하겠다'는 이야기는 적어도 내 앞에서 하지 않았다. 특히 나의 위미중 근무 4년차 마지막 해에는 단 한 명의 학생도 불평하지 않았다.

따로, 또 같이, 앙상블의 힘

내가 낙오자를 없게 하기 위한 두 번째 방법은 앙상블을 활용하는 것이다. 악기별로 1명씩 구성된 앙상블을 조직하였다. (자세한 내용은 뒤에 설명하겠다.) 한 달에 한 번 파트별 수업 대신 모여서 앙상블 연습을 한다. 각 악기 파트별 1명이기 때문에 어느 누가 틀리거나 멈추면 전체가 연주할 수 없다. 이 방법은 학생들에게 책임감을 주어서 연습을 열심히 하는 효과도 있었지만, 학생들에게 재미있는 연주 문화가 형성되게 만들었다. 예를 들어 합주 틈새 연습 시간에 2~3명이 시작해서 어느 부분을 맞춰 보면 하나둘 파트 애들이 자연스럽게 연주에 합세하여 합주가 되는 식이다. 이런 문화는 학생들이 자발적으로 참여하고 자연스럽게 음악의 즐거움과 감동을 알게 되는 아주 좋은 기회가 되었다.

정기연주회를 앞두고 외부에서 오셔서 무대 세팅과 악기 튜닝들을 도와주시던 분들이 나한테 이런 이야기를 하였다.

나는 기악 수행평가에도 오케스트라를 적극 활용하였다. 모든 학생이 악기를 배우고 있기 때문에 교과 수업으로 끌고 들어오는 것이 가능하다. 나는 1년에 한 번 모든 오케스트라 학생들을 1대 1로 만나 가장 까다롭고 어려운 부분을 랜덤으로 테스트하였는데, 학생들이 연습이 부족하여 잘 안 된다면 낮은 점수를 주는 것이 아니라 다시 그 부분을 완벽히 연습해서 재시험을 보도록 지도했다. 그래서 어떤 학생이 어디가 부족하고 어느 부분을 잘하는지 나는 다 알고 있었다.

대부분의 학생들은 열심히 연습하고, 부족하면 다시 연습해서 될 때까지 재시험을 보게 되므로 좋은 점수를 받는다. 변별력도 중요하지만 학습 자체에 대한 평가를 주는 것을 매우 중요하게 생각한다. 변별력은 다른 수행평가나 지필고사로도 충분하다.

나의 낙오자 0명 목표는 1년 차에 1명 실패

앞에서 잠깐 언급했던 남학생이 있다. 모든 교과 시간과 학교 생활에서 아무것도 하지 않는 학생. 이 학생은 평소 말을 걸어도 대답도 하지 않고 모든 것을 다 포기한 사람처럼 눈을 공허하게 뜬 채 표정도 없는 학생이다. 모든 선생님들이 손을 쓸 수 없는 학생이었다. 우쿨렐레라는 현악기를 교과 시간 중에 배우는데, 그 학생은 여느 때와 마찬가지로 아무것도 하지 않고 앉아만 있었다. 하지만 나는 끊임없이 그 학생을 괴롭혀서 결국 수행평가를 보도록 만들었다. 내가 놀랐던 사실은 그 학생이 전혀 지적 지능이 떨어지지 않더라는 것이다. 계속 모른다며 발뺌하고 안 하려 했지만 나는 계속 포기하지 않았고 쉬는 시간까지 계속 지도를 멈추지 않았다. 도저히 안 하고서는 벗어날 수가 없다고 느꼈는지 어느 순간 연주를 하기 시작했다. 그 학생의 이해력에 문제가 있을까 걱정했는데 다행히 그렇지 않았다. 작은 시도와 성공들이 모여 조금씩 태도가 바뀐 그 학생은 정기연주회 때는 바이올린을 들고 연주하는 시늉은 하였다는 매우 큰 변화로 우리 학교 선생님들이 다 놀라셨다. 하지만 적극적으로 참여하거나 진짜 연주를 한 건 아니었다. 하지만 이 사건은 우리 학교 학생들의 개념을 바로잡아 주었다. 저 친구도 했다. 우리 모두가 해야 한다! 안 하려고 꾀를 부릴 수 없다.

나는 첫 번째 목표 성공, 첫해 처음이자 마지막인 1명의 낙오자 이후에 단 한 명의 낙오자도 우리 오케스트라에서 나오지 않았다.

그 이후에도 간혹 전학생으로 인해 곤란한 경우가 생긴다. 전입한 학생들이 많지는 않았지만 이미 악기를 배워서 할 줄 아는 학생은 바이올린이나 플루트 같은 파트에 들어가게 하였고, 아무것도 할 줄 모르는데 중간에 전입한 학생은 타악기 파트로 넣어서 어떻게든 참여하게 만들었다.

STEP 02 학년 통합오케스트라로 운영하여 오케스트라의 기반을 잡자.

나의 첫 근무 1년 차의 마지막 졸업식 때 우리는 완성된 체육관에서 함께 모여 졸업 연주를 하였다. 1~3학년까지 모두 모여 100인 오케스트라를 처음이자 마지막으로 만들어 연주하였다. 이제 물리적 공간이 완성되었으니 통합오케스트라를 운영하자!

오케스트라에서 가장 신경 쓰이는 파트는 바이올린이다. 제1바이올린과 제2바이올린이 있었는데, 학년별로 나눌 건지 실력별로 나눌 건지 매우 고민을 많이 했다. 둘 다 장단점이 있었는데 결국은 학년을 섞어서 바이올린 파트를 운영했다. 1학년 때 제2바이올린을 선택했다면 계속 그 파트에 속해 있어야 한다.

우리 학교의 기본 악기 구성은 바이올린1, 2와 첼로, 콘트라베이스, 플루트, 클라리넷이었다. 악기의 음량이 작은 악기들이라 이 편성에 금관 악기를 넣을 경우 악기별 1~2명 정도가 필요한데 파트별 강사를 구하고 운영하기가 어려웠다. 학생이 졸업하고 성인이 되었을 때까지 전체적인 삶을 생각했을 때 독주가 가능하여 장기적으로 쓸 수 있는 악기들로 구성했다. 이후에 비올라와 피콜로, 타악기를 추가하긴 하였으나 이 구성을 기본으로 운영하였다.

오케스트라의 다양한 곡들을 연주하려면 금관 악기를 빼고 논할 수 없다. 금관 악기의 음색과 구성을 학생들이 알 필요도 있다. 그래서 2년 차의 정기연주회부터는 우리 오케스트라에 없는 파트는 객원 연주자를 초대해 같이 리허설을 하고 연주를 하였다. 학생들이 그동안 연습해왔던 곡에 전문 연주자들이 함께 소리를 완성해가는 것은 매우 좋은 경험이 되었다. 그리고 오케스트라의 소리가 꽉 차는 느낌을 받을 수 있었다.

체육관이 완성된 것을 기념한 행사에서 전 학년이 모두 모여 100인 오케스트라를 구성하여 연주하였다.

 연주 레퍼토리를 다양하게,
다양한 스타일의 음악을 경험시키자.

　학생들에게 다양한 곡을 알게 하고 연주하게 만들고 싶었다. 기존에 연주했던 단순한 곡들에서 변화를 주고 싶었다. 클래식의 아름다움과 즐거움을 학생들이 느끼게 하고 싶었다. 그런데 좋은 곡을 연주하려면 해결해야 할 것이 있었다.

　바로 현악기 파트의 실력 향상이다. 현악기에서 받쳐 주지 않으면 곡을 할 수가 없다. 현악기를 하는 학생들에게는 2가지 큰 벽이 있었다. 첫째는 정확한 음정으로 운지를 해야 하는 것, 둘째는 활 주법의 어려움이다. 우리 학생들은 임시표가 나왔을 때 운지가 바뀌는 것을 어려워하고, 각 활이 아닌 슬러(여러 음을 한 활로 연주하는 것)를 매우 두려워한다.

　바이올린, 비올라, 첼로, 콘트라베이스 모두 같은 원리이지만 바이올린을 예로 들어보자. 바이올린의 경우 개방현을 기본으로 하는 리 링조(DM)와 사상소(AM)가 제일 쉽다. 그런데 반대로 샵(#)이 없거나 단조의 경우 운지법이 바뀌기 때문에 음정에 대한 설명을 하지 않을 수 없다. 전체 곡 중 2~3번 정도 임시표가 나온다면 우리가 일반적으로 쓰는 지도법을 사용해도 되지만 대부분 곡들은 그렇게 단순하지 않다. 그러다 보니 임시표가 나오지 않는 곡 또는 조성이 바뀌지 않는 곡을 연주할 수밖에 없는 것이다.

어떻게 하면 학생들이 현악기에서
반음관계(#, ♭, ♮)를 이해하게 만들 것인가?
음악적인 다양한 표현을 위한 보잉법(슬러)을 어떻게 익히게 할 것인가?

이 두 가지의 숙제를 안고 나는 매우 고심하였다. 그렇게 해서 나온 지도법이 바로 '플러스 마이너스 손가락 번호표기법' 일명 플마 지도법이다. 이에 대한 자세한 설명은 2장에서 하겠다. 결과는 어떻게 되었을 것 같은가? 처음에 '고향의 봄'을 연주하던 학생들이 라벨의 '볼레로'를 연주할 수 있게 된다. 볼레로가 얼마나 복잡한 리듬과 음정을 가지고 있는지 생각해 본다면, 이는 기적이 아닐 수 없다!

해를 거듭할수록 음악을 잘하고 좋아하는 학생들이 우리 학교에 입학을 하였다. 그래서 파트별로 기량이 좋은 학생들이 종종 있었는데, 이 학생들을 적극 활용하여 협주 곡을 하기 시작하였다. 아래는 학생들과 지역 음악가 등을 활용하여 다양한 레퍼토리를 만든 케이스들이다.

§ 협주 레퍼토리 §

- **기타&오케스트라**: 제주도의 푸른 밤(기타 솔로와 협주를 편곡자에게 의뢰)
- **피아노 독주&오케스트라**: '하울의 움직이는 성 OST' 도입 부분에 피아노 독주
- **클라리넷&오케스트라**: '가브리엘의 오보에' 클라리넷 독주
- **스네어 드럼&오케스트라**: 라벨의 '볼레로'. 드럼 전공 준비 학생. 곡 전체를 받쳐주는 역할
- **피콜로&오케스트라**: 플루트 파트 중 잘 하는 학생 1명을 피콜로 지도
- **태평소, 피아노, 꽹과리, 드럼&오케스트라**: 양방언 '프론티어'
- **지역 음악가 중 성악가(소프라노, 테너) 초청**: 오페라 아리아 연주

PART. 08

새로운 지도법
개발과 실행

나는 새롭게 만든 나만의 지도법을 파트별 강사들과 연수하며 모든 현악기에서 적용하도록 만들었다. 관악기의 지도법도 강사들에게 연습 방법을 알려주며 지도하도록 협조를 요청했다. 각 파트별 강사들은 매주 금요일에만 수업을 오셨지만, 금요일 파트별 수업이 월요일 합주까지 연계가 되어야 했기 때문에 강사들과의 긴밀한 협조는 필수이다.

여기서 잠깐 나의 어린 시절 이야기를 꺼내자면, 초등학교 시절 천재로 불리며 피아노를 매우 잘 치던 나름 유명한 어린이였지만 5학년이 들어서면서 음악에 흥미를 잃고 피아노를 그만두게 된다. 그 이후 만 5년이 넘도록 단 한 번도 피아노를 건드려 보지도 않고 학창 시절을 보내는데, 고등학교 1학년이 되어서 갑자기 음악을 시작하게 된다.

왜 그런 무모한 짓을 했는지 지금 생각해보면 참 의아하지만, 어쩌다 보니 나는 고1에 다시 베토벤 소나타를 꺼내서 치고 있었다. 5년 동안의 공백은 내 손을 굳게 만들었고 나는 하농(HANON)의 1번도 제대로 칠 수 없을 정도였다. 지역의 어느 피아노과 교수님을 찾아갔더니 전문대도 못 갈 실력이니 피아노를 치지 말라고 하셨다. 앞으로 음악을 할 것인가 말 것인가의 기로에서 고등학교 1학년 여름, 우연히 피아니스트 신민자 선생님께 레슨을 받게 되었다.

신민자 선생님께서는 당시 줄리어드에서 하시의 석사를 받으신 후 귀국하여 추계예술대 대우교수셨는데, 나에게 음악적 재능은 있으나 신체가 너무 자라고 뼈가 굳어서 지금 악기를 하는 것은 무리가 있으니 작곡으로 전향하는 것이 어떻겠냐며 조언해주셨다. 서울로 매주 주말마다 올 수 있다면 작곡에서 유명한 레슨 선생님을 알아봐 주시겠다고 매우 적극적으로 권장하셨다. 하지만 KTX도 없었던 시절 우리나라 최남단의 창원이라는 작은 도시에서 내가 음악을 하는 환경은 녹록지 않았고, 난 끊임없이 피아노를 연습하며 실력을 쌓을 수밖에 없었는데 그때 배우고 연구했던 연습 방법들이 꽤 도움이 되었다.

이때의 노하우들과 연습의 끈기가 모여 나는 다시 2년 뒤 콩쿠르에서 1등을 하는 학생으로 성장할 수 있었는데, 이 연습 방법은 핑거링이 필요한 모든 악기에 적용이 가능하여 훗날 오케스트라 지도법을 개발하게 되고 개별 지도 등에서 큰 도움이 되었다.

그 후 신민자 선생님께서는 숭실대학교 교수님으로 가시게 되었고, 고3 시절에 숭실대로 진학하면 잘 지도하겠다며 집에 전화까지 주셨지만, 나는 그분과의 인연이 아니었는지 IMF 위기와 아버지 사업의 실패로 사범대학에 진학하게 되었다. 아직도 생각하면 그분께 감사하고 제자가 되지 못해 아쉽기도 하다.

PART. 09

해마다 성장한
오케스트라

STEP 04

연주곡의 수준을 점점 높여서

진짜 프로 오케스트라에서 연주하는 곡을 연주해보자.

　나의 최종 미션이자 가장 공을 들인 부분이 연주곡의 수준을 높이는 것이었다. 처음 이 학교에 왔을 때 '고향의 봄'을 시작으로 4년 차에 양방언의 '프론티어'까지 해마다 우리 오케스트라는 변화되고 성장해왔다. 해마다 난이도를 꾸준히 조정하여 총 4년을 계획으로 성장시켰으며, 단계적으로 지도한 덕분에 학생들도 무리 없이 잘 따라왔다. 연도별 악곡의 변화를 나타낸 표를 참고 바란다.

표 1-1 연도별 오케스트라의 레퍼토리 변화

연도	연주 시간	연주 악곡
2012년 이전	30분	1. 원스 OST 'Falling slowly' 2. 가곡 '신아리랑' 3. 아이패드 OST 4. 고향의 봄 5. 캐리비안의 해적 'He's a pirate' 6. 베토벤 '땅 위의 기쁨' 7. 베버 '사냥꾼의 합창'

연도	연주 시간	연주 악곡
2013년	35분	1. 슈베르트 '군대행진곡' 2. 10월의 어느 멋진 날에 3. 이선희 '여우비' 4. 에릭 사티 'Je Te Veux' 5. Mai piu cosi lontano 6. 민요 메들리(도라지, 너영나영) 7. 고향의 봄 8. 젓가락행진곡
2014년	45분	1. 롯시니 '윌리엄텔 서곡' 2. 미션 OST '넬라판타지아' 3. 이흥렬 '섬집아기' 4. 브람스 '헝가리 무곡 5번' 5. 차이코프스키 'Andante Cantabile' 6. 인순이 '아버지'(Vocal 우리 학교 1학년 여학생) 7. 네케 '크시코스의 우편마차' 8. 브람스 '대학축전서곡' 일부
2015년	60분	1. 존 윌리엄스 'Thema From Superman' 2. 모차르트 'Eine kleine Nachtmusik' 3. 츠루 노리히로 'Last Carnival' 4. 기타, 젬베 협주 '제주도의 푸른 밤' 5. 비제 오페라 '카르멘' 서곡 6. 비제 오페라 '카르멘' 중 메조소프라노 아리아 'Seguidilla' 7. 클로드 볼링 '아일랜드 여인' 8. 존 윌리엄스 'Flying Thema(영화 E·T OST)' 9. 타이타닉 OST 'My heart will go on'
2016년	75분	1. 마스카니 '까발레리아 루스티까나' Intermezzo 2. 히사이시조 '인생의 회전목마' 3. 푸치니 토스카 중 테너 아리아 '별은 빛나건만' 4. 라벨 '볼레로' 5. 라벨 '죽은 왕녀를 위한 파반느' 6. 양방언 '프론티어' 7. 안치환 '사람이 꽃보다 아름다워'

나는 정기연주회가 끝나자마자 다음 해의 레퍼토리를 고민했다. 나름 고민의 고민을 거쳐서 곡을 정했고 합주 강사 선생님도 나의 의견에 전적으로 지지하고 내가 원하는 방향대로 편곡해 주셨다.

곡을 정할 때 기준했던 내용은 다음과 같다.

§ 협주 레퍼토리 §

- 학생들 수준보다 어렵지만 도전하여 공부할 만한 곡

  - 윌리엄텔 서곡, Eine kleine Nachtmusik, 카르멘 서곡, 프론티어 등

- 템포가 느리면서 음악적 표현력을 기를 수 있는 곡

  - Andante Cantabile, 까발레리아 루스티까나 Intermezzo, Eine kleine Nachtmusik, 죽은 왕녀를 위한 파반느 등

- 지휘자의 지휘를 잘 보면서 함께 호흡을 맞춰야 하는 곡

  - Mai piu cosi lontano, 헝가리무곡 5번, 크시코스의 우편마차, Seguidilla, Flying Thema(영화 E·T OST), 별은 빛나건만, 프론티어 등

- 평소에 학생들에게 익숙한 곡을 풍부한 음색으로 익히게 하는 곡

  - 군대행진곡, 넬라판타지아, 대학축전서곡, 제주도의 푸른 밤, My heart will go on, 인생의 회전목마 등

이 외에도 박자(2박자, 3박자, 4박자 계통), 빠르기, 조성, 분위기 등을 고려하여 레퍼토리를 짰다.

PART. 10

2학급
만들기 미션

해마다 우리 위미중학교의 가장 큰 미션은 학년당 2학급을 만드는 것이다. 최소 30명 이상이 되어야 2학급을 만들 수 있었는데, 주변 초등학교가 단 1개밖에 없어 그 학교에서 오는 학생이 항상 30명이 안 된다. 그런데 음악을 좋아하는 주변 지역 학생들이 우리 학교로 진학하여 매해 2학급이 되는 기적을 낳고 있었다. 11월이나 12월쯤 되면 초등학교나 학부모로부터 학교로 연락이 왔다. 관할 지역은 아니지만 우리 학교로 진학하고 싶다는 학생들이다. 제주도는 음악 교육의 불모지로 예중과 예고가 없다. 그 이후 2015년 함덕고등학교가 특성화고등학교로 음악학급을 운영하고 있지만 그것이 전부이다. 그래서 음악을 좋아하거나 음악을 전공하고 싶은 학생들이 위미중학교로 모이는 기이한 현상이 일어난다. 간혹 위미중학교가 예중이 되었으면 좋겠다는 학부모님들의 의견도 있었다.

나는 음악 교사로서 매우 큰 사명감을 가지고 매해 입학하는 음악도들을 관리하고 챙기는데, 교장 선생님과 함께 학생 집에 방문하여 상담을 하기도 하였고 입학을 한 이후에도 적응을 잘 하는지 항상 살폈다. 서귀포 예술 영재 교육원이 운영되어서 영재 교육원에 재학하는 학생들도 꽤 우리 학교로 진학하였다. 그때 온 학생들이 지금도 음악을 전공하거나, 음악을 직업으로 앨범을 내거나 유학을 가는 등 다양한 활동을 하고 있다. 그런 학생들이 몇 명씩 오면서 우리 오케스트라에도 힘이 실렸다. 바이올린, 피아노, 기타, 드럼 등 다양한 재능을 가진 학생들이 오면서 레퍼토리에도 큰 변화가 생겼다. 이 학생들도 인해 나의 계획 step 3가 완성된다.

점점 인구가 줄어드는 농어촌 학교에서 학생 수 감소와 학급 수 감소는 매우 큰 걱정이 아닐 수 없다. 이러한 때에 우리 학교는 다행히 '음악'이라는 특색사업으로 인해 학생들이 오고 싶어 하는 학교가 되었고, 음악으로 주민들과 교직원들과 학생들이 공감대를 형성하고 협력하는 아름다운 공동체가 되었다.

오케스트라뿐만이 아니었다. 2013년에 교장 선생님의 의지로 결성된 '몬딱(모두라는 뜻의 제주방언) 연극제'에서는 2학년 학생들이 연극 수업을 받아 1인 1역할 이상을 하며 모든 학생들이 연극에 출연하였다. 학교 자체 사업으로 시작한 연극제는 다음 해부터 교육청의 지원을 받아 해마다 잘 운영되고 있다.

전국 중학생들의 피구 대회가 있었는데, 우리 학생들이 제주도내 1등을 하여 육지 대회에 참여한 적이 있다. 학생 수가 적다 보니 다 같은 학생들이다. 똑같은 애들이 오케스트라도 하고, 연극도 하고, 피구 선수로도 뛰고…. 만능 엔터테이너가 따로 없다.

우리 학교는 교사 수도 적고 상황이 열악한 학교는 맞지만, 내가 4년 동안 근무하면서 느낀 점은 '교육공동체'라는 단어의 실체였다. 아, 이것이 교육공동체구나하는 이 느낌은 정말 강력하고 큰 힘이 되어준다. 그때의 학생들, 학부모들, 동료 교사들이 지금까지도 끈끈하게 연결되어 가족 같은 느낌을 주며, 나의 4년간의 근무를 돌아보면 마음이 따뜻해짐을 느낄 수 있다.

§ **2016년 학생들의 활약 - 음악 부문** §

- **1학년 현○○**, 미국 뉴욕 카네기홀에서 「극동방송 전국 어린이합창단원」 공연
- **1학년 피아노 윤○○**, 「세계적인 피아니스트들의 향연」 피아노 독주 공연
- **1학년 타악기 윤○○**, 금난새 지휘 「농어촌 희망청소년 오케스트라 합동연주회」 공연
- **서귀포청소년오케스트라 단원 3명 활동**,
  「서귀포청소년오케스트라와 함께 하는 kvdo 러시아귀국음악회」 공연

PART. 11

13명이 밴드도 하고
앙상블도 하고?

내가 1학년 남학생 반을 담임할 때였다. 우리 반 학생은 총 13명이었는데(그 당시 동학년은 여학생이 더 많았다.) 그중 전문적으로 악기를 배우는 학생들이 꽤 있었다. 바이올린을 했던 A와 기타를 했던 B와 클라리넷 하는 C와 첼로를 한 D, 그 외에는 학교에 입학하면서 음악을 처음 배웠지만 음악에 대한 열정이 넘치는 반이었다. 특히 이 중 한 학생의 부모님은 악기점을 하시면서 우리 학교와 몇 년간 거래처 관계였는데 우리 학교가 너무 좋다며 아들을 꼭 입학시키고 싶어하셨다. 결국 그 학생이 나의 반 학생이 되고 그 부모님과는 좋은 친구 관계로 지금까지 남아있다.

재미있었던 사실은 우리가 필요할 때마다 바로바로 연주팀을 꾸릴 수 있는 것이었다. 이 친구들이 음악 연주 봉사활동을 꽤 꾸준히 하였는데, 서귀포 관광지 곳곳에서 친구들끼리 삼삼오오 모여서 연주하면서 지역에 봉사활동을 하였다. 학교에서 갑자기 그룹사운드를 결성하는데 우리 반 학생들만으로 뚝딱 만들어져서 공연팀이 되어 양로원과 학교 주변의 관광지에 공연을 다니기도 했다. 어느 날은 모여서 오케스트라 파트별로 모여 앙상블을 하기도 했다. 날씨 좋은 날은 기타 잘 치는 B학생이 학교 기타를 하나 메고 주변 잔디밭으로 가서 음악 교과서에 있는 노래를 기타 반주에 맞추어 함께 떼창(제창)을 하기도 했다.

내가 위미중학교 근무 시절 중 처음이자 마지막으로 담임을 했던 이 학생들과의 끈끈한 유대관계는 지금까지도 연결된다. 바이올린과 기타를 했던 친구는 중학교 졸업 이후 유학을 갔는데 올해 21살이 된 B는 기타곡을 작곡하여 음반도 내고 작은 방송에

- **2012년** 한국의 미래학교 선정(한국교육개발원과 SBS 공동 주관, 전국 중학교 중 유일)
- **2012년** 국가수준학업성취도평가(영어) 학력향상 전국 50개교 선정(교육과학기술부 발표)
- **2013년** '모다들엉 학력향상제' 최우수학교(2년 연속 선정, 도교육청)
- **2015년** 국가수준 학업성취도 평가 기초학력미달 0% 달성
- **2015년** 제9회 교육감배 전도학교 스포츠클럽대회 중등부 여자 피구 부문 우승
- **2015년** 전국학교스포츠클럽대회 페어플레이 학교 선정(교육부장관 표창)
- **2015년** 교육감배 학교간 육상경기 대회 여중부 우승, 남중부 준우승
- **2016년** 국가수준 학업성취도평가 기초학력미달 0% 달성(2년 연속)
- **2016년** 제주어동아리 혼디모영 '아름다운 제주어찾기 공모전 「UCC 분야」' 최우수상 수상
- **2016년** 제27회 전도 중고등학생 글짓기대회 최우수상 수상
- **2016년** 전도 교육감기 육상대회 여중부 우승, 남중부 준우승
- **2016년** 전도 교육감기 장거리 육상대회 여중부 우승, 남중부 준우승
- **2017년** 신입생 교복·체육복 무상지원
  (지원단체: 위미리마을회, 위미농협, 위미신협, 위미중총동문회, 우미마루 후원회)

도 출연하고 있다. 클라리넷을 하던 C는 신학대학에 진학하여 목회를 준비하면서 아직도 악기를 꾸준히 연주하며 지역 오케스트라에서 활동하고 있다.

이후에도 피아노를 전공하여 유학간 친구, 수도권 예고에 입학한 친구, 함덕고등학교에서 음악과로 진학하여 음악대학을 준비하는 친구 등도 있고, 일반 학교로 진학하고 음악을 전공하진 않지만 꾸준히 악기를 배워서 학교 오케스트라에서 솔로 파트를 맡거나 단원으로 활동하는 등의 음악적 성과들을 꽤 듣고 있다.

전교생 100명 남짓의 이 작은 학교에서 나온 이런 성과들은 무엇을 의미할까? 정확한 인과관계를 알 수는 없지만, 우리 학교에서 학교폭력이 생긴 사례가 거의 없다는 점과 학생들이 진심으로 행복하게 학교생활을 히었다는 사실을 보면, 오케스트라가 학생들의 인성에 좋은 영향을 주었다는 점은 틀림이 없을 것이다.

PART. 12

제주 국제학교 '브랜섬홀아시아(BHA)' & 서귀포여자고등학교와의 교류

2016년도 초, 나는 교육청에서 구성된 로컬학교 정교사로 국제학교의 수업을 참관하고 IB커리큘럼의 실제에 대한 연수에 참여하여 1주일 동안 BHA에서 생활하였다. 참여한 교사에게는 1대 1로 멘티·멘토를 지정해주어 실제적인 도움을 받도록 배려해 주셨다. 제주에는 현재도 여러 개의 국제학교가 운영 중인데, BHA의 경우 여자학교(현재는 남학생도 입학 가능)이며 캐나다의 교육과정으로 운영되고 있다. 나는 음악부장이신 Mary 선생님과 멘티·멘토가 되었다. 음악 선생님은 총 2분이셨는데, 나머지 한 분은 저학년과 그룹사운드 지도를 담당하고 계셨다.

나는 영어를 잘 못하였지만, 음악 수업에서 쓰이는 음악 용어들은 원어들이라 익숙하여 수업을 참관하는 데 지장은 없었다. 짧은 영어로 쉬는 시간과 점심시간에 Mary 선생님과 수다를 떨 정도는 가능했다. 학년별 음악 수업을 참관했는데(5G~10G), 9학년까지는 공통 음악, 10학년부터는 선택 수업이었다.

국제학교이지만 대부분 85% 이상 한국인 학생들이다. 영국계 선생님이신 Mary 선생님은 영어로 수업을 하시고, 한국말은 거의 하지 못하셨다. 그리고 한국인 보조 교사가 저학년 수업에는 같이 팀티칭해주셨다. 수업은 대부분 프로젝트나 탐구 수업으로 진행되었다.

7학년 수업에는 화성학을 다루었는데, 화음과 조성에 대한 설명을 듣던 학생들의 표정이 어리둥절하다. 이해가 어려운 모양이다. 왜 그런가 자세히 들어보았더니 장조(major)와 단조(minor)를 설명하시다가, 장조에서 모두 장화음(major)으로 되는 것은 아니다, 단화음(minor)도 섞여 있다는 설명을 하신다. 실제 장조에서 1, 4, 5도 주요 화음을 제외하고는 모두 단화음이다. 그리고 우리는 로마자에서 대문자와 소문자로 화음의 성격(장,단)을 구별한다. 한국 용어로는 조성과 화음을 각각 장조, 단조, 장화음, 단화음이라고 구별하여 명칭하는데, 그냥 영어에서는 Major와 minor로 통칭하여 표현하나 보다.

학생들은 'Major는 major와 minor로 구성된다.'라는 뜻을 이해하지 못하는 것이다. 이것을 번역하면 '장조를 구성하는 화음은 장화음도 있고, 단화음도 있다.'는 뜻이다.

학생들이 다 어리둥절하며 이해를 못 하고 소근소근대니, Mary 선생님께서 나에게 한국말로 설명해달라고 부탁하신다. 내가 부가설명을 하고 나서야 학생들은 이해를 하였다. 어쩌면 우리나라처럼 용어를 다양하게 만드는 것이 이해에 도움이 될 수도 있지만, 단순히 major와 minor로 나누어 구분하게 하는 것이 이해에 도움이 될 수도 있다. 평소 생각해보지 않았던 문제였는데, 이 수업을 통해 나도 느낀 것이 있었다.

그날 이후 현재까지 조성, 화음, 음정에 대한 수업을 진행할 때 나는 Major와 minor의 대비되는 성격을 알려주며 용어를 병행하여 사용한다. 특히 이 두 가지 성격은 소리를 들어보면 명백히 구별되는 특징이 있다.

예를 들어 조성의 경우도 Major(장조)와 minor(단조)로 듣고 구별해보는 것, 화음의 경우도 Major(장화음)와 Minor(단화음)로 구별해보는 것, 음정에서 단음정과 장음정을 구별하는 것에도 Major와 minor로 설명하고 소리를 듣고 구별하게 하면 학생들의 이해가 빨라진다. 나는 중학교 전체 과정 중 1번은 시창과 청음에 관련된 수업을 하고 있는데, 이것에 대한 내용은 3장에서 구체적으로 이야기하겠다.

하루 종일 Mary 선생님의 일과를 졸졸 따라다니며 수업부터 동아리 지도까지 밀착해 관찰하였다. 그때는 바로크 시대의 작곡가들 조사하기를 하였는데, 구글에서 검색해보니 바로크 시대의 작곡가들이 어마어마하게 많다는 것을 나도 처음 알게 되었다. 바흐, 헨델, 비발디, 몬테베르디 정도라고 생각했는데 그 외에도 수십 명의 작곡가들이 있었다니!

그리고 방과 후 수업으로 아카펠라, 오케스트라 동아리가 있었다. 그 학교의 오케스트라는 바이올린은 물론이고 목관, 금관, 팀파니와 마림바까지 편성된 제대로 갖춰진 오케스트라였는데, 우리 학교와 비교하니 구성이 매우 부러웠다. 특히 개인 기량들이 매우 뛰어나서 프로 오케스트라 실력 못지않게 연주가 가능했다.

7학년들의 수업에는 화성학을 배워서 선율에 화성을 채워 넣는 학습을 하고 있었는데, 병행과 은복까지 고려하면서 화성을 채워야 했다. 나도 학부에서 화성학을 처음 배웠기 때문에 이것을 하는 것이 매우 신기했다. 어려워하는 학생들이 꽤 있어서 개별 지도를 해주었다.

10학년들의 수업은 선택이라, 음악을 매우 좋아하고 잘하는 학생들로 구성되어 인원이 적었다. 그렇지만 매우 심도 있는 수업이 가능하다. 내가 갔을 때는 악곡을 분석(주제, 조성, 화성, 대위법 등)하고 있었는데 pentatonic(5음계)에 대한 공부를 하였다. 내가 '한국 고유 음악도 펜타토닉(5음계)을 바탕으로 한다.'라고 이야기를 꺼냈더니, 매우 흥미로워 하였다. 그러면서 Mary 선생님께서 제안을 하나 하신다. '우리 학생들이 국악에 대해 전혀 모르고 있고, 내가 수업에서 알려줄 수 없다. 그동안 한국 음악에 대한 해소가 되지 않아서 아쉬운 부분이 있었는데, 당신만 괜찮다면 남은 며칠 동안 국악에 대해 알려줄 수 있느냐?' 하는 제안이었다. 나는 흔쾌히 승락했고, 3차시에 걸쳐(1차시가 2시간 정도 된다.) 국악개론과 국악사에 대한 수업을 진행했다. 선택 과목이다 보니 학생들의 이해 수준이 매우 높았고, 집중력도 좋아 수업이 재미있었다. 내가 임고를 위해 그렇게 열심히 공부했던 것들을 활용할 수 있다는 것이 좋았다. 실제 학교 현장에서는 기본 수준밖에 수업을 못하기 때문에 전문적인 지식을 활용하기 어렵다.

특히 학생들과 Mary 선생님의 국악에 대한 관심이 매우 높아져 나에게 수시로 질문을 하여서 좋았다. 아주 광범위한 내용들을 요약해서 국악 수업을 진행하였다. 국악 개론에서 정악과 민속악으로 나누고, 역사적인 내용을 넣어 전체적인 아웃라인을 훑을 수 있었다. 특히 한국의 정간보인 경우 리듬 수업에 활용하면 음표보다 매우 명확하게 수업이 가능하여, 나는 리듬 수업에서 정간보를 많이 사용한다. 이런 우수하고 주체적인 문화가 있다는 것을 수업할 때는 어깨가 절로 으쓱했다.

학생들이 관심있게 본 동영상 중 하나는 남창가곡 중 평조 초수대엽 '동창이'였는데, 그렇게 느린 가사를 한 호흡에 부를 수 있다는 사실에 다들 눈이 동그래졌다. 특히 정악 성악곡의 정수를 보여주는 곡이다. 그리고 반주 악기들의 어우러짐이 서양 음악과 매우 다른 짜임새로 되어 있다는 사실에 다들 놀랐다. 내가 폴리포니(polyphony)와 호모포니(homophony)의 개념이 아니라 '헤테로포니(heterophony)'의 개념이라는 설명을 붙였고, 헤테로포니의 생소함과 신비함을 음악으로 들어보니 매우 신선했다고 한다.

또 내가 좋아하는 흥부가 대목 중 '화초장 타령'을 들려주었는데 1명의 소리꾼이 얼마나 재미있고 맛깔나게 연기하는지 감상해 보면서 국악의 위대함을 함께 느낄 수 있었다.

Mary 선생님은 그 후 국악에 대한 관심이 높아져서 틈만 나면 "바이올린은 국악기 뭐랑 비슷하나요? 오보에는 어떤 악기랑 비슷해요?"라고 질문하셨는데, 내가 알려준 다양한 국악기를 검색해보시면서 점점 국악에 대해 알아갈 수 있는 기회가 되어 개인적으로 매우 뜻깊었다.

한편으로는 좀 속상하기도 하였다. 우리나라에서 태어난 한국 학생들이 국제학교에 다니면서 국악에 대해 전혀 배울 기회가 없이 청소년기를 보낸다는 것은 매우 슬픈 일이다. 국제학교 내에도 국어와 국사를 교육과정에 넣고 한국 교사에게 수업을 받고 있다. 음악과 미술 같은 예술 과목에서도 국악과 한국화에 대해 일부라도 수업을 받으면 어떨까. 일부 기간이라도 강사를 채용하여 우리나라 예술의 우수성에 대해 알게 한다면 어떨까 하는 생각이 들었다.

내가 국악의 마지막 수업을 하고 Mary 선생님은 다음 시간에 서양의 펜타토닉과 한국의 펜타토닉을 비교해서 조사해보는 수업을 해보자며 학생들에게 예고하셨는데, 내 수업이 일시적인 이벤트가 아니라 다음 수업과 연결된다는 점이 좋았다.

다른 과목 선생님들에 비해서 내가 모든 과정을 꼼꼼히 참여하여 보기도 하였고, 국악 수업을 진행하기도 하여서 그런지 BHA의 교장 선생님께서 나를 매우 좋게 보시고 칭찬해주셨다. 사실 Mary 선생님께서 잘 이야기해주셨기 때문인데, 당연하다고 생각한 일들을 칭찬하고 훌륭하다 해주시며 제주 지역 학교에 대한 관심도 가져주시고 교류하기 원하신다고 해서서 매우 기뻤다. 우리는 국제학교가 폐쇄적이라 외부인과의 접촉을 하지 않는다고 생각하였는데, 국제학교 측에서는 학생들이 지역 사회와 지역 학교와 교류하기 원하지만 방법을 알지 못해 못 하고 있다는 입장이었다. 전교생이 오케스트라를 한다는 작은 학교가 궁금하다며 기회가 된다면 우리 학교 학생들을 만나

모든 수업은

에세이로 시작해서

에세이로 끝난다.

♬ -BHA 중학생 음악 수업 학습지

음악 분석에 대한
내용을 학습 중이다.

♬ -BHA 고등학생 음악 선택 수업 학습지

보고 싶다고 하셨다.

　그 기간이 지난 이후에도 Mary 선생님과 나는 종종 이메일을 주고받았다. 반 년이 지났을까, Mary 선생님이 정기연주회를 한다며 나에게 와서 꼭 보라고 연락을 주셨다. 나는 우리 학교 학생들과 함께 가서 보고 싶다고 말씀드렸다. 전교생이 간다면 100명 정도 되는데 갈 수 있느냐 물어보았다. 학교에서 연락이 왔다. "홀의 규모가 300석 정도이고 대부분 학부모와 관계자들이 오면 홀이 꽉 차서 100명은 너무 많다."라는 답변이다. 좌석이 많지 않아 특히 연극제 같은 경우는 예약을 받아서 티켓이 있어야만 들어올 수 있게 제한을 한다는 것이다.

　같은 제주에 있지만 두 학교 학생들이 매우 다른 환경에 살고 있는데, 우리 학교 학생들에게 이런 학교가 있다는 것을 경험해보게 해주고 싶었다며 아쉬움을 전했다. 우리 학교 학생들이 다양한 경험을 통해 안목이 넓어진다면 새로운 비전과 꿈을 가질 수 있고, 열심히 공부하는 원동력이 될 수 있었을 텐데, 여건이 맞지 않아 아쉽다는 의견을 보냈다. 어쩔 수 없이 나와 가족만 참여하기로 했다.

　그런데 며칠 뒤 갑자기 좋은 소식이 전해졌다. 교장 선생님과 Mary 선생님께서 제주 지역 학생들과의 좋은 교류가 될 것이라고 생각하셔서 방법을 찾아보신 것이다. 실제 공연하는 날 하루 전, 전체 리허설 겸 공연을 한 번 더 하겠다며 우리 학교 학생 모두를 초청해주셨다. 학생들의 언어적 문제를 고려하여 사회자 학생들이 모두 한국어로 진행하겠다고 한다. 덧붙여 "좌석이 300개나 있어요, 같이 올 학교가 있다면 더 오셔도 좋아요."

　나는 급하게 학교에 소식을 전하였고, 우리와 비슷한 작은 학교 중 어디와 함께 갈까 고민하였다. 바로 1년 전 우리 학교 교무부장님이시던 김 부장님께서 마침 안덕중학교 교무부장님으로 계셨는데 안덕중학교도 오케스트라를 창단하여 운영한 지 얼마 되지 않은 학교였다. 나는 급하게 안덕중학교에 이 소식을 전하고 두 학교는 함께 BHA에 단독으로 초청받아 관람한 처음이자 마지막 지역 학교가 되었다.

　학교 내에 상당한 수준의 콘서트 홀이 있어서 쾌적하게 공연을 관람하였다. 오케스트라뿐만 아니라 그룹사운드, 앙상블, 다른 예술 동아리들의 공연도 함께 들어 있었다. 공연을 진행하는 학생들은 영어와 한국어로 각각 내용을 전달했다. 아마 지도하시

BHA 오케스트라에서 베토벤 운명교향곡 1악장을 연습 중인 모습.

는 국제학교 교사들이 한국어를 알아듣지 못하기 때문에 2종의 언어를 쓴 것 같다. 그 동안 우리 학교 내의 예술 동아리와 오케스트라만 봐오던 학생들에게 신선한 경험이 었다. 그리고 같은 나이 또래의 공연을 보면서 느낀 점이 많았다.

내가 공연자의 입장에서 무대에 서는 것과 관람자의 입장에서 무대를 보는 것은 엄 연한 차이가 있다. 이렇게 Zoom in과 Zoom out 하면서 자신을 성찰하는 것은 매우 중요한 교육 중 하나이다.

공연이 끝난 후, 학생들에게 학교 투어를 해보게 하고 싶었지만, 여건 상 어려워서 귀가하였다. 오케스트라 학생들이 안내해준다고 하여 우리 학교의 몇몇 선생님들만 모아 학교를 둘러보고 각 과목별 수업에 대한 이야기도 나누었다. 학교의 공간은 큰 의미를 지닌다. 공간은 곧 교육의 모습을 반영하기 때문이다.

우리 학생들은 다녀온 이후 한동안 국제학교에 큰 관심을 가졌고 훗날 학업와 유학에도 관심이 생겨 나에게 질문하는 학생들이 꽤 있었다. 다양한 학교와 학생들이 공존하는 제주에서 학생들의 안목이 넓어지고 더 멀리 큰 곳을 향해 목표를 설정하고 노력한다면 얼마나 좋을까.

사실 BHA뿐만 아니라 주변 학교들과의 적극적 교류를 위해 노력했는데, 서귀포여자고등학교의 아르스 오케스트라와도 결연하여 우리 학교 음악 캠프에 초청한 적이 있었다. 서귀포여자고등학교의 아르스 오케스트라는 오케스트라 활동을 희망하는 학생들로 이루어져 어느 정도 악기를 다루거나 음악을 좋아하는 학생들로 구성되어 있다. 그리고 인문계 고등학교이다 보니 전체적으로 학생들의 수준이 높은 편이다. 아르스 오케스트라에서 1곡을 준비하고, 우리 학교에서 1곡을 준비하여 각자 연주하는 모습을 서로 지켜보았다. 그리고 우리가 평소 연습하던 곡 중 오페라 '카르멘 서곡'을 연합 합주곡으로 정하고 미리 각 학교에서 연습한 후, 즉석에서 함께 연주하는 시간을 가졌다.

크지 않았던 강당에 서로 파트를 맞추어 끼여 앉아 인사를 나누고 함께 연주하였는데 그 모습이 참 감동적이었다. 특히 우리 학생들은 선배들이 연주하는 곡을 듣고 힘찬 박수를 보냈는데 경쟁심과 부러움이 하나도 없는 정말 순수한 모습의 감탄이었다. 그랬던 언니 누나들과 함께 곡을 연주하니 얼마나 흥분되었겠는가. 특히 2배의 규모로 커진 오케스트라의 소리는 우리들의 마음을 감동시키기에 충분했다.

이렇게 다른 학교와의 교류는 우리 학생들에게 즐거운 경험을 제공했고, 더 좋은 연주를 위한 의지도 다져주며 연습에 열중하게 만들었다.

작은 강당에 우리 학교 오케스트라와
아르스 오케스트라가
함께 연주하기 위해 빼곡히 둘러앉은 모습.
베이지색 교복을 입은 학생들이
서귀여고 학생들이다.

♬ -음악캠프 중 아르스 오케스트라와의 교류 연주

PART. 13

교육공동체란

나는 위미중학교에서 4년을 근무하면서 '교육공동체'라는 단어를 몸소 체감했다. 우리가 흔히 말하는 교육공동체가 현실적으로 얼마나 실현 가능한가? 같은 학교에 근무하는 동료 선생님들과 협력하는 관계를 조성하는 것도 쉽지 않다. 아이 한 명을 키우기 위해서는 마을 하나가 힘을 합쳐야 한다는 말이 있다. 학교가 학교를 넘어서 지역사회와 함께 공존한다는 것, 정말 이상적이고 멋진 이야기이다. 그런데 실제 그렇게 운영되고 있는 학교가 위미중학교였다.

학교와 학부모 사이의 신뢰가 매우 돈독하다. 학부모들은 대부분 우리 학교 졸업생이기도 했는데, 학교에 일이 있을 때 자신의 일처럼 달려와서 협조해주셨다. 특히 제주도는 대부분의 학교가 잔디운동장으로 되어 있는데 그 넓은 잔디밭에 주기적으로 학부모님들이 오셔서 잡초를 뽑아주시기도 하시고, 각종 행사와 오케스트라 일들이 있을 때 오셔서 도움을 주셨다. 지역 주민들도 대부분 우리 학교와 연관이 있다. 졸업생이거나 학부모였거나 예비 학부모이다. 위미 농협에서는 해마다 학생들에게 장학금을 주셨고, 마을에서 기금을 조성해 전교생들의 교복도 무상으로 제공했다. 내가 처음 발령받아 학부모님과 첫 모임을 가졌을 때 학부모들이 50여 명 참여하여 깜짝 놀랐던 경험이 생각난다. 교사는 기껏 10명 남짓인데 학부모님이 50명이 넘으셨다. 전교생 100명인 학교에서 형제 자매들의 부모님이 겹치는 것을 생각하면 대부분 오신 게 아닌가 할 정도였다. 게다가 어머니들보다 아버지들이 더 많은 점도 재미있었다.

영화 '건축학 개론'에 등장한 한가인의 제주 집이 위미리에 있다. 영화에서 보던 까만 돌들이 있는 해변이 위미 해변이다. 날씨가 더워지던 어느 토요일, 위미 포구에 학부모님과 선생님들이 모여 고기도 구워 먹고 낚시도 하고 바다에 들어가 함께 수영하며 하루를 보냈다. 내가 막 결혼하여 신혼인 걸 다들 아시기 때문에 항상 남편도 데려오라고 하셔서 동행했는데, 대나무를 잘라 낚싯줄을 돌돌 감으시더니 뚝딱 만든 낚싯대를 주시며 낚시 요령을 알려주셨다. 물이 빠진 바다의 까만 돌들을 밟고 걸어가 바위 틈에서 잡은 물고기를 즉석에서 불에 구워 먹었는데 정말 즐거운 기억으로 남아있다. 수시로 학교에 오시는 어머님들은 지역에 땅이나 집이 나오면 나보고 같이 구경가자며 데리고 다니시기도 하시고, 학생들의 가정 생활 이야기도 해주시고 함께 위미의 핫 플레이스를 찾아 다니기도 했다. 이사를 한 학생 집에 집들이를 가기도 하고 내가 임신했을 때 태교 책과 수제로 만든 아기 옷을 선물해주시기도 했는데, 아직도 가끔 연락하며 안부를 묻는다.

학부모뿐만이 아니다. 우리 학교는 교사 수가 적어서 매우 업무가 과중된 학교이다. 2013년 발령 첫해에는 저녁 9시 전에 집에 들어가 본 적이 없다. 토요일에도 출근해서 일을 했을 지경이었다. 제주에 이사 오면 주말에 다이빙을 하고 말을 타고 올레길을 걸을 줄 알았던 나의 제주살이 로망은 잊은 채 하루하루 일에 치여서 지냈다. 그런데 나뿐만 아니라 대부분 선생님들께서 저녁에 초과근무를 하는 실정인데 정말 즐겁게 일했다. 저녁에 동네에서 하나밖에 없는 중국음식점에서 항상 배달을 시켰다. 그 동네는 저녁에 영업하는 식당도 없을뿐더러 배달이 가능한 식당이 중국음식점 한 곳이었다. 매일 같은 메뉴를 시켜서 교무실 테이블에 뱅 둘러앉아 먹는 저녁 시간이 왜 그렇게 재미있고 맛있었을까.

업무가 과중하여 다들 지칠 법도 했지만 학교의 각종 행사를 할 때에는 매우 협조적으로 동참했다. 오케스트라만 해도 행사가 많았지만 연극제와 창의적 체험활동, 유네스코 수업 등 우리 학교는 행사가 수없이 많았다. 정말 교사들도 고생이었고 그것을 다 따라오던 학생들도 장했다. 어떤 일이 생겼을 때 '어떻게 하면 잘 해낼 수 있을까?'라는 생각으로 일을 받아들이면 못 해낼 것이 없다. 그래서인지 우리 학교는 교사들 간의 갈등도 학부모의 민원도 분쟁도 학생들 간의 학교폭력도 없었다.

오케스트라 연주회가 가까워지면 우리 학교는 교무회의부터 시작된다. 초대장을 만들어서 지역에 보내고, 홍보를 하고, 체육관을 청소하고, 무대를 수작업으로 만들고, 꽃을 주문하고, 내빈들을 초청하고, 학부모에게 협조를 요청하고, 연주회 날 저녁식사를 준비하고, 주차장을 안내하고, 일과시간을 조정하고, 학생들을 지도하고…. 업무가 수도 없이 많다. 음악 교과만의 축제가 아니라 학교의 주력 사업이자 마을 축제의 분위기였기 때문에 교사와 행정실 누구 한 명 빠지지 않고 업무가 분장되었다. 나는 그저 학생들을 지도하고 연주만 잘 하면 된다.

수많은 업무들을 누구 하나 마다하거나 힘들어하지 않고 1달여 동안 함께 협력하여 준비하였다. 나를 비롯한 몇 분의 신규 교사들을 제외하면 대부분 선생님들은 제주시에서 거주하신다. 학교와의 거리가 1시간여 되기 때문에 장거리 출퇴근임에도 불구하고, 한번 오신 선생님들은 4년을 꽉꽉 채워 근무하셨다. 나와 같은 해에 발령받으셨던 5분의 선생님들은 나와 같이 4년을 근무하시고 함께 전출하였다. 해마다 연주회를 하다 보니 호흡도 척척, 흠잡을 곳 없이 순조롭게 그 어렵고 복잡한 과정들이 진행되었다.

2014년도에 발령받아 오셨던 교장 선생님께서는, 위미중학교 오케스트라에 대한 소문은 들으셨지만 이 정도의 규모와 수준일 줄 상상도 못 하셨다며 우리 선생님들이 얼마나 세련되게 일을 잘 처리하고 연주회를 훌륭히 해냈는지 놀라셨다며 매우 칭찬하셨다. 원래 칭찬을 많이 하는 성격이 아니셨던 분이신데도 연주회가 끝난 후에도 한참 동안을 기억하시며 우리 선생님들에게 칭찬과 격려를 해주셨다.

우리 오케스트라 연주회에는 학부모뿐만 아니라 위미 지역의 지역주민들도 많이 참여하신다. 사실 그 지역에서 누릴 수 있는 문화 이벤트가 드물기 때문이다. 다들 오셔서 연주회를 보시면 감동하시고 눈물을 흘리시고 학생들을 매우 칭찬하시는데 이는 우리의 연주 실력이 뛰어나서가 아니라 학생들의 모습이 하나하나 참 예쁘기 때문이다. 물론 곡마다 곡의 해설은 물론이고 어떤 연습과정을 통해 어떻게 성장하였는지 감상 포인트가 무엇인지 내가 해설을 적절히 더하기 때문에 더 가슴에 와닿기도 한다.

교육공동체의 힘을 모아 준비하여 연주회를 개최하면, 학생들은 멋진 무대에 올라가 연주를 하고 박수를 받고 꽃다발을 받고 어른들의 칭찬을 듣는다. 이런 과정을 통해 학생들의 가슴은 뛰고 자존감이 올라가고 모든 것에 열심히 참여하는 도전감이 생긴다. 이는 단순히 음악 담당교사가 음악동아리를 운영하는 차원을 넘어서는 것이다. 이것이야말로 모든 교육이 지향해야 될 모습이 아닐까.

표 1-2 정기연주회를 위한 업무 분장표

구분	업무내용	담당 및 협조	비고
1	총괄	교감	
2	연주회 운영 기획 및 집행	교무부장, 학생부장	협의회, 운영점검
3	합주 준비 및 지휘	진유경	연주 공연
4	홍보 팸플릿, 포스터, 현수막 제작	진유경	11월 14일까지
5	오케스트라단 복장 구입 및 준비	진유경	11월 18일까지
6	팸플릿 우편 발송, 포스터 부착	현○○, 최○○	11월 16일까지
7	연주회 행사 시나리오 작성	홍○○	11월 24일까지
8	무대설치(단상, 조명, 음향, 무대 등)	명○○, 양○○, 윤○○	24일 오후 완료
9	무대장식(현수막, 화분, 탁자 등)	김○○, 명○○, 윤○○	24일 오후 완료
10	관람석 기획, 세팅, 운영	신○○, 고○○, 김○○	24일 오후 완료
11	저녁식사 준비 및 운영	양○○, 현○○, 이○○	세부계획 수립
12	간식 준비	권○○, 김○○, 윤○○	세부계획 수립
13	오케스트라 단원 복장 준비	김성○, 고유○, 이○○	25일 17:30-18:00
14	3학년 학습지도 및 관람지도	고완○	25일
15	[교장실] 내빈 안내	행정실장, 윤○○	25일
16	[체육관 입구] 학부모 및 내빈 안내, 음료 제공	최○○, 권○○, 김○○	25일 18:30-19:00
17	[체육관 내부] 학부모 및 내빈 안내	현○○, 이○○, 고○○	25일 18:30-20:10
18	[체육관 외부] 주차관리, 학부모 안내	신○○, 김○○, 윤○○	25일 18:30-19:00
19	연주회 사회	홍○○	25일 19:00-20:10
20	연주회 중 음향, 조명 조정	양○○	25일 18:30-20:10
21	사진촬영 및 비디오촬영	고○○, 김○○	25일 18:30-20:10
22	학생생활지도(귀가까지)	각 담임	25일 17:30-21:00
23	공연장 정리정돈	전 교직원	
24	홍보앨범 제작	홍○○, 교무부	

제2장

오케스트라 지도법 이야기 &

현악 지도법

나는 4년간 오케스트라 지도를 하면서, 기록을 남기고 싶었다. 제2장의 이야기는 나의 [오케스트라 지도에 관한 연구] 내용을 담는다. 내가 처음 이 학교에 발령을 받아 업무를 맡았을 때 느꼈던 막연함이 나만의 것은 아닐 것이다. 특히 이런 학교에는 근무하려는 음악 교사가 별로 없다. 나처럼 막막함을 모두 느끼기 때문일 것이다. 그렇다고 언제까지 피할 것인가? 누군가 지금 당장 오케스트라를 맡지 않았다 하더라도, 언젠가 이런 학교에 오게 되거나 혹은 새롭게 학교에서 사업을 시작하려고 할 때 느낄 막연함이 나의 연구내용을 통해 조금이나마 기준을 잡기를 바란다. 그래서 더 훌륭한 교사들에게서 내 연구보다 더 업그레이드된 다양한 자료들이 많이 나오길 기대해본다.

연구의 시작

오케스트라 교육이 교육적으로 효과가 있을까? 선생님들의 생각은 어떤가? 오케스트라 교육, 악기 연주, 합주 활동이 인성 교육과 창의성 교육에 도움이 된다고 생각하는가? 막연히 우리는 예술교육이 인성과 창의성에 도움이 된다고 생각하고 있다. 그러나 교육적 효과라는 것이 단순히 어떤 원인에 의해 결정되는 것은 아니다. 학생들이 학교에서 체험하는 모든 것(교과 수업, 교사와의 유대관계, 학교의 분위기, 교우간의 문화 등)이 복합적으로 작용한다. 그러나 이 연구 주제에서는 아래와 같은 가설에서 출발한다.

학교 예술교육이 음악 기능을 향상시키고,
음악적 기능의 향상이 인성 발달에 영향을 준다.

실제로 이것을 어떻게 증명할 것인가에 대한 고민이 많았다. 사실 무섭기도 했다. 현장에 있는 학생들과 교사들과 학부모들이 분명히 예술교육이 학업과 인성에 연관이 있다고 느끼고 있지만, 이를 증명하는 여러 가지 검사도구의 결과가 수치적으로 연관성이 없다고 밝혀진다면 이 연구는 그저 아무 의미 없는 휴지조각일 뿐이다. 판도라의 상자를 열지 말고 그냥 아름답게 덮어둘까 하는 생각도 들었다. 하지만 마음 한 구석의 작은 믿음을 가지고 어떻게든 해보자는 용기로 연구를 시작하였다.

실제 2013년부터 2016년까지 4년간을 지도하였지만, 정확한 연구를 위해 검사하고 과정을 관찰하고 결과를 도출한 것은 2016년 3월부터 11월까지이다. 이 연구에서 객관화하여 표집을 삼은 학생은 막 입학한 1학년이었다. 왜냐하면 음악 교육을 거의 받지 못한 집단을 선정하기 위함이며, 학교에 입학함과 동시에 오케스트라에 들어와 음악 교육을 받기 때문에 가장 변화를 잘 관찰할 수 있을 것이라 생각했기 때문이다.

우리 학교 학생들은 1학년이 30명 남짓이며 이 30명을 대상으로 인성검사와 음악인지능력 검사를 통해 자료를 만들었다. 30명의 표집이 매우 적은 숫자이긴 하지만 저자가 1년 동안 30명의 학생들을 꼼꼼히 관찰하고 밀접하게 지도했다는 데에서 어쩌면 더 결과가 유의미하게 느껴질 수도 있다. 글을 읽으시는 선생님들께서는 이런 현실적인 상황을 이해하고 접근해주시길 바란다.

§ 연구주제 §

음악적 재능이 낮은 일반 중학생들에게 오케스트라를 할 수 있도록 맞춤형 지도법을 개발하여 적용하였을 때, 학생들의 음악 지능을 향상시키고, 음악 지능 향상이 바른 인성 발달에 영향을 주는가?

선행 연구에서 찾는 이론적 배경

많은 선행 연구들을 찾아보았다. 사실 내가 원하는 연구주제는 없었지만, 비슷한 내용들의 연구들을 찾으면서 추린 내용이다. 참고해 보자.

1. 오케스트라와 악기 연주의 교육적 효과

합주는 각각의 개성은 존중하면서 나아가 악곡 전체의 조화를 유지하는 음악 형태이다. 이는 개인의 존엄성에 입각하면서 전체에 공헌하려는 민주주의 원리와 부합하는 것으로 합주는 이런 관점에서 볼 때 커다란 교육적 가치가 있다. 특히 악기를 통한 합주 연주는 가창 표현에 대한 열등감을 갖고 있는 학생들에게 음악적 의욕과 만족을 경험하게 해준다. 즉, 음악 수업을 통해 학생들이 성부를 나누어 합주를 함으로써 음악 활동을 체험하는 기회를 제공할 수 있다는 것이다. 또한 이 과정에서 독주와 달리 합주는 악곡 전체에서 자신이 맡고 있는 성부를 연주함으로써 자신에게 주어진 학습 임무를 수행하게 된다. 이는 책임감을 배우고 함께 어울려 호흡하면서 음악을 만들어 나가는 과정을 통해 원만한 사회성 발달에도 도움이 된다는 것을 의미한다. 뿐만 아니라 합주를 통해 음악적으로 화음 감지력이 크게 향상되므로 합주 활동이 많이 권장되며 합주 활동을 통해 학생들은 심리적, 음악적 충족감을 느끼게 할 수 있다. (이홍수, 1992)

음악교육에서의 기악교육은 연주능력과 표현능력을 길러주고, 아름답고 좋은 소리로 화음감을 이해하며 감상할 수 있는 정서교육의 가장 좋은 방법이라고 할 수 있다. 특히 청각·시각뿐만 아니라 근육감각, 운동감각 등도 수반되어 가창, 창작, 감상 등의 활동보다도 음악을 체험하는 면에 있어서 한층 더 바람직한 특징을 가지고 있다. 학생들은 악기 연주를 통해 여러 가지 음색과 리듬 감각을 기르며 상호존중과 타인과의 관계 형성을 도모한다. 따라서 초보적인 리듬악기 연주로부터 시작하여 점진적으로 합주까지 발전시켜 나갈 필요가 있다.

리듬, 가락, 화음, 독보력, 음색, 셈여림, 형식 등을 결합한 다양한 음악의 체험은 학생들에게 음악적 의욕을 갖게 하고 자신감을 줄 수 있으며 악기연주에 의해 얻어진 음색이나 연주 효과는 학생의 창의성을 자극하여 즉흥성을 길러준다. 이처럼, 음악교육에서 기악교육은 다양한 음악적 체험을 통해 음악성 계발과 음악 미적 감각을 키워주는 방법으로 초등학교 학생의 음악적 발달 특성에 맞추어 반드시 지도해야 할 중요한 음악활동 영역 중의 하나이다.(최옥근, 2014)

2. 합주 활동을 통한 인성교육

인성교육은 현대적인 휴머니즘의 핵심적인 요인들을 기초로 하여 인격을 깨우쳐 주는 교육이거나 현대 사회의 비인간화 현상을 극복하고자 하는 교육의 목표, 내용, 방법 등을 총칭한다. 인성교육은 학습자가 공동체 구성원으로서 바람직한 품성의 발달을 가져오도록 돕는 학교, 가정, 사회의 의도적인 과정이 필수적이라 할 수 있다. 이러한 인간다운 성품을 기르는 인간 생활의 다양한 측면들을 균형 있게 다룰 수 있는 음악 교육은 학생들의 지·정·의를 조화롭게 발달시켜 이성과 감정의 조화된 인간을 만들수 있다.(김동위, 1993)

학생들로 하여금 다양한 악곡과 음악 활동을 체험하게 해주고, 아름다움을 총체적으로 느끼고 인식하는 기회를 제공해 주어 창의적인 욕구를 충족시키며 궁극적으로 음악 예술을 통한 자아실현을 이룰 수 있게 해 준다. 이러한 음악 체험은 다양한 음악 예술을 통한 자아실현을 이룰 수 있게 해준다. 음악 집단으로서의 합창, 합주하는 앙상블 형식이 사회의식을 기르는 음악의 자연스러운 양식이고 각자가 전체의 효과를 얻기 위하여 저마다의 입장에서 협력하는 음악 활동이다. 집단 음악 활동을 함으로써 음악적으로 더욱 성장하게 되고 학생과 교사, 학생과 학생 사이의 상호작용을 통하여 사회인으로 향한 인격과 교양을 길러주고 사회의 어떤 집단적인 모임에서도 협조하고

사랑할 수 있는 바람직한 인간으로 성장하는 데 필요한 것이다.(최별청·방금주, 2001)

3. 오케스트라 활동을 통한 창의성 교육

여러 사람이 정의한 창의성의 공통된 요소 중 가장 보편적이고 절대적인 관점은 새로운 것을 창조하고 발견하기 위한 관점으로 상상력을 신장시키는 것으로 볼 수 있다. 음악은 보편적인 원리나 개념을 가지고 있는 일반적인 학문에 비해서는 상상력을 개발할 수 있다. 특히 기악 합주를 통한 즉흥적인 음악 표현이나 주어진 음악에 대한 다양한 변화는 모든 음악적 요소들과 연주자 자신의 독창적인 아이디어가 결합되는 단계이다. 즉흥 연주를 통하여 학생들은 박자, 강세, 길이, 빠르기 등 리듬과 관련된 요소들과 음높이, 음계, 화음 등 선율에 관련된 요소들을 자연스럽게 익히게 되고, 그 과정에서 학생들의 개성과 창의성을 발현할 수 있는 능력을 얻게 된다.(교육과학기술부, 2013)

음악교육학자 Mursell은 음악적 자극에 대한 연관을 가지고 생각해 보고, 적극적인 상상과 연상을 가능하게 하는 음악 활동을 통해 창의성을 신장시킬 수 있다고 주장한 바 있어 합주를 통한 음악적 자극에 의한 다양한 표현이 창의성을 신장시키는 데 큰 도움이 된다는 데에 대한 이론적 뒷받침을 보여주고 있다.

PART 03

가설을 검증하기 위한 2가지의 검사도구

연구주제: 음악적 재능이 낮은 일반 중학생들에게 오케스트라를 할 수 있도록 맞춤형 지도법을 개발하여 적용하였을 때, 음악 지능을 향상시키고 음악 지능 향상이 바른 인성 발달에 영향을 줄 것인가?

§ 새로운 지도법을 적용하여 음악 지능이 향상됨 §

- 학기 말 1회 검사

　한국음악인지능력검사(KTMC) 활용

　〉 전국 7~10학년의 백분율을 기준으로 판단

§ 음악 지능 향상이 인성 발달에 영향을 줌 §

- 학기 초, 학기 말 2회 동형검사

　저자가 편집한 인성검사(자존감, 인내심과 책임감, 타인과 유대관계 및 공감도, 노력과 성실도)

　〉 사전 사후 검사의 대응표본 T검정 분석

여기서 잠깐! 한국음악인지능력검사(KTMC)의 소개

　한국음악인지능력검사를 알게 되고, 책을 사서 보면서 활용해 보았다. 서울음악영재교육원에서 활용한다는 KTMC는 음악적인 재능을 객관적으로 수치화할 수 있는 좋은 검사이다. 특히 우리는 음악 영재와 음악적 재능을 음악을 실행하는 능력으로 잘못 파악할 수 있는데, 사실 음악을 실행하는 능력은 꾸준한 연습과 훈련으로 갖출 수 있다. 그리고 음악적 재능이라는 것이 단순히 악기를 연주하고 음악을 만드는 것에 국한되지 않고 음악 선별, 평가, 기록, 매칭 등 다양한 방면에서 발휘 가능하다고 생각한다면 소리를 느끼고 구별하는 능력은 매우 중요하다고 할 수 있다. 학교 현장에서도 충분히 활용할 수 있으므로 알아둔다면 도움이 될 것이다. 실제 내가 학생들을 대상으로 검사해 본 결과, 아직 악기를 배우지 않아 음악 실행 능력은 갖추지 못하였으나, 뛰어난 음악 인지를 가진 학생들이 더러 있었는데, 악기를 배우고 음악을 배우면서 타 학생에 비해 학습 속도가 매우 빠르고 음악의 완성도가 매우 훌륭했던 사례들을 보았다. 우리가 환경적으로 아직 음악을 접하지는 못하였으나 잠재력을 가진 음악 영재들을 가려 낼 때에 아주 좋은 자료가 될 것이라고 생각한다.

한국음악인지능력검사(The Korea Test of Music Cognition)는 2006년부터 2007년까지 한국연구재단의 후원으로 수행된 '한국 초·중등학생의 음악수행 능력 표준 개발을 위한 연구'의 결과로 만들어졌다. 음악은 학생 개개인의 능력 차이가 다른 분야에 비해 매우 큰 특징을 가지고 있다. 따라서 개개인의 학생이 가지고 있는 음악적 능력을 정확하게 진단하고, 그 수준에 맞추어 음악을 가르치고 배우는 것이 중요하다. 그럼에도 불구하고, 우리나라에서는 지금까지 학생의 음악적 능력을 정확하게 진단할 수 있는 체계적인 절차나 도구가 없었기 때문에 가르치는 교사의 개인적 지식과 경험에 진단과정을 맡겨온 것이 현실이었다.

'한국 초·중등학생의 음악수행 능력 표준 개발을 위한 연구'는 우리나라 전체 지역의 초등학교 3학년에서 고등학교 1학년까지의 학생을 대상으로 연령별 음악 수행능력을 조사하고 이를 근거로 음악적 능력에 대한 표준화된 행동기준을 제시하기 위하여 수행되었다. 연구의 결과를 통하여 전국적인 수준에서 학년이나 연령별 음악적 능력의 수준을 알 수 있다. 본 연구는 표준화된 청각인지검사의 내용을 전국적으로 보급하여 음악적 능력의 체계적인 진단에 도움을 주기 위해서 만들어졌다.

3차에 걸친 예비검사를 통하여 수정된 최종적인 검사도구를 사용하여 전국 16개 시도의 학생 총 5,114명을 대상으로 표준화를 위한 검사를 시행하였다. 지금까지 학생들의 음악적 인지능력에 대한 검사가 거의 이루어지지 않았다는 점을 생각해 볼 때, 한국음악인지능력검사의 시행은 음악 교육에 앞으로 매우 많은 유익한 결과들을 가져올 것으로 판단되며, 다음과 같은 기대 효과를 예상해 볼 수 있다.

첫째, 일반 음악 수업에서 학생들의 음악적 인지능력을 평가할 수 있고, 그 결과를 토대로 보다 효율적인 음악 수행을 시행할 수 있다. 검사의 결과를 통하여 학생들이 각 영역에서 어느 정도의 수준에 위치하고 있는지 파악할 수 있으므로 교사는 그 수준에 가장 적합한 음악 수업을 준비하고 실행할 수 있게 될 것이다.

둘째, 전문적인 음악 수업을 받으려는 학생들의 음악적 인지능력을 정확하게 평가함으로써 본인의 자기 효능감 향상, 교사의 음악 지도 방법 개선, 그리고 학생을 위한 교사와 학부모의 진로 상담을 위한 중요한 자료로 활용될 수 있다. 음악을 전공하려는 학생들이 자신의 음악적 능력이 어느 정도인지 평가를 받는 것이 매우 중요한데, 한국음악인지검사는 그러한 학생들에게 객관적인 자료를 제시함으로써 보다 합리적인 결정을 내리는 데 큰 도움을 줄 것이다.

셋째, 전국 규모의 한국음악인지능력검사의 시행을 통하여 전국 학생들의 음악적 인지능력 수준을 객관적으로 파악할 수 있고, 그 결과를 토대로 타당성 있는 음악 교육과정 개발 등 거시적 관점에서의 음악 교육 발전 방안을 마련할 수 있다. 학생들의 음악적 수준에 대한 각 전문가들의 판단이 주로 주변의 제한적인 경험에 의존하고 있는 현실을 생각해 볼 때, 한국음악인지능력검사의 타당성 있고 신뢰로운 데이터는 음악 교육과정이나 정책의 개발에 영향을 주는 전문가들에게 매우 유익한 자료를 제공할 수 있을 것이다.

넷째, 한국음악인지능력검사를 활용하여 학생들의 음악적 인지능력의 변화 및 성장에 관한 연구를 위한 타당한 데이터를 저자들에게 제공할 수 있다. 음악 교육 전문가들은 학생들의 음악성 발달을 위하여 노력하고 있지만, 과연 어느 정도 발전이 있는지 정확하게 말할 수 있는 근거가 없다. 한국음악인지능력검사를 매년 지속적으로 시행하여 누적적인 데이터를 정리해 나간다면 저자들은 학생들의 음악적 인지능력의 변화 또는 발전 양상을 체계적으로 볼 수 있고, 그 연구 데이터에 기초한 더 발전적이고 효율적인 연구를 진행해 나갈 수 있을 것이다. (최은식·권덕원·석문주·정재은, 2012)

우리 학교
오케스트라의 발전과정

우리 학교 오케스트라가 8년 동안 어떻게 발전해왔는지 요약한 표이다.

표 2-1 우리 학교 오케스트라의 시기별 발전과정

시기	회차	내용
2009년 창단	1회	• 창단 시에는 연주 장소의 협소로 인하여 1학년과 2학년을 나누어 운영함 • 바이올린 4파트, 첼로 1파트, 콘트라베이스 1파트, 플루트, 클라리넷, 피아노 총 9파트로 나눔 • 학년별로 나누어 창단 연주회 개최
2009~ 2012년	1회~4회	• 바이올린 전공 교사가 4년간 근무하면서 지도. • 학년별로 따로 곡을 정하여 4년 동안 같은 레퍼토리로 운영 • 느리고 간단한 민요, 가요, OST, 명곡 등 연주 • 학년별로 나누어 2일 동안 정기연주회 개최 • '전교생 오케스트라'였지만 실제 연주를 하지 못하는 부진학생이 존재 (전체의 10%)
2013년	5회	• 저자가 발령 • 여전히 학년별로 나누어 운영하였으나 새로운 레퍼토리를 구성 • 빠른 클래식 곡 [슈베르트 '군대행진곡'] 처음 편성 • 학교 예술교육의 우수성이 알려지면서 육지 이주민들이 학교를 선택하여 우리 지역에 정착하기 시작 • 실제 연주를 하지 못하는 부진학생이 1명으로 감소

시기	회차	내용
2014년	6회	• 본교 체육관이 건립되면서 1, 2학년이 함께 오케스트라 연주가 가능해짐 • 대신 학년별 연주 수준 차이로 인한 문제점이 생김. 문제점을 극복하기 위해 합주지도법을 개발하여 적용함 • 곡의 수준이 높아지면서 현악기 지도방법 연구 시작 • 오케스트라의 반주로 학생이 노래하는 프로그램 기획 [인순이 '아버지'] • 프로 오케스트라에서 연주하는 곡들 첫 시도 • 총 45분짜리 프로그램을 만들어 연주함 • 정기연주회 시 처음으로 팀파니 객원연주자를 초청하여 연주가 풍성해짐 • 실제 연주를 하지 못하는 부진학생 0% 달성(2016년까지 유지)
2015년	7회	• 첼로의 수준이 높아지면서 첼로파트를 2파트로 분리 • 비올라 추가 편성 • 타악기 추가 편성(베이스 드럼, 윈드 차임, 심벌즈, 젬베, 마라카스) • 오케스트라 연주곡 수준이 더 높아짐 • 오케스트라에 협연 프로그램 시도. 우리 학교 학생의 기타 협연 [제주도의 푸른 밤]과 우리 학교 33회 졸업생 소프라노를 초청하여 오페라 아리아 [카르멘 중 '세기디야']를 연주함 • 총 60분짜리 프로그램을 만들어 연주함 • 정기연주회 시 처음으로 금관악기(호른, 트럼펫, 트럼본, 튜바) 객원연주자를 초청함
2016년	8회	• 피콜로 추가 편성 • 드럼세트 추가 편성 • 오케스트라 연주곡 수준이 더 높아짐 • 현악기 지도방법 완성 및 실행 • 국악 퓨전곡을 연주 [양방언 '프론티어'] (태평소, 꽹과리, 피아노 협연) • 테너 협연 오페라 아리아 [푸치니 '별은 빛나건만'] 연주 • 15분짜리 대곡 [라벨 '볼레로'] 연주. (스네어 드럼 협연: 우리 학교 학생) • 총 75분짜리 프로그램 만들어 연주함

현악 오케스트라에 대한 고민

1. 왜 많은 학교들이 관악 오케스트라를 선택할까?

실제 현악 오케스트라는 비중이 적다.

표 2-2 관악기와 현악기 연주의 비교

관악기	현악기
비교적 정확한 음정을 낼 수 있다	정확한 음정을 내기 매우 어렵다
현악보다 소리의 질이 좋다	좋은 소리를 내기 위해서 많은 노력이 요구된다
음량이 크다	음량이 작다
연주 효과가 크다	연주 효과가 작다
야외 연주가 가능하다	전문 연주홀에서 연주해야 한다
악기의 파손 위험이 적다	악기의 파손 위험이 크다
악기 보관이 현악보다 용이하다	보관실의 온습도를 조정해야 한다
악기 소모품이 적게 든다	악기 소모품 소비가 많다

효율적인 면에서 본다면, 관악 위주의 오케스트라 운영이 훨씬 수월하다.

그러나 현악기가 어려운 만큼 교육적으로 좋은 효과를 낼 수 있다. 학생들은 현악기의 미묘한 음정의 차이와 음질의 차이를 구별하면서 민감성을 기를 수 있다. 현악기가 모여서 만들어내는 소리는 떨림과 감동을 주며, 양손의 움직임이 달라서 좌뇌와 우뇌를 골고루 자극시킨다. 관악이 쉽고 수월하기 때문에 현악을 동원시킨다는 것은 매우 안타깝다.

2. 현악 오케스트라는 영재교육인가?

대부분 학교에서는 현악기를 이미 배워서 잘 다루는 학생을 선발하고 전문 지휘자를 초빙하여 운영하고 있다. 전문 지휘자를 초빙하였을 때 재능을 가진 학생들의 음악적 깊이를 더할 수 있다는 장점을 가진다. 문제는 오케스트라가 영재교육이 될 가능성이 매우 높다는 것이다. 공교육에서 원하는 예술 교육은 초보자라도 배우고 싶은 마음이 있는 학생에게 학교 교육만으로 악기를 다룰 수 있게 하는 것이다.

3. 강사에게 의존하는 현악 오케스트라

학교 악기 교육은 교사가 직접 해야 한다. 초보 학생들을 대상으로 하는 악기 수업과 오케스트라 수업은 일반적인 오케스트라의 지도법과 같아서는 안 된다. 일반 교사들이 학생을 대하는 것과 전문 강사들이 학생들을 대하는 것은 엄연히 다르다. 단순히 지식의 전달이 중요하다 생각하는가? 실제 훌륭한 강사분들도 많지만 간혹 외부 강사와 학생과의 관계적인 문제가 생기기도 하는데, 이를 강사나 학생들의 책임으로 넘기지 말고 교사가 중간에서 잘 조정해야 된다고 생각한다. 음악에 재능이 없고 악보를 전혀 읽지 못하며 악기를 잡아 보지 못한 학생들도 배울 권리가 있다. **오케스트라 교육도 일반 예술 교육 과정 안에서 녹아나야 한다.** 그러므로 학생들의 심리 상태와 환경적 요인을 잘 알고 있는 교사가 지도하여야 한다. 그렇지 않으면 부진아는 쉽게 낙오된다. 좋은 교사는 연주 실력에서 나오는 것이 아니다. 악기를 전공하지 않았기 때문에 지도하지 못해서는 안 된다. 이것은 매우 기본적이면서도 중요한 포인트다.

4. 중등 교사들의 전공 편중

교사 임용고사가 갈수록 어려워지고 있다. 그런데 전공을 불문하고 점수로 선발하다보니 교사들의 전공이 피아노와 작곡으로 편중되어 있는 것이 현실이다. 2016년 기준으로 뽑은 내용이라 지금은 다를 수도 있지만, 아마 비율이 크게 달라지지 않았을 것이라 생각된다. 2008년부터 2016년까지 동안 제주에 신규임용된 교사 27명 중 현악 전공자와 관악 전공자는 단 2명이다. 국악 전공자도 2명이다. 음악은 악기별로 분야가 다르기 때문에 자신의 전공이 아니고서는 접근이 어렵다. 모든 음악 교사가 노래를

표 2-3 신규 음악교사들의 전공 비중 N=27

전공		명수	비율
피아노		15	55.5%
작곡		4	14.8%
성악		2	7.4%
보컬(실용음악)		1	3.7%
현악	바이올린	1	3.7%
	첼로	0	0%
관악	플루트	0	0%
	오보에	0	0%
	클라리넷	1	3.7%
관악(금관)		0	0%
국악	가야금	1	3.7%
	해금	1	3.7%
지휘		1	3.7%
합계		27	100%

잘 하는 것은 아니지 않은가.

그렇다고 임용 시 전공을 나누어 뽑는 것도 불가능하다. 그렇다면 현재 현직에 근무하고 있는 음악 교사들을 활용하여 현악지도와 오케스트라 지도를 가능하도록 하는 것이 교육청의 숙제이다. 제주도교육청에서는 학교에 악기를 매우 많이 보급하였다. 그 악기들이 사장되지 않고 잘 활용되어서 교육청에서 원하는 1인 1악기 연주의 교육 목적에 도달하도록 해야 한다.

중학생의 음악 인지 특성 파악하기

1. 악보를 보고 요소(음정, 리듬, 박자 등)를 파악하는 것이 아니라 **음악 자체의 실행 패턴을 파악하는 특성**을 가진다. 그러므로 악보를 주면서 해석해서 연주하게 하지 말고, 바로 소리를 듣거나 연주하여 즉석에서 음악을 실행하게 해야 한다.

2. 여러 가지를 한번에 익히기 어렵다. 현악기의 경우 손가락 운지, 정확한 음정, 활쓰기, 음악 파악하기가 복합적으로 일어나는데 일반 학생에게는 무리다. 그러므로 **한번에 한 가지씩**만 익히도록 해야 한다.

3. **모방하려는 특성**을 가진다. 한 학생이 성공하는 것을 목격하면 곧이어 다른 학생도 성공할 가능성이 높다. 처음부터 좋은 질(정확한 음정, 정확한 리듬)의 소리를 들려주어 그 소리를 닮아가도록 해야 한다.

PART 07 운영 과제와 프로젝트 방향

§ 연주 악곡을 정하는 기준 세우기
§ 독보하지 못하는 학생들을 위한 기악 지도법 찾기
§ 학생 개개인의 연주 능력의 차이를 극복하는 합주 지도법 찾기
§ 다양한 연주 형태 활용법 찾기
§ 학생이 스스로 오케스트라를 운영하도록 하기

1. 연주 악곡을 정하는 기준 세우기

저자가 처음 발령받았을 당시, 우리 학교 오케스트라는 매우 느리고 낮은 수준의 악곡을 연주하고 있었다. 그러나 오케스트라 단원이 전교생이기 때문에 어쩔 수 없는 상황이었음을 충분히 인지한다. 그것을 해내는 것만으로도 관객들의 감동과 눈물을 자아냈다. 농어촌 학생들이 악기를 들고 무대에 서서 연주한다는 것 자체만으로도 충분히 의미가 컸다. 그러나 전교생 오케스트라의 명목은 달고 있지만, 실제 전혀 악기 연주를 못 하는 학생이 전체의 10%(대부분 남학생)에 달하였다. 단순한 수준의 곡인데도 어려워서 못하겠다는 것이다. 현악기 학생들은 손가락 3개만 사용하는 기본 포지션을 벗어나지 않고, 각 활(한 음에 활 쓰기 한 번) 만을 사용하였다. 임시표(♯ ♮ ♭)가 나오면 음정을 낼 수 없었다. 악기 강사들도 그 이상의 수준은 무리라고 하였다. 처음 슬러(이음줄)를 넣어 보잉(2음을 한 활에 넣기)을 하게 하였더니 학생들의 원성이 자자하였다. 하지만 우리 학교 오케스트라는 4년이 지난 후 라벨의 '볼레로'를 연주할 수 있게 되었다.

땅 위의 기쁨

악보 2-1 2012년 '땅 위의 기쁨' 총보 일부, 현악기는 모두 각 활로 연주한다.

Bolero

악보를 보면 4년 동안 무슨 일이 일어났는지 상상할 수 있겠는가?

억지로 몇 명만 겨우 연주한 것이 아니라 정말 모든 학생이 이 곡을 연주하였다. 그렇다면 4년 동안 과연 어떻게 지도한 것일까? 한 번 더 밝히지만 저자는 현악기를 전공하지 않았고, 지금도 잘 연주하지 못한다. 교사의 연주 실력이 중요한 것이 아니라 지도방법이 중요한 것이다. 우리가 교과에서 지도할 때도 모든 영역을 전공한 것은 아닐지라도 교육 전문가이기 때문에 다양한 지도방법과 접근법이 있다.

4년 동안 저자가 직접 시도하여 얻은 결과, 비고츠키(Vygotsky)의 근접발달영역(ZPD: The Zone of Proximal Development) 이론과 같이 낮은 수준의 과제보다 **높은 수준의 과제를 제시하고 비계**(Scaffolding)**를 설정해 주었을 때** 학생들은 더 발달하게 되었다.

그림 2-1 비고츠키의 근접발달영역

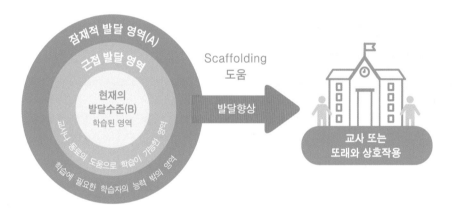

현재의 발달 수준(B)에 그치는 쉬운 과제가 아니라 잠재적 발달 영역(A) 이상의 과제를 제시하면서 교사와 또래가 상호작용하여 이끌어 주는 것이다.

※ 쉬운 과제(현재의 발달수준 B)의 부작용

조금만 노력하면 혼자서도 해낼 수 있으므로, 수업의 집중도가 떨어진다. 스스로 시시하다고 느끼면서 흥미를 잃는다. 학생들이 쉽고 낮은 수준의 곡을 연습한다고 해서 연주의 질이 높아지지 않는다. 일반적인 학생들은 주어진 악곡을 틀리지 않고 바른 음정과 리듬으로 연주하면 만족한다. 그래서 '중' 수준에서 그친다. 충분히 시간을 주면

'상'에 도달할 수 있을 것 같지만 절대 그렇지 않다.

그림 2-2 음악의 발달수준 단계

**'상'의 수준은 음악 전문가의 몫이다.

※ 어려운 과제(잠재적 발달 영역 A)의 장점

한정된 수업시간의 집중도가 매우 높아진다. 잠깐 게으름 부려서 수업을 놓치면 큰일이다. 위 그림과 같이 어차피 '중' 수준까지 연습할 요량이면, 어려운 과제를 주는 것이 학생들의 수준을 높이는 데 좋다. 도저히 해결할 수 없다고 느낀 어려운 과제를 성공했을 때 받는 성취감이 매우 크다. 성공을 경험한 학생은 더 높은 단계에 도전하는 것을 두려워하지 않는다. 실제 해마다 더 어려운 곡을 주고 있지만 불평하는 학생이 전혀 없다. 도리어 이번에는 어떤 곡을 할까 기대하기도 한다. 정통 클래식의 미묘한 음악적 표현력을 익히는 것은 학생들에게 양질의 예술 교육이 된다. 학생들을 의심치 말고 믿으면 기대에 따라온다. 못할 것 같지만 분명히 해낼 수 있다. 놀랍게도 '중' 수준을 어렵게 익힌 학생들은 '상' 수준으로 성장하려는 의지가 생긴다.

2. 독보하지 못하는 학생들을 위한 기악 지도법 찾기

악곡의 수준을 높이는 데서 그치는 것이 아니라, 그것을 성취하기 위한 방법(Scaffolding)이 필요하다. 곡의 수준이 높아지면 리듬이 복잡해지고 임시표도 많아져 운지에 어려움이 따른다. 특히 현악은 왼손의 운지법과 오른손의 활 주법을 복합적으로 만들어 내야 되는데, 일반적인 학생들은 동시에 두 가지를 하지 못한다. 일부의 학생들은 아무리 배워도 악보 보는 것을 어려워한다.

3. 학생 개개인의 연주 능력의 차이를 극복하는 합주 지도법 찾기

일반 교과에서도 학습의 차이는 분명히 존재한다. 특히 악기 습득의 경우 인지적 능력·신체적 능력·정의적 능력 3가지가 필요하다. 어떤 학생은 타고난 감각으로 혼자 척척 해내는가 하면, 어떤 학생은 아무리 가르쳐도 안 되는 경우가 있다. 그러나 합주란 모두가 한마음으로 같은 것을 해야 한다. 한 명도 놓치지 않고 연주를 하게 하려면 끊임없이 하향평준화될 수밖에 없다. 만약 실력이 뛰어난 학생을 기준으로 한다면 상향평준화되어 학생들은 계속 낙오될 것이다. 연주 수준이 다른 학생들을 모아서 모자이크를 완성시키는 방법이 필요하다.

4. 다양한 연주 형태 활용법 찾기

파트연습과 합주연습에서는 군중 속의 개인이 된다. 나의 실력을 직접적으로 드러내지 않기 때문이다. 옆 친구를 따라하면서 무임승차가 가능하다. 한 명의 학생이 자신의 역할을 제대로 해낼 수 있도록 확대하기(Zoom in)와 축소하기(Zoom out) 기법을 번갈아 가며 사용한다. 작은 오케스트라에서는 나의 역할을 확대하기(Zoom in) 할 수 있는 장점이 있으며, 더불어 다른 파트의 소리에도 귀를 기울이게 되는 효과도 얻는다.

5. 학생이 스스로 오케스트라를 운영하도록 하기

학생이 스스로 규칙을 정하고, 역할에 따라 오케스트라를 직접 운영하도록 하는 방법들이 필요하다. 학생들에게 악기와 악보, 교실 정리 등을 맡기면 미숙하여 실수가 잦다. 그러나 점점 규칙을 만들고 그것을 지키려고 노력하며 단체 생활을 통해 배려하는 법을 배운다. 선배들의 규칙에 따랐던 후배들은 다음 해에 더 멋지게 잘 해낸다. 그러면서 오케스트라의 전통이 만들어진다.

학생
실태 분석

1. 부모님 직업군

우리 학교는 서귀포 읍면 지역으로, 학부모의 과반수가 넘는 63%가 농·어업에 종사한다. (그래프 2-1) 학생들은 어렸을 때부터 새벽에 일을 나가시는 부모님을 대신하여 형제자매를 돌보고 있으며 농번기에는 틈틈이 부모의 농사일을 돕는다.

2. 중학교 입학 전 음악 교육 실태

특히 문화적 접근성이 떨어지면서 대도시의 학생들에 비해 악기를 배우거나 음악회에 참여하는 등의 문화적 혜택을 받지 못하였다. 도시의 학생들이 초등학교 시절 대부분 음악학원을 한 번이라도 다닌다는 것을 생각할 때, 60%의 학생들이 배운 적 없다는 것은 매우 저조한 수준이라 생각한다. (그래프 2-2, 그래프 2-3)

2016년 기준 초등학교 주변에 음악학원이 2군데 있으나 한 곳은 폐업 상태고 한 곳은 수강생이 3명 정도였다. 그나마 운영하던 한 곳도 얼마 후 폐업하였다. 대부분 학생들은 현악기를 입학해서 처음 만져본다. 최근 인근 초등학교에서 방과후 프로그램으로 플루트반을 운영하고 있어 많은 도움이 된다. 그런데 2013년 육지에서 우리 학교로 전학 온 2명의 학생을 시발점으로, 그 이후 음악에 재능을 가진 학생들이 근처 지역에 이주하며 정착하면서 우리 학교에 오게 되었다. 현재 1학년을 기준으로 음악을 전공하려고 하는 학생이 30명 중 3명이다. 8년 동안의 예술 교육 성과가 계속하여 나타나고 있다. 하지만 여전히 토박이 학생들의 예술 수준은 매우 낮다. 그러나 초등학교 때부터 우리 학교 정기연주회를 꾸준히 관람하면서 오케스트라 활동을 기대하고 입학하며, 음악 재능을 가진 친구들에게 좋은 자극을 받아 해마다 성장하고 있다는 평가를 받고 있다.

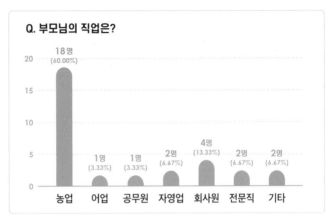

그래프 2-1
부모님 직업군

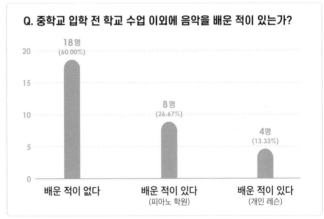

그래프 2-2
음악 교육 실태

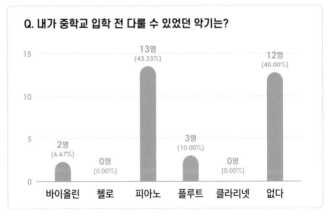

그래프 2-3
악기 교육 실태

PART 09 우리 학교 오케스트라 구성

1. 연구의 실천 대상 및 기간

가. 실천 대상: 우리 학교 1학년 전체 30명

나. 연구 기간: 2016년 3월~11월(9개월)

다. 운영 시간

1) 매주 월요일 2시간 합주(방과후) 운영

2) 매주 금요일 3시간(창의적 체험활동 1시간+방과후 2시간) 파트연습 운영

3) 매월 마지막 주 파트연습 시간은 작은 오케스트라로 운영함

라. 연 수업시수: 총 126시간(1학기 65시간, 2학기 61시간)

2. 파트별 조직

연번	부서명	교사	장소	악기편성 학생 수					계 (학생 수)
				1-1	1-2	2-1	2-2	3-1	
1	바이올린 A	외부강사(백○○)	2-2교실				8		8
2	바이올린 B	외부강사(송○○)	2-1교실			4	3		7
3	바이올린 C	본교 교사(진유경)	음악실	4	2				6
4	바이올린 D	외부강사(김○○)	다목적실	5	3	2		1	11
5	첼로 A	외부강사(한○○)	영어교과실			4	1	1	6

연번	부서명	교사	장소	악기편성 학생 수					계 (학생 수)
				1-1	1-2	2-1	2-2	3-1	
6	첼로 B	외부강사(부○○)	과학실		6				6
7	플루트	외부강사(김○○)	1-1교실		5	1	5		11
8	클라리넷	외부강사(강○○)	1-2교실	4		4		1	9
9	콘트라베이스	외부강사(김○○)	다목적실	1		1			2
10	피아노	본교교사(진유경)	음악실	1					1
11	타악기	외부강사(윤○○)	다목적실	1		1			2
계	11개 반	본교 교사 1명, 외부강사 8명		16	16	17	17	3	69

3. 작은 오케스트라(앙상블)의 조직(3학년 3명 제외)

	바이올린 1	바이올린 2	비올라	첼로	콘트라베이스	플루트	클라리넷	합계
A 백○○	임○○ 조○○	고○○	임○○	허○○		고○○ 임○○	윤○○	8
B 한○○	오○○ 이○○	강○○		김○○ 조○○		김○○ 강○○	김○○	8
C 김○○	오○○ 노○○	이○○ 현○○	이○○	현○○		임○○	박○○	8
D 부○○	현○○	이○○ 한○○	정○○	김○○ 김○○		김○○	오○○	8
E 진유경	강○○	오○○ 윤○○		오○○ 문○○	문○○	현○○	김○○	8
F 강○○	오○○ 오○○	김○○		오○○	강○○	강○○	강○○ 양○○	8
G 김○○	이○○ 고○○	강○○ 강○○	김○○	오○○		현○○	김○○	8
H 송○○	김○○ 윤○○	이○○	고○○	현○○ 고○○		정○○ 김○○	현○○	9

4. 실천계획

과정	실천내용	실천기간
계획 단계	● 음악흥미도검사, 인성검사 ● 실태 조사 및 문헌 연구 ● 동아리 구성 및 실천방안 모색 ● 주제 선정 및 계획서 작성	2016. 3. ~ 2016. 4.
실천 단계	● 프로그램 고안 ● 문제 분석 ● 프로그램의 투입	2016. 5. ~ 2016. 10.
평가 단계	● 음악흥미도검사, 인성검사 ● 한국음악인지능력 검사 ● 연구 결과의 분석 및 정리 ● 연구 보고서 작성 ● 일반화	2016. 9. ~ 2016. 11.

5. 지도 단계

악기별 파트연습	⟷	오케스트라 활동	⟷	지역음악회 열기

지역음악회 열기
● 정기연주회 11월 말 개최
● 지역사회에 사랑의 마음 전하기
● 지역구성원으로 역할 다지기

오케스트라 활동
● 음색의 같고 다름
● 같은 마음으로 표현하기
● 하모니 완성

악기별 파트연습
● 나의 실력 다지기
● 친구들과 마음 연결하기

작은 오케스트라 활동
● 합주와 앙상블 음색 비교
● 나의 역할의 중요성 인식
● 앙상블 음색의 조화

학생들을 대상으로 한
사전 검사 실시 결과:
사전 사후 동형검사 실시

1. 음악 흥미도검사: 저자가 개발한 검사지

국어 ●	도덕 ●	영어 ●
4명(6.0%)	**1**명(1.5%)	**5**명(7.5%)

수학 ●	과학 ●	사회 ●
12명(17.9%)	**1**명(1.5%)	**3**명(4.5%)

음악 ●	미술 ●	체육 ●
7명(10.4%)	**10**명(14.9%)	**18**명(26.9%)

기가 ●	한문 ●	
6명(9.0%)	**0**명(0.0%)	

매우 좋아한다. ●
5명(16.7%)

좋아한다. ●
16명(53.3%)

보통이다. ●
6명(20.0%)

싫어한다. ●
3명(10.0%)

매우 싫어한다. ●
0명(0.0%)

그래프 3
음악을
싫어하는
학생들의 이유

33.3%
66.7%

평소에 음악을 싫어하고 관심이 없어서
0명(0.0%)

악보를 보는 것이 어려워서
1명(33.3%)

음악을 이해하기 어렵고 힘들어서
2명(66.7%)

음악 선생님이 싫어서(무서워서)
0명(0.0%)

새로운 노래와 악기를 배우는 게 힘들어서
0명(0.0%)

그래프 4-1
계이름을
읽을 수 있다

63.3%
36.7%

계이름을 읽을 수 있다.
19명(63.3%)

계이름을 읽을 수 없다.
11명(36.7%)

음표의 길이를 알 수 있다.
13명(43.3%)

음표의 길이를 알 수 없다.
17명(56.7%)

그래프 4-2
음표의 길이를
알 수 있다

56.7%
43.3%

그래프 5
전교생
오케스트라에
대한 나의 생각

10.0%
13.3%
36.7%
36.7%

오케스트라가 매우 좋다.
4명(13.3%)

오케스트라가 좋다.
11명(36.7%)

오케스트라가 보통이다.
11명(36.7%)

오케스트라가 좋지 않다.
3명(10.0%)

오케스트라가 매우 좋지 않다.
1명(3.3%)

그래프 6
전교생
오케스트라에
대한 기대

음악실력이 매우 향상될 것이다.
12명(40.0%)

음악실력이 약간 향상될 것이다.
14명(46.7%)

음악실력이 평소와 비슷할 것이다.
4명(13.3%)

음악실력이 도리어 줄어들 것이다.
0명(0.0%)

전 교과목 중 음악 교과 선호도 조사(그래프 1)에서 음악 교과를 좋아하는 학생은 10.4%이다. 음악 교과 자체 선호도 조사(그래프 2)에서는 다행히 70% 이상의 학생들이 음악을 좋아한다. 음악을 싫어하는 학생들의 이유(그래프 3)는 악보 보는 것이 어렵고, 음악을 이해하기 힘들어서 싫어한다는 의견이다. 악보를 볼 수 있는지 묻는 질문에는 계이름을 알고 있는 학생이(그래프 4-1) 63%, 음표의 길이를 아는 학생이(그래프 4-2) 43%이다.

전교생 오케스트라에 대한 나의 생각(그래프 5)은 다행히 50%의 학생들이 좋아한다고 답했다. 대부분의 학생들은 입학 전에도 우리 학교 정기연주회에 와서 관람을 하였으며 입학 후에 오케스트라 단원이 되는 것을 기대하고 있었다. 이 지역은 형제 자매들이 많아서 본인의 형제 중 누군가가 이미 우리 학교에 다니고 있는 경우가 많다. 재미있는 사실은 학생들은 바뀌어도 학부모는 그대로인 경우가 많은데 짧게는 4년 길게는 10년씩 그들의 자녀 중 누군가가 우리 학교에 재학 중이었다. 반면 오케스트라 활동을 싫어하는 학생들도 4명이 있다.

전교생 오케스트라에 대한 기대(그래프 6)에 대한 질문에서는 대부분의 학생들이 오케스트라를 통해 음악실력이 좋아질 것으로 기대한다. 그러나 4명의 학생은 평소와 비슷할 거라 생각하였다.

2. 인성검사: 저자가 개발한 검사지

• 자존감 검사

[문항1] 다음 물음에 답하시오.

	세부질문	전혀 아니다	약간 아니다	보통 이다	약간 그렇다	매우 그렇다
01	나는 나를 자랑스럽게 생각한다.	0명 0.00%	0명 0.00%	10명 33.33%	9명 30.00%	11명 36.67%
02	나는 내가 꽤 괜찮은 사람이라고 생각한다.	0명 0.00%	0명 0.00%	9명 30.00%	10명 33.33%	11명 36.67%
03	나는 나 자신을 아끼고 소중히 여긴다.	0명 0.00%	0명 0.00%	8명 26.67%	8명 26.67%	14명 46.67%
04	나는 현재의 나에 대해 만족한다.	0명 0.00%	0명 0.00%	7명 23.33%	10명 33.33%	13명 43.33%
05	나는 내가 앞으로 잘 될 것이라고 생각한다.	0명 0.00%	0명 0.00%	7명 23.33%	10명 33.33%	13명 43.33%
06	나는 장래에 내가 하고 싶은 일을 잘 할 수 있다고 생각한다.	0명 0.00%	1명 3.33%	9명 30.00%	9명 30.00%	11명 36.67%
07	나는 어려운 일도 잘 해낼 수 있다고 생각한다.	0명 0.00%	2명 6.67%	8명 26.67%	7명 23.33%	13명 43.33%

• 인내심과 책임감 검사

[문항2] 다음 물음에 답하시오.

	세부질문	전혀 아니다	약간 아니다	보통 이다	약간 그렇다	매우 그렇다
01	나는 오늘 해야 할 일을 다음으로 미루지 않는다.	0명 0.00%	2명 6.67%	14명 46.67%	11명 36.67%	3명 10.00%
02	나는 계획을 세운 것은 잘 지킨다.	1명 3.33%	2명 6.67%	15명 50.00%	8명 26.67%	4명 13.33%
03	나는 해야할 일이 있을 경우, 마지막에 하기보다 미리미리 준비한다.	0명 0.00%	4명 13.33%	9명 30.00%	10명 33.33%	7명 23.33%
04	나는 나의 목표를 위해 현재의 유혹을 잘 참는다.	1명 3.33%	4명 13.33%	14명 46.67%	7명 23.33%	4명 13.33%
05	나는 해야할 일이 있을 때, 게임이나 채팅 등의 유혹을 잘 견딘다.	0명 0.00%	4명 13.33%	14명 46.67%	5명 16.67%	7명 23.33%
06	나는 하던 일을 중간에 그만두지 않는다.	0명 0.00%	1명 3.33%	14명 46.67%	8명 26.67%	7명 23.33%
07	어떤 일을 끈기 있게 하는 것은 나의 장점 중 하나이다.	0명 0.00%	2명 6.67%	12명 40.00%	8명 26.67%	8명 26.67%
08	나는 부모님과 약속한 게임/TV 시청 시간을 지키려고 노력한다.	0명 0.00%	2명 6.67%	8명 26.67%	11명 36.67%	9명 30.00%

• 타인과의 유대관계 및 공감도 검사

[문항3] 다음 물음에 답하시오.

	세부질문	전혀 아니다	약간 아니다	보통 이다	약간 그렇다	매우 그렇다
01	나는 친구들의 고민을 잘 해결해 준다.	1명 3.33%	1명 3.33%	10명 33.33%	12명 40.00%	6명 20.00%
02	나는 친구와 갈등이 있을 때 잘 해결한다.	0명 0.00%	1명 3.33%	10명 33.33%	13명 43.33%	6명 20.00%
03	친구들은 나에게 자주 내 의견을 묻는다.	0명 0.00%	4명 13.33%	9명 30.00%	11명 36.67%	6명 20.00%
04	나는 친구가 화가 나 있거나 슬퍼하고 있을 때 친구의 마음을 이해하려고 노력한다.	0명 0.00%	2명 6.67%	4명 13.33%	10명 33.33%	14명 46.67%
05	친구들은 내 의견을 중요하게 여긴다.	2명 6.67%	2명 6.67%	7명 23.33%	12명 40.00%	7명 23.33%
06	나는 다른 사람의 기분이나 마음을 잘 알아차린다.	0명 0.00%	2명 6.67%	8명 26.67%	11명 36.67%	9명 30.00%
07	친구가 도움을 요청하면 도와주려고 노력한다.	0명 0.00%	2명 6.67%	5명 16.67%	14명 46.67%	9명 30.00%
08	나는 나와 의견이 다른 사람과도 이야기를 잘 한다.	0명 0.00%	1명 3.33%	10명 33.33%	12명 40.00%	7명 23.33%
09	나는 친구에게 좋은 일이 생기면 진심으로 기뻐하며 축하해준다.	0명 0.00%	0명 0.00%	7명 23.33%	14명 46.67%	9명 30.00%
10	나는 주변의 어려운 이웃들을 도우며 살고 싶다.	1명 3.33%	1명 3.33%	8명 26.67%	10명 33.33%	10명 33.33%

• 노력과 성실도 검사

[문항4] 다음 물음에 답하시오.

	세부질문	전혀 아니다	약간 아니다	보통 이다	약간 그렇다	매우 그렇다
01	나는 여러 사람과 협력활동을 할 때 내 역할에 최선을 다한다.	0명 0.00%	1명 3.33%	6명 20.00%	10명 33.33%	13명 43.33%
02	나는 나의 장래를 위해 노력하며 준비한다.	1명 3.33%	3명 10.00%	6명 20.00%	9명 30.00%	11명 36.67%
03	나는 수업 중 맡은 과제가 어려워도 해결하려고 노력한다.	0명 0.00%	0명 0.00%	10명 33.33%	9명 30.00%	11명 36.67%
04	나는 좋은 태도로 수업에 집중한다.	0명 0.00%	2명 6.67%	7명 23.33%	10명 33.33%	11명 36.67%
05	나는 내가 하는 노력이 나에게 도움이 될 것이라고 믿는다.	0명 0.00%	1명 3.33%	4명 13.33%	11명 36.67%	14명 46.67%
06	나는 친구, 부모님, 선생님 등 주변 사람들의 조언에 귀를 기울인다.	1명 3.33%	1명 3.33%	6명 20.00%	10명 33.33%	12명 40.00%
07	나는 시험 성적이 잘 나오지 않을 때는 내 노력이 부족하기 때문이라고 생각한다.	2명 6.67%	2명 6.67%	4명 13.33%	4명 13.33%	18명 60.00%

학생들에게 4가지 인성검사를 시행한 결과, 대체적으로 좋은 검사 결과가 나왔다. 같은 학생들이 사후에 동형검사를 하였는데 어떤 변화가 있을지 마무리에서 비교해 보겠다.

3. 한국음악인지검사 생략

다른 학년에서 먼저 검사해본 결과, 학습과 기억에 의한 영향을 주어 신뢰도와 타당성에 문제가 생길 것으로 판단되어 사후에 한 번만 검사하는 것으로 하였다. 검사 결과는 전국 7~10학년의 평균과 비교하여 우리 학교 학생들의 음악인지 능력이 어느 정도에 해당되는지 파악하였다.

PART
11
운영과정
실행 포인트

운영과제 실행

§ 악곡 정하기

§ 현악기 지도하기

§ 관악기 지도하기

§ 합주 지도하기

§ 작은 오케스트라(앙상블) 지도하기

§ 학생들이 만드는 오케스트라 운영하기

§ 기타 운영방법

악곡
정하기

§ **악곡 정하기** §

- 해마다 수준을 높여서 학생들을 기대하게 만들어라
- 악기 편성이 다양하도록
- 전통 클래식과 현대 음악을 적절히 조화
- 느린 곡과 빠른 곡
- 여러 박자계통(2박자, 3박자, 4박자, 6박자 등)을 적절히 조화
- 연주를 잘하는 학생을 적극 활용(솔로나 협연 등)
- 없는 파트는 객원연주자를 쓰자: 전체 오케스트라 소리를 풍성하게 만들어 연주효과를 높인다.
- 어려운 곡도 편곡하면 연주 가능하다.

나의 오케스트라 지도의 가장 큰 특징 중 하나는 학생들에게 높은 수준의 과제를 제시하는 것이다. 내가 겪었던 여러 가지 경험들을 토대로 시험해 본 결과 매우 효과가 있었다. 물론 학생들에게 어려운 과제를 제시하였을 때 스스로 하도록 방치하면 안 된다. 가장 좋은 방법은 스몰 스텝(Small step)을 제시하는 것(잘게 나눌수록 더 좋다.), 반복 연습시키는 것, 주제선율을 먼저 완벽히 외워서 연주할 수 있도록 오랜 기간 동안 계획하여 접근하는 것이다.

표 2-4 우리 학교 연주 악곡의 변화

연도	연주 시간	연주 악곡
2012년 이전	30분	1. 원스 OST 'Falling slowly' 2. 가곡 '신아리랑' 3. 아이패드 OST 4. 고향의봄 5. 캐리비안의 해적 'He's a pirate' 6. 베토벤 '땅 위의 기쁨' 7. 베버 '사냥꾼의 합창'
2013년	35분	1. 슈베르트'군대행진곡' 2. 10월의 어느 멋진 날에 3. 이선희'여우비' 4. 에릭 사티 'Je Te Veux' 5. Mai piu cosi lontano 6. 민요 메들리(도라지, 너영나영) 7. 고향의 봄 8. 젓가락행진곡
2014년	45분	1. 롯시니 '윌리엄텔 서곡' 2. 미션 OST '넬라판타지아' 3. 이흥렬 '섬집아기' 4. 브람스 '헝가리 무곡 5번' 5. 차이코프스키 'Andante Cantabile' 6. 인순이 '아버지'(Vocal 우리 학교 1학년 여학생) 7. 네케 '크시코스의 우편마차' 8. 브람스'대학축전서곡'일부
2015년	60분	1. 존 윌리엄스 'Thema From Superman' 2. 모차르트 'Eine kleine Nachtmusik' 3. 츠루 노리히로 'Last Carnival' 4. 기타, 젬베 협주 '제주도의 푸른 밤' 5. 비제 오페라'카르멘' 서곡 6. 비제 오페라 '카르멘'중 메조소프라노 아리아 'Seguidilla' 7. 클로드 볼링 '아일랜드 여인' 8. 존 윌리엄스'Flying Thema(영화 E·T OST)' 9. 타이타닉 OST 'My heart will go on'
2016년	75분	1. 마스카니 '까발레리아 루스티까나' Intermezzo 2. 히사이시조 '인생의 회전목마' 3. 푸치니 토스카 중 테너 아리아'별은 빛나건만' 4. 라벨 '볼레로' 5. 라벨 '죽은 왕녀를 위한 파반느' 6. 양방언 '프론티어' 7. 안치환 '사람이 꽃보다 아름다워'

땅 위의 기쁨

Score

L. V. Beethoven

Woomimaru Orchestra 2013

악보 2-3 2012년 땅 위의 기쁨

A military march

Hungarian Dance No. 5

악보 2-5 2014년 헝가리무곡

PRELUDE

악보 2-6 2015년 카르멘 서곡

Bolero

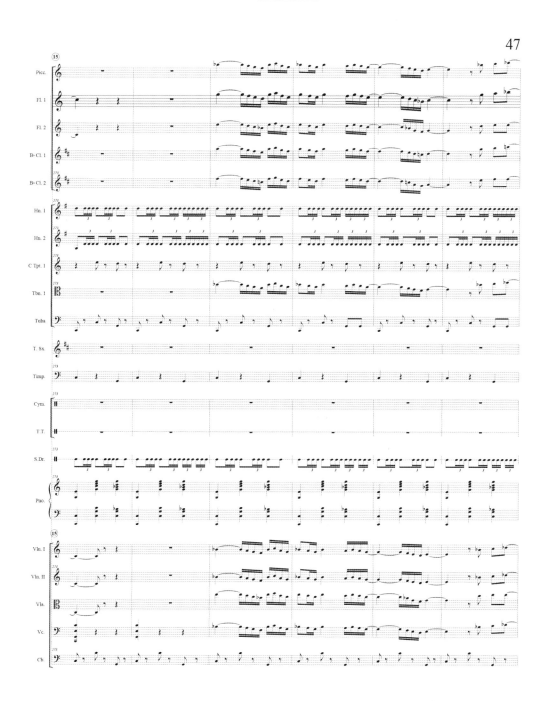

현악기
지도하기

그림 2-3 현악기 연주에 필요한 요소

귀: 내 소리 듣기

눈: 악보 보기

오른손: 활 쓰기

왼손: 음정 짚기

* 4가지 동작이 복합적으로 연합하여 연주 하나를 만든다.

표 2-5 현악기 지도의 문제점과 해결점

문제점	해결점
정확한 음정을 못 내요 음표가 복잡하여 리듬이 까다로워요	시창·청음 연계법
임시표 운지 어려워요 포지션 이동을 못 해요	플러스 마이너스 손가락 번호표기법
복잡해서 익히기 어려워요	분리 보잉법, 분리 운지법, 연합 연주법
빨라서 어려워요	앞뒤 붙점법

악보를 보며 듣기 〉악보를 보며 허밍하기 〉음악을 패턴으로 인지

현악기는 건반악기나 관악기와 달리, 음정을 연주자가 만들어내야 한다. 정확한 음정을 내기 위해서는 학생이 그 음악의 정확한 소리를 오디에이션(audiation: 마음속으로 음악을 재생할 수 있는 능력)해야 한다.

처음 악보를 받으면, 작은악절(4마디) 또는 큰악절(8마디) 등으로 적절히 분리하여 시창·청음을 하게 한다. 학생은 악보를 보고, 교사는 바이올린이나 피아노를 이용하여 연주하면서 청음하게 한다. 이는 **음악을 패턴으로 파악**하게 하는 데 도움을 주는데 음표를 구분하여 길이를 정확하게 인지하지 못하는 학생에게 음악을 있는 그대로 인식시켜 리듬의 복잡함까지 해결할 수 있다. 패턴을 익힌 후 악보를 보면 학생들에게 악보는 음악의 종류를 구분하는 용도로만 쓰일 확률이 높다. 그러나 일반 학생들에게 음표를 정확히 이해시키는 수업을 해도 성공률은 높지 않다는 것을 생각해보면 나쁘지 않다. 해마다 음표에 대한 수업을 하여도 대부분의 학생들은 매해 다 잊어버린다.

반복 청음으로 음악이 어느 정도 파악되면, 계이름 또는 '아' 발성, 허밍 등을 이용하여 시창을 하도록 한다. 시창은 별다른 기술이 없어도 비교적 쉽게 음정을 따라할 수 있는 장점을 가진다. 처음부터 악기로 음정을 짚다 보면 손가락 근육의 움직임이 원활하지 않고, 잘못된 운지는 잘못된 소리를 내면서 듣는 귀를 혼란하게 만들어 학생들이 바른 음정을 인지하는 데 도리어 방해를 준다.

반복 시창을 통하여 리듬과 음정이 정확히 파악되면, 학생들은 악기로 연주할 때 본인이 알고 있고 오디에이션하고 있는 바른 음정을 내기 위해 손가락을 예민하게 움직인다. 시창을 하여 익숙해진 곡은 학생들이 평소 악기를 연주하지 않을 때에도 자연스럽게 선율을 흥얼거리면서 반복재생하여 익히는 속도가 빨라진다.

2. 플러스 마이너스 손가락 번호표기법(일명 플마 번호표기법: 복잡한 임시표를 간단히 숙지하는 방법)

1) 가장 많이 쓰는 교수법, 스즈키 교수법

바이올린 지판의 운지법 특성상 처음 배우는 악곡의 조성은 라장조이다.

라장조→가장조→사장조→다장조의 순으로 운지가 편하다. 대신, 반음이 낮아지는 제자리표(♮)와 내림표(♭)의 경우 운지하기 힘들다. 장음계(Major)에 적합한 운지법에 익숙해져서 단음계(minor)를 연주하는 데 어려움이 따른다.

그림 2-4 스즈키식 기본 운지법 1

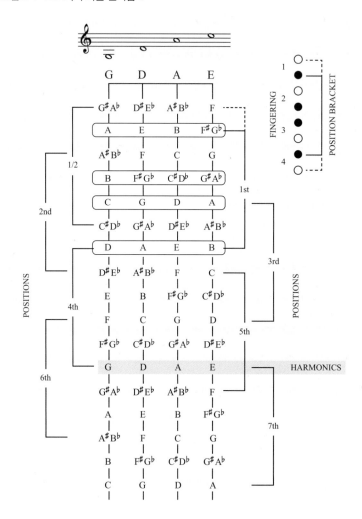

그림 2-5 스즈키식 기본 운지법 2

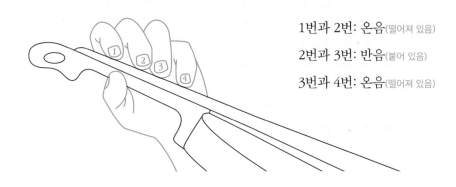

1번과 2번: 온음(떨어져 있음)

2번과 3번: 반음(붙어 있음)

3번과 4번: 온음(떨어져 있음)

악보 2-8 스즈키식 음계와 손가락 번호

0 1 2 3 0 1 2 3 0 1 2 3

기본 운지법을 벗어나면 학생들이 매우 혼란스러워한다. 특히 2번 손가락의 운지가 정확하지 않아서 대부분의 학생은 1번과 3번 손가락의 중간쯤에 2번을 운지한다. A줄의 경우 C♯과 C의 중간음 소리가 나며 이럴 경우 장화음도 아닌 단화음도 아닌 불협화음이 된다. 임시표가 생길 경우, [악보 2-9]과 같이 계이름 하나씩 운지법을 숙지해야 하는데 일반 학생에게는 무리가 많다. 초보자가 2nd와 3th 포지션을 하기 어렵다. 오케스트라에서 주축이 되는 바이올린이 기본 주법 이상 벗어나지 못하며, 그 기준으로 곡을 선정하다 보면 할 수 있는 곡의 범위가 매우 한정적이다.

3. 기본 운지법의 변경

1) 단음계 또는 잦은 임시표가 있는 곡을 학생들이 연주하게 하려면 어떤 방법을 써야 하는가?

악보 2-9 볼레로의 바이올린 파트보: (단음계, 잦은 ♭, 임시표 많음)

2) 단조 음계로 기본 운지법 바꾸기

그림 2-6 변경된 바이올린 기본 운지법

1번과 2번: 반음(붙어 있음)

2번과 3번: 온음(떨어져 있음)

3번과 4번: 온음(떨어져 있음)

　처음부터 4번 운지까지 연습시키기: 4번 운지는 다음 선의 0번과 같은 소리가 난다. 소리의 질 때문에 0번을 주로 쓰는데, 이러다 보면 4번 운지 사용을 기피하게 된다. 그래서 처음부터 4번까지 쓸 수 있도록 지도하였다. 1번과 2번이 붙은 형태는 단조(minor) 음계가 되며, 손가락 구조상 짚기가 어렵기 때문에 처음부터 이 운지법으로 가르치면 정확한 음정을 내는 데 많은 도움이 된다. 처음 운지법을 배울 때, 아래 악보의 음계로 가르치면 좋다.

악보 2-10 변경된 기본 음계

0　1　2　3　4　　0　1　2　3　4　　0　1　2　3　4　　0　1　2　3　4

4. 플마 번호표기법의 장점

- 플러스 마이너스 손가락 번호표기법: 임시표를 간단하게 표기

- 모든 음정을 숫자와 마이너스(-), 플러스(+), 분수로 표기할 수 있다.

- 반음 높다, 낮다, 임시표를 일일이 복합하게 설명할 필요가 없다.

- 복잡한 음정을 학생들에게 쉽게 이해시킬 수 있다.

- 연주할 수 있는 곡의 범위가 매우 넓어진다.

- 곡의 경우에 따라 숫자 표기를 바꿔서 얼마든지 활용 가능하다.

  예시: [1] 대신 [-2] 사용, [+2] 대신 [-3] 사용

그림 2-7 플러스 마이너스 손가락 번호표기 방법

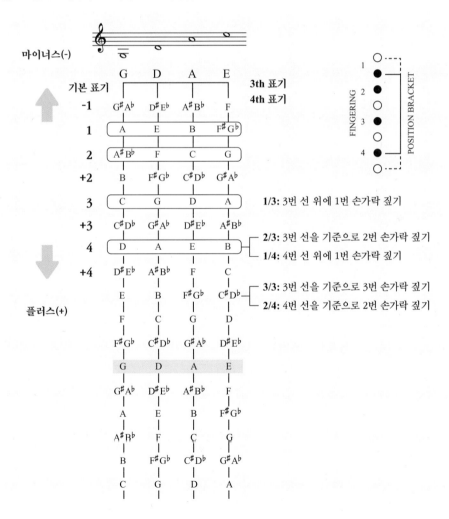

악보 2-11 플러스 마이너스 손가락 번호표기법 기보의 예(볼레로)

악보 2-12 4th 포지션 기보의 예

* 범위가 넓은 경우 이렇게 표시하기도 한다.

5. 분리 보잉법

- 일반적인 학생들은 두 가지 이상의 동작을 한꺼번에 하기 힘들어 한다.
- 특히 현악기의 경우 3가지 복합적인 동작이 하나의 음악을 만드는 형태이다.

그림 2-8 현악기 연주에 필요한 요소

귀: 내 소리 듣기

눈: 악보 보기

오른손: 활 쓰기

왼손: 음정 짚기

- 세 가지 중 한 가지라도 미숙하면, 학생들은 어려움을 느껴 쉽게 포기하려고 한다.
- 이를 방지하기 위해 4가지의 동작을 분리해서 연습시키는 절차가 필수이다.
- 분리 보잉법은 운지를 하지 않고, 순수하게 오른손 활을 쓰는 방법만 익힌다.
- 시창·청음과 연계하여 사용한다.
- 교사는 악기(바이올린 또는 피아노)로 정확한 음정과 리듬으로 연주하고, 학생들은 그 소리를 들으며 분리 보잉법을 시도한다.
- 오른손은 활을 잡고 왼손 손바닥에 대어 음악에 맞추어 문지른다.

  단, 송진이 왼 손바닥에 묻어 끈적이는 것을 방지하기 위해 활의 등부분(나무)으로 문지른다.

악보를 보며 듣기 〉 악보를 보며 허밍하기 〉 음악을 패턴으로 인지 〉 분리 보잉법 〉 분리 운지법 〉 연합 연수법
　　　└, 시창 청음법

01
분리 보잉법

분리 보잉법
동영상 QR코드

악보 2-13 동영상 학생의 실제 악보: '죽은 왕녀를 위한 파반느' 60~72마디

(동영상의 1학년 남학생은 직접 자신의 귀로 들으면서 음정을 맞추기 위해 자진하여 얼마 후 운지스티커를 모두 떼어버렸다. 운지 스티커가 없는 학생이 3명 있다.)

6. 분리 보잉법의 장점

- 활을 위아래로 움직이면서 리듬을 익힐 수 있다.
- 각 활에만 익숙한 학생들에게 이음줄(한 활에 여러 음을 넣어 연주하는 방법)을 연습시키기 매우 좋다.
- 활을 골고루(윗활, 가운데활, 아랫활, 온활) 사용하게 하는 데 도움을 준다.
- 음의 길이에 따라 활을 얼마나 나누어 써야 하는지, 활의 움직임 속도는 어떻게 해야 하는지 익힐 수 있다.

- 활의 사용법을 폭넓게 만들면서 음질이 좋아지는 효과를 얻는다.

7. 분리 운지법

- 활 사용에 익숙해지면, 왼손으로 악기를 잡고 손가락으로 운지법만 연습한다.
- 교사는 악기(바이올린 또는 피아노)로 정확한 음정과 리듬으로 연주하고, 학생들은 그 소리를 들으며 분리 운지법을 시도한다.
- 이때에도, 시창·청음법을 연계하여 듣고 오디에이션(또는 입으로 노래를 따라하며)하면서 손가락을 정확히 운지하는 데 목표를 둔다.
- 손가락 근육의 움직임이 원활해져서 반자동적으로 운지할 수 있을 때까지 반복한다.

02
분리 운지법

분리 운지법
동영상 QR코드

8. 연합 연주법: 분리 보잉법과 분리 운지법 합치기

- 이 모든 단계가 숙지된 후, 원래 바이올린 연주법대로 연주한다.
- 이런 연습 방법을 충분히 거치면, 중간에 포기하는 학생이 없다.
- 함께 여러 번 반복하여 연습한 후, 개별적으로 연습할 시간(10분 정도)을 준다.
- 최소 한 부분을 20~30회 정도 반복하도록 한다.

- 아무리 인지능력이 떨어지는 학생도 같은 부분을 30번 이상 반복하면 뒤처지지 않는다.
- 초창기에는 한 부분을 익히는 데에도 많은 시간이 할애되나, 점점 소요시간이 짧아지고 학생들의 습득 속도도 빨라지게 된다. 시간이 많이 걸린다고 조급해하지 말고 천천히 학생들이 성공할 수 있도록 기다려야 한다.

연합 연주법
동영상 QR코드

9. 앞뒤 붙점법: 빠른 부분을 효율적으로 연습시키는 방법

악보 2-14 '인생의 회전목마' 일부

- 빠르기가 ♩ = 162로 매우 빠르다
- 빠른 운지를 위한 손가락 테크닉을 위한 연습은 붙점 연습이 매우 효과적이다.

- 앞 긴 붙점 연습: 반복하여 20~30회 연습한다.

악보 2-15 '인생의 회전목마' 앞 긴 붙점

- 뒷 긴 붙점 연습: 반복하여 20~30회 연습한다.

악보 2-16 '인생의 회전목마' 뒷 긴 붙점

- 두 가지 붙점 연습이 능숙하게 된 후, 원래 음표대로 연주하게 한다.
- 두 가지 연습을 제대로 했다면, 처음 속도보다 2배 빠른 속도로 연주할 수 있다.

10. 한번에 여러 곡 같이 지도: Small Step으로 잘라 붙이기

- 한 곡씩 처음부터 끝까지 완주하려고 계획하지 마라.
- 클래식 곡에 익숙치 않은 학생들에게 지루함을 주고 포기하려는 마음이 생긴다.
- 한번에 2~3개의 곡을 작은 단위(선율 중심)로 나누어 동시에 연습하는 것이 좋다.
- 주선율 중심으로 먼저 연습하다가, 점차 범위를 늘려간다. 곡에 따라 1학기 내내 합주 시간에 주선율만 연습하는 곡도 있다.
- 처음에는 속도가 느린 것 같지만, 어느 순간 여러 곡이 한꺼번에 완성된다.

11. 현악기 지도 순서

- 시창·청음법 → 분리 보잉법 → 분리 운지법 → 연합 연주법 → 앞뒤 붙점법(필요 시)
  → 원 연주법

점차 학생들의 실력이 향상되면서 일부 생략하거나 조정할 수 있다.

관악기
지도하기

표 2-6 관악기 지도의 문제점과 해결점

문제점	해결점
정확한 음정을 못 내요	시창·청음 연계법
호흡이 짧아요	학생별로 호흡 나누어 프레이즈 살리기
악기를 익히는 속도가 늦어요	분리 운지법
빨라서 어려워요	붙점 붙이기
좋은 소리를 내고 싶어요	장님 연주하기

1. 시창·청음 연계법

- 관악기는 비교적 정확한 음정을 낼 수 있으나, 호흡의 정도에 따라 음이 약간 높아지거나 낮아지는 등의 변화가 생긴다.

- 정확한 음정을 내기 위해서는 그 음악의 정확한 음정을 오디에이션(audiation: 마음속 으로 음악을 재생할 수 있는 능력)해야 한다.

- 처음 악보를 받으면, 작은악절(4마디) 또는 큰악절(8마디) 등으로 적절히 분리하여 시창·청음을 하게 한다.

- 학생은 악보를 보고, 교사는 악기나 피아노를 이용하여 연주한다.

- 반복 청음으로 음악이 어느 정도 파악되면, 계이름 또는 '아' 발성을 이용하여 시창을 하도록 한다.

- 시창은 별다른 기술이 없어도 음정을 쉽게 따라할 수 있는 장점을 가진다.

처음부터 악기로 음정을 짚다 보면 손가락 근육의 움직임이 원활하지 않고, 잘못된 운지는 잘못된 소리를 내면서 학생들에게 혼란을 준다.

- 반복 시창을 통하여 음정이 정확히 파악되면, 학생들은 악기로 연주할 때 본인이 알고 있고 오디에이션하고 있는 바른 음정에 맞춰 손가락을 예민하게 움직인다.
- 시창을 하여 익숙해진 곡은 학생들이 평소 악기를 연주하지 않을 때에도 자연스럽게 선율을 흥얼거리면서 반복재생하여 익히는 속도가 빨라진다.

2. 호흡 나누어 프레이즈 살리기

- 호흡으로 프레이즈를 표현하는 것은 매우 중요하다.
- 학생들은 호흡이 짧기 때문에, 곡의 흐름이 끊어지기 쉽다.
- 호흡 늘리는 연습법
  - 들숨을 빠르게 들이면서 복부를 팽창시킨다.
  - 5초 정도 숨을 참고 기다리게 한다.
  - 윗니와 아랫니 사이로 아주 미세한 날숨을 나누어 숨을 완전히 다 내쉴 때까지 길게 내뱉는다.
  - 반복하여 연습한다.
- 학생의 호흡 정도에 맞추어 곡에 어울리도록 프레이즈를 나누어 곡의 흐름에 방해가 되지 않도록 지도한다. 정말 길게 호흡이 필요한 부분이 있다면 학생을 그룹으로 분리하여 프레이즈를 나누어 준다. (주로 합창에서 이용하는 방법 응용)

3. 분리 운지법: 현악기 지도법과 동일하다.

- 특히 관악기는 음량이 크기 때문에 틀린 소리를 내는 학생들이 섞이면서 소음을 만들어내고, 학생들의 듣는 귀를 혼란스럽게 한다.
- 악기는 손가락 운지, 호흡, 청음을 동시에 연합하여 연주한다. 기초학생일수록 분리하여 지도하는 것이 매우 중요하다.
- 교사가 들려주는 바른 음정(악기, 피아노, 노래 등을 이용)을 들으면서 손가락 운지만 해보는 연습을 한다.

- 분리 운지법의 가장 큰 장점은 귀로 정확한 음정을 들으며 운지를 해보다 보면, 자신이 잘못된 운지를 하여 음정이 틀렸을 때 빨리 오류를 자각한다는 것이다.

4. 붙점 붙이기: 빠른 부분을 효율적으로 연습시키는 방법

- 현악기와 동일한 방법을 이용한다. (p.116~117참고)
- 손가락의 움직임을 신속하게 만드는 방법이므로 관악기나 건반악기에서도 큰 효과를 얻는다.
- 건반악기의 경우 손가락 터치감을 기르기 위해 스타카토 주법을 활용하는 방법도 좋다.

5. 장님 연주하기

- 현악기는 지판을 보면서 연주해야 하지만, 관악기는 손의 감각만으로 운지할 수 있다.
- 교사는 학생에게 눈을 감게 하며, 메트로놈이나 지휘봉을 이용하여 기본 박을 쳐주며 학생들이 연주해보게 한다.
- 눈을 감고 연주하는 방법은 자신의 소리에 집중하여 감각을 예민하게 만든다.
- 악보에 의존하는 학생에게 자신의 소리의 질을 스스로 평가해 볼 수 있게 한다.
- 장님 연주를 위해서는 일부분의 악보를 암보하여야 하는데, 어렵고 중요한 부분을 일부라도 암보할 수 있게 하면서 점차 그 범위를 늘리면 실력이 매우 향상된다.

합주
지도하기

1. 기본 자세 교육: 자세를 바르게 잡는 것만으로도 연주의 질이 달라진다.

- 두 발바닥은 땅에 붙인다.

- 허리는 꼿꼿이 세운다.

- 엉덩이만 의자에 반쯤 걸터앉아서 무게중심이 다리에 가도록 한다.

- 허벅지가 의자에 닿아있는 자세는 무게중심이 엉덩이로 가서 팔과 복부에 힘이 전달되지 않아 나쁘다.

- 바이올린과 비올라는 왼손으로 악기를 잡고 악기를 왼쪽 무릎 위에 세우고, 오른손은 활을 잡아 오른쪽 무릎 위에 살짝 올린다.

2. 마침꼴 합주

- 이제 막 악기를 시작한 학생도 참여할 수 있는 합주 지도법이다.

- 첫 번째 합주 시간에 활용한다.

- 한 가지 조성을 정해 Ⅰ-Ⅳ-Ⅴ-Ⅰ 진행화음으로 기본 악보를 만든다.

악보 2-17 가장조로 만든 마침꼴 합주 총보

- 마침꼴 합주에는 운지가 2~3개만 필요하므로 초보자들도 가능하다.
- 교사의 지휘에 따라 보통 빠르기(Moderato)로 연주해본다.
- 셈여림, 빠르기, 나타냄말 등으로 변화시키면서 다양한 방법으로 연주해본다.

  예시: 3마디에 늘임표 넣기, 크레센도 넣기, 악센트 넣기, 스타카토 넣기 등
- 다양한 리듬을 넣어 변화시켜 본다.

악보 2-18 마침꼴 합주의 다양한 리듬꼴

- 리듬이 익숙해지면, 악기별로 다른 리듬꼴을 선택할 수 있다.
- 학생들이 간단한 운지만으로 음악의 다양한 표현법을 익힐 수 있고, 지휘에
  집중하게 하는 데 좋은 연습법이다.

3. 시창으로 합주하기
- 곡 습득이 미숙하고 합주가 잘 안 맞을 때, 각 파트에서 배운 시창으로 시창
  합주를 할 수 있다.
- 단, 남학생과 여학생의 음역 등을 고려하여 제대로 가창하는 형태가 아니라,
  허밍이나 라라라 가창법을 이용해서라도 서로 소리를 맞추는 데 중점을 둔다.

4. 3단계 편곡법
학생들의 수준 차이에 따라 편곡을 다르게 하여 자신에게 맞는 방법으로 선택할 수
있게 한다. 아직 연주가 미숙한 학생들도 곡의 흐름을 익힐 수 있고, 합주에 적극적으
로 참여하면서 만족감을 느낀다. 한번 선택한 단계로 계속 유지하는 것이 아니라, 1단
계 학생은 2단계로, 2단계 학생은 3단계로 가기 위해서 스스로 노력한다. 최종적으로
대부분 학생은 원곡 그대로 연주할 수 있다.

※ 예시 '까발레리아 루스티까나 인터메조' 중

악보 2-19 3단계 원곡 악보(꼬리가 묶인 것은 한 활로 연주한다)

1 0 2 3 2 1 3   1   0 3 4   3 +2 1 0 3   3 +2 0 +2 +2   1   0

악보 2-20 2단계 편곡

1 0 2 1 1   0 3 4   3 +2 1 0 3   3 0 +2   1   0

악보 2-21 1단계 편곡

1 0 2   1   0 3 4   3 +2 1 0 3   3 +2   1   0

* 단, 주의할 것은 3단계 모두 활 방향이 같도록 지도해야 한다.

5. 연습 토막 나누기

- 지휘자는 총보를 잘 파악하여 연습을 어떻게 시킬 것인지 계획을 짜야 한다.
- 곡을 처음부터 끝까지 연주하려는 고정관념을 버리자.
- 어려운 곡일수록 토막을 잘 나누는 것이 매우 중요하다.

표 2-7 '죽은 왕녀를 위한 파반느' 나누기

구분	A	B	C	D	E	F
마디 수	1~13마디	14~27마디	28~39마디	40~49마디	50~59마디	60~72마디
선율악기	호른	튜바	플루트 클라리넷	플루트 클라리넷	플루트 클라리넷	플루트 바이올린
주제	1주제	2주제	1주제	3주제	3주제	1주제

- '죽은 왕녀를 위한 파반느'의 경우 빠르기가 Lento로 아주 느리고, 학생들이 평소 들어보지 못한 곡이라서 매우 생소하였다.
- 특히 선율 진행이 악기들이 교대로 주고받는 형태라서 곡을 이해하기 매우 난해하였다.
- 1주제를 중심으로 [C] 부분을 제일 먼저 합주하였다. [C] 부분이 익숙해지고 난 뒤에 연습 순서는 아래와 같다.
- C→F→A가 익숙해지면, 그나마 이해하기 쉬운 B 부분을 연습한다.
- 그 다음에는 A부터 C까지 연결하여 연주가 가능하다.
- D와 E는 리듬의 2분할과 3분할이 동시에 쓰이며, 관악기에서 서로 교대하며 멜로디를 연주하는데 중간에 현악기도 합세하는 형태이다. D와 E는 매우 유사하여 악기의 역할만 서로 바뀌었을 뿐 전체적인 음악 형태는 비슷하다.
- D를 먼저 익숙하게 연주하게 되면 E를 익히는 건 쉽다.
- 이런 과정을 거친 다음에 처음부터 끝까지 연주할 수 있다.
- 클래식곡의 경우 복잡한 구조를 가진 곡들이 많다. 어렵기 때문에 학생들에게 무리라고 판단하여 선뜻 포기하지 말고, 지휘자가 곡을 잘 분석하고 파악하여 다양한 음악적 경험을 하도록 하는 것이 중요하다.

6. 멜로디만 합주하기

'볼레로'는 총 연주시간이 15분이며 리듬과 음정이 매우 까다로운 곡이었다. 그래서 저자의 경우, 볼레로 파트 악보를 주기 전에 공통 멜로디를 1장의 악보로 만들어 그것만 연습하도록 하였고 2달 동안 같은 멜로디로 모든 파트가 함께 연습하였다. (원 악보는 나눠주지 않음.) 아래의 멜로디 악보를 보면 2종류의 멜로디가 있는데 앞부분을 A선율, 뒷부분(19마디부터 B♭음)을 B선율이라고 명칭을 붙여서 학생들과 용어를 약속하였다.

악보 2-22 '볼레로' 멜로디 악보

어려운 리듬과 음정이 완전히 숙달된 뒤에, 파트보를 나누어 주어 파트연습을 하고 합주시간에 원곡대로 연주하였더니 1시간 만에 처음부터 끝까지 완주가 가능하였다.

볼레로의 경우 특이점이 있다면, 파트보에 쉼표가 매우 많다. 악기군들이 돌아가면서 멜로디를 연주하기 때문인데 처음 완주를 위한 합주 연습을 할 때 각 마디별로 학생들에게 받아 적게 하였다. 예를 들어 35마디부터 호른이 A선율, 48마디부터 첼로가 B선율, 이런 식으로 학생들이 악보를 놓치지 않도록 전체적인 악기 구성을 알려준 것이다. 이 작업을 통해 복잡한 전체 곡을 학생들이 파악하게 되었고 완주를 위한 합주는 정말 쉽게 마무리되었다.

7. 어려운 부분 암보하기

일반 학생들은 기호를 분석하는 것보다 패턴을 체득하는 것이 더 쉽다. 처음부터 어려운 악보를 주면서 악보대로 연주해보라고 한다면, 대부분의 학생들은 포기한다.

소리로 실행을 먼저 하게 하는 것은 매우 중요한 점이다. 양방언의 '프론티어'의 경우, 박자가 매우 복잡해서 전문 연주자들도 어려워하는 곡이었다. 우리 학교 강사 중 한 분이 얼마 전 다른 곳에서 이 곡을 연주했었는데 리듬 익히는 것 때문에 전문 연주자들도 진땀 뺐다고 하면서 학생들이 과연 할 수 있을까 걱정을 하였다.

8분음표 기준 10박으로 이루어져 있는데, [♩. ♩. ♩ ♩]를 이해해야 한다.

곡을 처음 접할 때, 10박자를 이해시키기 위해

[토(3박)-끼(3박)-깡(2박)-총(2박)]

구음하며 손뼉 치면서 리듬의 패턴을 통으로 체득하게 하였다. 학생들에게 리듬을 설명할 때도 1박, 4박이라고 칭하지 않고 '토' '끼'라고 명칭을 붙여서 이해를 도왔다.

프론티어는 8마디씩 [A]부터 [R]까지 단락을 나누었다. 한 번에 한 단락씩 맞추어 나갔는데, 8마디를 계속 되풀이하며 반복해서 20번 정도 합주한 후에, 암보하여 연주해 보았다.

악보 2-23 '프론티어' 총보 일부

80% 이상의 학생들이 단시간에 암보가 가능했다. 숙달된 후에, 다음 단락을 같은 방법으로 연습하면서 점점 범위를 넓혀 나갔다. 단 한 명의 학생도 리듬이 어려워서 못하겠다는 말을 한 적이 없다. 모두가 걱정한 10박자는 의외로 학생들에게 수월했으며, 많은 학생들이 이 곡을 매우 재미있어했다. 기호(악보)보다 소리의 실행과 패턴의 체득이 얼마나 중요한지 다시 확인하는 계기가 되었다.

8. 합주 중 짧은 토막 연습

합주를 하다 보면 반복해서 해결되지 않는 부분이 생긴다. 그럴 때 '클라리넷, 이 부분 연습해서 다음 시간에 완벽히 만들어 와!' 이런 지시보다는 짧은 개별 연습시간을 주면 빠르게 교정이 가능하다.

"지금 3분 동안 각자 제일 어려운 부분 연습하자."

학생들에게 짧게 연습할 시간을 주어보자. 개인적으로 제일 안 되는 부분을 집중적으로 연습하면 훨씬 좋아진다. 그리고 3분 후 다시 합주를 해보자. 나는 그 부분이 완전히 해결될 때까지 멈추지 않고 합주와 개별 연습을 반복시킨다. 특히 합주 시 해결되지 않는 부분은 다음 합주 시간에도 여전히 해결되지 않을 확률이 높다. 2마디 혹은 4마디만으로도 완벽하게 해결될 때까지 반복해보자. 효과는 보장한다.

나는 2시간 동안 8마디만 합주했던 경험이 있다. 이런 속도로 언제 연주가 완성되는지 걱정하지 않아도 된다. 8마디를 완벽하게 만든 경험이 있는 학생들은 다음 8마디도 완벽하게 할 수 있기 때문이다. 느리게 보이지만 가장 효과적이고 빠른 방법이다.

9. 과감히 변경, 삭제하기

어떠한 곡을 학생들에게 알려주고 싶은데, 한 부분이 어려워 걱정이 된다면, 과감히 변경·삭제할 수 있다. 합주 3단계 수준별 지도법을 응용하여 간단하게 변경할 수 있지만 어떤 부분은 완전히 삭제해서 없애버릴 수 있다. 단, 음악적 흐름에 맞게 삭제해야 어색하지 않다.

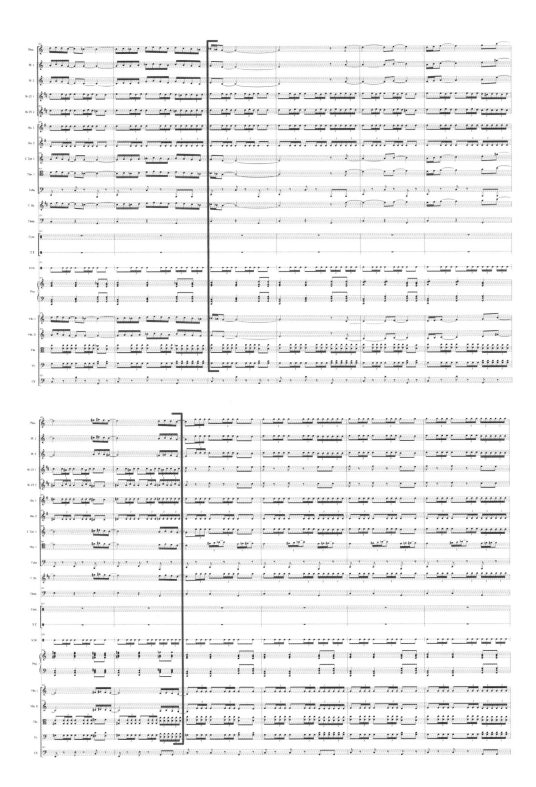

악보 2-24 '볼레로' 323~334마디까지 총 12마디를 통으로 삭제함

PART 16 모두 참여하기:
전학생 예시

01
전학생 예시

권○○
여학생

피아노를 조금 배웠다고 해서 바이올린2 파트로 배정하여 연습시켜서 얼마 후부터 전혀 뒤처지지 않게 잘하게 되었다. 1학기에는 개별 테스트를 여러 번 보았다.

02
전학생 예시

현○○
여학생

원래 바이올린을 매우 잘 다루는 학생이어서 바이올린1 파트에서 활약하였다.

03
전학생 예시

손○○
남학생

음악을 잘 모르고 악기를 하기에도 시기적으로 늦어서 타악기에 배정하였다. 베이스드럼, 윈드 차임, 심벌즈 등을 적절히 곡에 어울리도록 추가 편곡하여 연습시켰고, 맡은 역할을 잘 소화하여 정기연주회까지 잘 마쳤다.

만약 중간에라도 전학생이 생기면,
간단한 타악기라도 연습하여
전체 오케스트라에 참여하도록 할 수 있다.
단 한 명이라도 포기하거나 빠져서는 안 된다.

연주 전 집중 연습:
음악 캠프 운영하기

해마다 정기연주회 3~4주 전 1박 2일로 음악캠프를 운영하였다. 오후 파트별 연습 4시간, 저녁 합주 4시간, 다음 날 오전 합주 2시간으로 매우 집중력 있는 연습을 하였다. 연주 전 학생들에게 강도 높은 연습을 통하여 전체적으로 실력을 점검하고 함께 힘든 시간을 견디며 화합하는 시간이 필요하다.

연주회가 3~4주 정도 남았을 때 주말을 이용하여 1박 2일의 음악캠프를 운영하였다. 같은 지역에 큰 규모의 유스호스텔이 있었는데 해마다 그곳에 갔다. 합주를 할 수 있는 강당이 있었기 때문에 우리는 악기와 보면대 정도를 챙기기만 하면 되었다. 금요일은 매주 5~7교시가 오케스트라 파트 연습하는 시간이기 때문에 일과시간을 조정하지 않아도 되었고 각 파트 강사 선생님들께서도 장소만 변경될 뿐 수업은 동일하게 하시면 되었기 때문에 용이했다. 오전 수업을 마치고 오후에 이동하여 다음 날 오전까지 음악캠프를 운영하였다.

다음 표에서 볼 수 있듯이 식사를 하거나 휴식 시간을 제외하고서는 대부분 연습시간인 것을 볼 수 있다. 처음엔 '학생들이 진짜 저렇게 연습을 많이 할까'라고 생각하긴 하였으나 정말 저대로 연습에 집중하는 프로그램을 운영하였다. 내가 생각하는 연습은 '이 정도면 괜찮은데?'라는 느낌이 왔을 때 2~3번 더 반복을 하는 것이다. 그때 정말 집중력도 좋아지고 곡의 완성도도 높아진다.

금요일 저녁 마지막 합주 때였다. 10시 30분까지 연습이라고 되어 있었지만 약간 안 맞는 부분이 있어서 학생들에게 이것을 마무리할 때까지 합주를 끝내지 않겠다고 미

표 2-8 음악캠프 운영시간표

일자	시간	일정	장소	비고
4일 (금)	08:30~12:50	정상 수업(5교시)	학교	
	12:50~13:30	중식	급식실	
	13:30~14:30	이동 및 방 배정	버스	담임, 부담임
	14:30~15:15	파트별 연습(Ⅰ)	강당	진유경 외부강사 7명
	15:15~16:00			
	16:00~16:30	휴식		
	16:30~17:15	파트별 연습(Ⅱ)	파트연습실	진유경 외부강사 7명
	17:15~18:00			
	18:00~19:15	석식 및 휴식		
	19:15~20:00	합창·합주(Ⅰ)	강당	진유경, 합주강사 타악기강사
	20:00~20:45			
	20:45~21:00	휴식		담임, 부담임
	21:00~21:45	합창·합주(Ⅱ)	강당	진유경, 합주강사 타악기강사
	21:45~22:30			
	22:30~23:30	야식, 세면, 정리정돈		전 교사
	23:30~	취침		전 교사
5일 (토)	7:30~8:30	기상 및 조식		담임, 부담임
	8:30~9:15	합창·합주(Ⅲ)	강당	진유경, 합주강사
	9:15~10:00			
	10:00~11:00	자연보호 활동	산책로	전 교사
	11:00~12:00	학교 이동 및 귀가		전 교사

리 이야기하였다. 역시나 평소에 잘 안 맞던 그 부분이 쉽게 정리되지는 않았는데, 학생들이 '어어 첼로~ 틀렸다', '클라리넷 틀렸다~' 하면서 합주 중에 집중하고 귀를 기울이며 서로 맞추기 위해 노력하였다. 어느 파트가 틀려서 친구들이 틀렸다고 지적을 해도 분위기가 다운되거나 안 좋아진 게 아니라 서로 웃으며 '죄송합니다, 미안해~'라고

하면서 더욱 집중할 수 있도록 함께 힘을 모았는데 우리는 진심으로 한마음이 되어 정말 그 부분을 해결하기 위해 노력하였다. 이때 주의해야 할 점은 모두가 틀리지 않고 맞았을 때 멈추지 말고 그것을 3번 정도 반복하여 정말 우리의 것이 되도록 해야된다는 것이다. 합주가 끝나면 맛있는 치킨이 기다리고 있었지만 우리는 약속 시간보다 15분을 더 연습하고 모두가 만족한 후에 박수를 치며 강당을 떠났다. 학부모 몇 분과 학교 모든 선생님들께서 함께 합주를 지켜보셨는데 학생들이 너무나 밝은 표정으로 재미있게 연습하고 교사와 믿음을 바탕으로 신뢰가 쌓여있는 모습이 눈에 보였다며 우리 학생들을 칭찬해주셨다.

PART 18 | 작은 오케스트라(앙상블) 지도하기

1. 파트시간 중 월 1일 운영

매주 금요일 파트연습 3시간 중, 마지막 주 금요일은 앙상블 시간을 갖는다. 우리 학교 강사 선생님들과 수시로 지도법을 공유하고 연계하여 학생들이 일관성 있는 지도를 받을 수 있게 한다. 앙상블 지도 시에는 파트별 지도법과 합주 지도법을 연계하여 학생들의 문제를 적절히 대처하도록 한다.

2. 내 파트 연습 유도

학생들은 앙상블에서 군중 속에 묻혀 드러나지 않던 나의 실력을 확대(Zoon in)하여 볼 수 있다. 한 파트당 1~2명으로 구성되어 있어서 나의 실력이 여과 없이 드러난다. 미처 알지 못했던 나의 문제를 찾을 수 있고, 내 파트의 역할과 중요성을 느낄 수 있다.

3. 다른 파트 듣기

합주를 하다 보면 내 파트와 멀리 떨어진 파트의 소리가 잘 안 들리는 경우가 있다. 앙상블은 다른 파트의 소리를 가까이에서 들을 수 있으며 나의 소리와 어떻게 어우러져 아름다운 소리가 나는지 집중하는 데 도움을 준다. 실제 학생들은 앙상블에 가는 것에 조금 부담을 느끼기도 하며, 다녀온 이후로 더 열심히 연습하는 모습을 보인다. 그리고 실제 학생들이 매우 좋아한다.

실제 학생들은 앙상블에 가는 것에
조금 부담을 느끼기도 하며,
다녀온 이후로 더 열심히
연습하는 모습을 보인다.
그리고 실제 학생들이 매우 좋아한다.

♬ -작은 앙상블을 지도하며

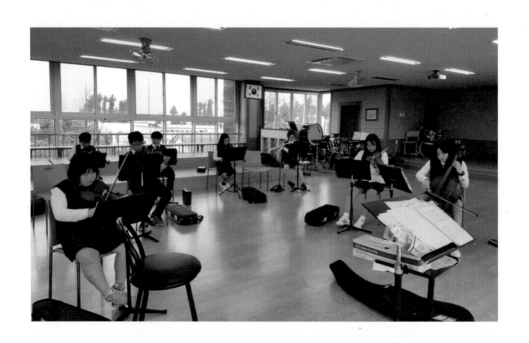

학생들이 만드는
오케스트라 운영하기

교사가 하나부터 열까지 직접 하려고 하면 어렵다. 학생들이 할 수 있는 역할을 주어 주도적으로 운영하는 오케스트라가 되도록 지도한다.

1. 악장

악장의 역할은 다른 임원들과 의견을 조율하고 전체 오케스트라 단원들을 살피는 것이다. 합주 시 각 파트는 자기 자리를 정리하고 파트장이 악장의 확인을 받은 후에 합주실을 나갈 수 있다.

2. 파트장

파트연습실 또는 합주실에서 연습이 끝난 후, 자리가 잘 정리되고 소등이 되었는지 확인한다. 파트원이 어려움을 겪을 때 도와주고, 현악기는 파트장끼리 악보를 확인하면서 활의 방향을 맞추어 파트원에게 전달한다. 특히 현악기 파트장인 경우 송진을 관리했다. 송진은 파트별로 1개만 지급하였는데 학생들이 잘 깨트리기도 하고 부주의하게 관리하기 때문이다. 1년에 송진을 각 1개씩 지급하고, 분실하거나 깨질 경우 파트에서 알아서 새로 구입하도록 지도하였다. 관악기 파트장에게는 리드를 관리하게 하였다. 그러면서 학생들은 소모품을 더욱 아끼고 잘 관리할 수 있게 되었다. 처음에는 교사가 송진과 리드 등의 부품들을 관리·지급했는데, 생각보다 소모가 너무 심하고 분실도 많았다. 이렇게 파트장에게 아예 맡기고 나니 소모품들의 구입 비용도 예측이 가능하고 관리도 용이해졌다.

3. 악기장

학년별로 1명씩 지정하였다. 악기 보관실에 악기 보관 상태와 보면대 정리 상태, 청소 상태 등을 확인한다. 혹 활이나 어깨받침 등 악기부품의 교환이 필요할 때 도와주며, 집에 악기를 대여하는 학생들의 악기 대여 대장을 관리한다. 악기 대여는 언제든 가능하도록 하였다. 자신의 악기가 고정으로 1년 동안 배정된다. 대신 처음 악기가 정해졌을 때 악기관리서약서에 서명하도록 하였다. 1년 동안 소중히 잘 관리하겠다는 일종의 약속이다. 그러나 중간에 악기가 고장나거나 일부 파손되는 경우 학교예산으로 모두 수리한다. 그뿐 아니라 1년에 한 번 방학 기간 동안 낙원상가 악기점에서 출장을 불러 3일 정도 모든 악기의 상태를 점검하고 수리하였다.

4. 악보장

총보와 파트보를 총괄 관리한다. 새 곡이 나갈 때 복사하여 파트별로 나눠주며, 중간에 악보를 분실한 학생을 도와준다. 악보 보관장을 관리하면서 지금까지 다루었던 악보들을 분실하지 않게 보관한다. 곡마다 따로 클리어파일에 파트별 악보를 넣어 악보 보관장에 보관하였다.

기타
운영 방법

1. 부진학생 개별테스트&개별지도
→ 같이 곡 일부라도 교사가 함께 20번 해보기

부진학생들은 빨리 발견하여 개별지도해야 한다. 한번 실패한 학생에게 용기를 주고 다시 도전하게 하기는 어렵다. 파트 지도 강사들에게 수시로 정보를 파악하여 부진한 학생은 따로 교사가 시간을 내어 개별지도를 한다. 부진한 학생일수록 작은 단위로 나누어 지도하는 것이 효과적이며, 8마디 정도로 나눈 단락을 교사가 함께 최소 20번은 같이 연습해본다. 나의 경험 상, 같은 부분을 20번 반복연습하여도 서툴게 연주하는 학생은 단 한 명도 없었다. 8마디를 성공하고 나면 다음 8마디를 도전한다.

2. 수행평가와 연결하기

수행평가 '기악' 분야에 자신의 악기와 파트 실력을 테스트한다. 일반 학교에서 자주 하는 기악수행평가 중 '내가 자신 있는 악기로 자신 있는 곡 연주하기'에서 힌트를 얻었는데, 학생들의 절대적인 실력보다 향상도와 노력의 정도를 채점 기준으로 삼는다.

수행평가로 개개인에게 표준화 점수를 주는 것이 목표가 아니라, 교사가 학생 한 명에게 얼마나 관심을 가지고 지켜보며 도와주는지 학생들이 인지하게 하는 방법이다. 학생들은 소홀히 하지 않고 열심히 연습하는 모습을 보인다.

정기
연주회

나는 첫해부터 연주회 준비 때 무대의상, 리플릿, 포스터 등에 매우 신경을 썼다. 기존 4년 동안 연주회 리플릿은 내용에 충실한 일반 학교의 안내장 수준이었다. 평소 디자인에 관심이 많던 나는 여러 업체에 견적을 받으면서 디자인에 중점을 두어 제작하였다. 그리고 매해 연주회의 콘셉트를 정하여 연주회 제목을 만들었다.

처음 학생들의 반응은 매우 재미있었다.
'선생님, 저희 엄청 못하는데,
공연 팸플릿은 너무 멋지게 나와서 부담스러워요.'
'진짜 연주회를 하는 것 같아요!'

이러한 부담은 학생들이 연주에 대한 기대와 준비를 하게 만들고, 자존감을 높여주는 좋은 윤활제가 된다.

학교에서 오케스트라를 창단할 당시 연주복을 맞추어 학교에 보관 중이었는데 문제가 있었다. 4년 동안 악기보관실에 옷장을 구비하여 종류별로 보관하였는데 습도가 높은 서귀포 지역이다 보니 옷에 곰팡이가 피거나 냄새가 나는 것이었다. 세탁소에 맡겨 세탁하는 데 비용이 많이 들었다. 심지어 4년 전 학생들의 체형에 맞추어 맞춤 제작을 하다 보니 사이즈 맞는 것을 찾기가 어려웠다. 어떤 학생은 좀 작게 입고 어떤 학생은 너무 옷이 커서 소매나 바짓단을 접어 입기도 했다. 그리고 상의가 화이트 자켓이

5회차
정기연주회
리플릿

었는데 어깨와 팔 부분이 연주하기에 불편하고 누렇게 변색이 된 옷도 있었다. 그러나 당장 해결할 수 없어서 상황에 맞추어 첫해는 그냥 연주할 수밖에 없었다.

나는 모든 정기연주회에 콘셉트를 잡고 제복을 붙였는데, 이해의 연주 타이틀은 '위미 지역 사회와 함께하는 열린음악회'였다.

실제 학생들만의 연주로는 시간이 매우 짧아 학부모 몇 분을 초청하여 노래를 부르는 순서를 넣었다. 위미 지역은 감귤 최대 생산지로 늦가을과 겨울철에 매우 바쁘다. 학교 일정상 11월에 정기연주회를 할 수밖에 없었는데, 이때 마을은 가장 바쁠 시기이다. 그래서 학교에서 저녁식사를 제공하였다. 농장에서 일을 하시던 학부모님들은 일을 마치자마자 학교에 오셔서 저녁식사를 하시고 7시부터 공연을 관람했다. 그래서 지역 사회의 축제 같은 느낌의 행사였다.

5회 정기연주회
좁은 다목적실에 연주석과 관객석을 배열하였다. 작은 살롱 같은 분위기의 연주회다.

사진에서 볼 수 있지만 기존에 학교에서 보관하던 연주복을 입고 있고, 학교 공간이 여의치 않아 작은 다목적실에서 연주를 하다 보니, 학년을 나누어 2일에 걸쳐 연주회를 2번 개최하였다. 공간이 좁아 연주자와 관객의 거리가 매우 가깝고 밀집되어 있다.

6회차 정기연주회부터는 학교에 체육관이 완공되어 체육관에서 공연을 할 수 있게 되었다. 공연 리플릿 제작은 전문업체에 디자인을 맡겼고, 연주회다운 분위기가 리플릿에서부터 보인다.

6회차
정기연주회
리플릿

연주복에도 변화를 주었다. 저자가 생각하는 가장 좋은 연주복은 블랙 상하의복이다. 대부분의 오케스트라에서도 블랙으로 상하복을 입는다. 블랙은 악기의 재질이 두드러지게 보이도록 하며 전체적으로 차분한 분위기를 준다. 사이즈는 기성복 중 선택하도록 하였다. 그리고 중학생들이 급속히 체격이 달라지는 것을 고려하여 학생들에게 일정 금액(당시 2~3만 원대)으로 블랙셔츠를 선택하여 학교에서 보관하지 않고 학생들에게 선물하였다. 그렇게 하다 보니 연주회가 11월이라 학생들이 추워하여 나중에는 블랙니트로 바꾸었다. 학생들은 교복셔츠를 안에 입고 위에 블랙니트를 레이어드하여 입었다. 하의는 블랙으로 자유롭게 입도록 하였는데 학기초부터 학생들에게 미리미리 구비할 수 있도록 홍보하여 어려움이 없었다. 학교에서는 보타이만 해마다 색상을 다르게 하여 구입하고 보관하였다. 보타이는 사이즈가 따로 없었고 부피가 적어 보관하기 편했다. 세탁비도 줄고 학교에서 많은 양의 옷을 보관할 필요도 없어 좋았다.

처음에는 오케스트라 공연을 고려하여 체육관을 설계할 당시 무대를 만들었는데 무대 위에서 실제 리허설을 해보니 소리가 위로 퍼져서 전달이 어려웠다. 일반 공연장에서는 무대가 아래에 있고 관객석이 위에 위치하는 데 다 이유가 있었던 것이다. 그래서 급하게 바닥 쪽에 무대를 만들고 무대를 관객석으로 꾸미는 에피소드가 벌어졌다. 그리고 공간이 넓고 천장이 너무 높다 보니 소리가 모아지지 않아 소리판을 따로 제작하였다. 우여곡절이 매우 많았으나 처음 1~2학년을 연합하여 만든 오케스트라의 공연은 성공적이었다. 5회 연주부터 팀파니 전문 연주자를 초청하여 리허설하고 공연까지 하였는데, 우리끼리 연습했을 때와 다르게 팀파니의 편성은 연주가 완성되는 느낌이 들었고, 오케스트라의 구성이 맞추어졌다. 학생들 연주만으로는 공연시간이 너무 짧아서 파트별 강사 선생님들과 앙상블 곡을 중간에 프로그램으로 넣었다. 전해보다 매우 좋아졌지만 아직은 우리의 힘만으로 프로그램을 채우기는 부족했다.

나는 연주곡마다 간단히 곡에 대한 소개와 학생들의 연습과정 등의 설명을 직접 하였는데 이는 관객들의 곡에 대한 이해를 돕고 학생들의 연습과정을 들으면서 공감하는 데에도 도움을 주었다. 이 오케스트라 지휘를 시작으로 나는 전문 연주회 사회와 진행자로 현재까지도 다양한 무대에 서고 있다.

무대가 아닌 바닥으로
연주 장소를 변경하고,
소리판을 제작하여
설치했다.
팀파니 연주자는
객원연주자이다.

♬ -6회 정기연주회

또 한 가지 특이점이 있다면,
전문 사진작가님을 오시게 하여 한 명 한 명
연주하는 모습을 사진으로 찍었다가
축제 때에 인화하여 사진 전시회를 하고
사진 전시회 이후 개별적으로 나눠준 것이다.
학생들과 학부모 모두 만족하였고
좋은 사진을 남겨서 여러 모로 활용하기 좋았다.
이런 사진을 한 명의 학생들도 빼놓지 않고 찍어서
5R사이즈로 인화하여 선물로 주었다.

♬ -위미중학교 6회 정기연주회

2015년 7회 정기연주회부터 공연포스터를 제작하기 시작하면서 학교 곳곳과 공연장 입구와 마을에 미리 게시하였다. 특히 공연장 입구에 붙이니 체육관이 정말 콘서트장 같이 느껴졌다. 포스터와 같은

7회차 정기연주회 포스터

디자인으로 리플릿을 만들었다. 처음으로 우리 학교 학생들로만 프로그램을 완성하여 60분 동안 연주할 수 있었다. 우리 학교 자체적으로 전학생을 타악기 파트에 편성하였다. 전해에는 팀파니 연주자를 객원으로 초청했는데, 금관 파트도 객원으로 모셨다. 7회 연주회의 특이한 점은 본교를 졸업한 소프라노를 우연히 알게 되어 협연을 하게 된 것이다. 심지어 연주를 정말 잘해주셔서 음악회가 풍성해졌다. 음악 교과시간에 오페라 '카르멘'에 대해서 배우고 '카르멘 서곡'과 '세기디야'를 연주하였으며 대표적인 영화음악을 몇 곡 편성하여 어떤 장면을 떠오르게 한다는 콘셉트를 잡아서 '그 장면, 그 음악, 그 이야기'라는 제목을 붙였다.

다른 학교에서 사용하지 않는 그랜드피아노를 관리 전환하여 우리 학교에 가져왔다.

본교를 졸업한 소프라노를
우연히 알게 되어
학생들과 협연했다.

♬ -7회 정기연주회

8회 정기연주회에는 3학년 일부 학생들이 연주자로 참여하여 더 의미 있었고 나의 4년의 연구가 빛을 발했다. 레퍼토리가 매우 다양해졌고 태평소와 스네어드럼을 넣어 풍성한 연주를 하였다. 마지막 곡인 양방언의 '프론티어'는 내가 지휘하지 않고 피아노를 연주하였으며 8년 동안 합주지도를 해줬던 합주 강사에게 지휘봉을 넘겨주었다.

"저보다 먼저 우미마루 오케스트라에서 학생들을 지도했던 선생님이 계십니다. 8년 동안 우리가 연주한 모든 곡을 편곡하시고, 파트별 지도와 합주 지도에도 힘써주셨습니다. 저는 지휘를 했기 때문에 여러분의 박수를 받고 눈에 띄는 일을 하였지만 보이지 않는 곳에 계시던 김 선생님께 저는 항상 감사한 마음을 가지고 있습니다. 이번 마지막 곡은 그동안 숨어서 고생하시던 김 선생님께 지휘봉을 처음으로 넘겨드리려고 합니다. 김 선생님뿐 아니라 숨어있는 7분의 강사 선생님들께서 연주회장 곳곳에 학생들과 함께 앉아계십니다. 한 분 한 분 다 감사드립니다."

이런 멘트와 함께 지휘봉을 합주 강사님께 넘겼는데, 매우 의미 있던 일이라고 생각한다. 연주가 끝난 뒤 학부모님와 선생님들께서도 지휘를 강사 선생님께 맡긴 것이 정말 감동적이고 좋았다고 이야기해 주셨다.

제주 지역에서 활동 중이던 지인인 테너를 초청하여 협연하였는데, 오페라 '토스카'의 '별은 빛나건만'에서 콘셉트를 따서 학생들 한 명 한 명의 별이 모여 오케스트라를 만들었다는 의미를 넣어 공연 제목을 '별이 빛나는 밤'이라고 짓고 표지 디자인을 하였다. 마지막 앵콜송은 '사람이 꽃보다 아름다워'를 연주하여 테너와 함께 관객들이 제창할 수 있도록 가사를 리플릿에 넣어 나누어주었다. 모두가 하나되어 부르는 노래에 우리는 모두 가슴이 벅차올랐다. 가사의 의미도 참 좋았다. 이렇게 나의 위미중학교 4년간의 오케스트라 지도는 기쁨과 축하 속에 마무리되었다.

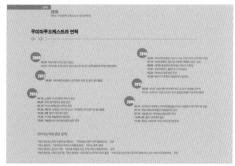

8회차 정기엽주회 리플릿

연주 사이에
곡 설명을 하고 있는 중.
둘째 아이 임신
8개월 정도 될 때였다.
지휘 단상은
지역 목수님께 부탁하여
제작하였다.

♬ -8회 정기연주회

'볼레로' 곡에서는
소네어드럼을 연주하여
큰 중심을 잡아주고,
'프론티어'에서 타악기 비중이 컸는데,
드럼을 잘 연주해 주었다.
지금 타악기 전공으로
대학 입시를 준비 중이다.

♬ -8회 정기연주회에서 타악기로 큰 활약한 학생

거의 독학하다시피 1년 내내 태평소를
연습했던 우리 악장.
마지막 곡은 지휘봉을 넘겨주고
나는 피아노를 맡았다.

♬ - '프론티어' 태평소 솔로 학생
♬ - '프론티어' 피아노 솔로

연구의 결과

예술 교육으로 인해 얻게 될 2가지의 변화를 증명하기 위해 검사지를 활용한 결과 분석이다. 한 치의 가감도 없이 정확히 공개하였다.

1.음악 흥미도 사후검사 결과

그래프1

전 교과목 중 음악 교과 선호도 조사

(복수선택 가능)

14.3%

14.3%

20.5%

9.8%

11.6%

그래프 2

음악 교과 자체 선호도 조사

20.0%

23.3%

56.7%

국어 ●	도덕 ●	영어 ●
5명(4.5%)	**6**명(5.4%)	**12**명(10.7%)
수학 ●	과학 ●	사회 ●
16명(14.3%)	**6**명(5.4%)	**3**명(2.7%)
음악 ●	미술 ●	체육 ●
13명(11.6%)	**11**명(9.8%)	**23**명(20.5%)
기가 ●	한문 ●	
16명(14.3%)	**1**명(0.9%)	

매우 좋아한다. ●
7명(23.3%)

좋아한다. ●
17명(56.7%)

보통이다. ●
6명(20.0%)

싫어한다. ●
0명(0.0%)

매우 싫어한다. ●
0명(0.0%)

계이름을 읽을 수 있다. ●
28명(93.3%)

계이름을 읽을 수 없다. ●
2명(6.7%)

음표의 길이를 알 수 있다. ●
21명(70.0%)

음표의 길이를 알 수 없다. ●
9명(30.0%)

오케스트라가 매우 좋다. ●
3명(10.0%)

오케스트라가 좋다. ●
10명(33.3%)

오케스트라가 보통이다. ●
16명(53.3%)

오케스트라가 좋지 않다. ●
1명(3.3%)

오케스트라가 매우 좋지 않다. ●
0명(0.0%)

음악실력이 매우 향상되었다 ●
11명(36.7%)

음악실력이 약간 향상되었다 ●
19명(63.3%)

음악실력이 평소와 비슷하다 ●
0명(0.0%)

음악실력이 도리어 줄어들었다 ●
0명(0.0%)

악보를 보는 능력
9명(13.6%)

악기를 다루는 능력
28명(42.4%)

음의 높낮이와 리듬의 변화를 알아내는 능력
4명(6.1%)

음악을 듣고 즐기는 능력
13명(19.7%)

음악에 감정을 이입해 아름답게 표현하는 능력
4명(6.1%)

다른 악기와 소리를 맞추어 화음을 만드는 능력
8명(12.1%)

그래프 5-2
**오케스트라를
통해 어떤 능력이
향상되었는가?**

전 교과목 중 음악 교과 선호도 조사 결과(그래프 1) 전 교과 중 음악 교과를 좋아하는 학생은 7명에서 13명으로 증가하였다. 그러나 체육을 이길 수 없다. 음악 교과 자체 선호도 조사결과(그래프 2)에서는 음악을 싫어한다고 대답한 학생이 3명 있었는데, 한 명도 없다. 매우 놀라운 성과이다. 악보를 볼 수 있는가라는 질문에 아직 악보를 못 본다는 학생이 일부 존재하지만, 계이름을 알고 있는 학생이(그래프 3-1) 63%에서 93.3%로, 음표의 길이를 아는 학생이(그래프 3-2) 43%에서 70%로 많이 상승하였다.

전교생 오케스트라에 대한 나의 생각을 묻는 질문에는(그래프 4) 싫어하는 학생이 4명에서 1명으로 줄었다. 그러나 보통이라고 답한 학생이 사전조사보다 5명이 늘어서 아쉽다. '오케스트라를 통해 음악실력이 향상되었는가?'라는 질문에는 모든 학생이 음악실력이 향상되었다고 대답하였고 '오케스트라를 통해 어떤 능력이 향상되었는가?'라는 질문에는(그래프 5-1, 5-2) 다양한 대답들이 있었으나 그중 '악기를 다루는 능력'이 28명으로 전체의 42.4%로 가장 높았다. '음악을 듣고 즐기는 능력'과 '다른 악기와 소리를 맞추어 화음을 만드는 능력'과 '악보 보는 능력'도 많은 선택을 받았다.

2. 한국음악인지능력검사(KTMC: Korea Test of Music Cognition) 결과

한국음악인지능력검사는 서울시 예술영재교육센터와 건국대학교에서 공동개발한 검사지다. 미리 CD에 녹음된 문항을 듣고 정답을 찾는 청각적인 능력을 측정하는 것으로서, 그 내용은 조성인지, 리듬인지, 선율인지, 구조인지 4가지 영역으로 구성되어 있다. 영역별로 10문항씩 총 40문항이다. 2006년부터 2007년까지 검사 문항의 난이도 및 변별도의 검증과 문항 수정의 과정을 거쳤고, 전국에 걸쳐 약 5,000명의 학생들을 대상으로 표준화 작업을 함으로써 한국의 학생들에게 적합한 검사도구를 개발하였다. 검사는 총 3가지로 3~4학년용, 5~6학년용, 7~10학년용으로 나누어진다.

우리 학교에서는 7~10학년용을 선택하여 7학년 전체 학생 30명에게 실시하였다. 7학년이 풀기에는 검사문항이 어려워서 검사 전 걱정을 많이 하였다. 그런데 걱정과는 달리 매우 놀라운 결과가 나타났다.

검사 결과 그래프는 원점수(10점 만점)를 기준으로 전국 백분위로 환산하여 나타낸 것이다. 전국 평균을 50%라고 할 때, 검사 결과는 다음과 같다.

1) 조성인지검사

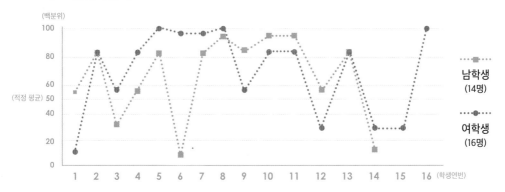

저자가 풀기에도 어려운 난이도의 이 검사에 9~10점을 받은 학생이 8명이라는 놀라운 결과가 나왔다. 백분위가 50% 미만인 학생은 7명이다. 전체 평균은 원점수 7.6으로 전국 백분위 **81%**에 해당된다.

2) 리듬인지검사

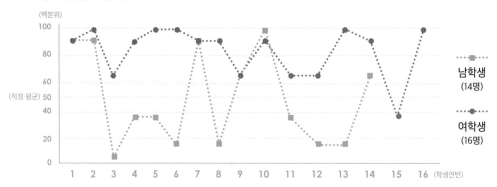

리듬인지검사에서 백분위 98% 이상인 학생이 6명 나왔다. 전국 80% 이상이 14명으로 전체 학생의 절반이라는 놀라운 결과가 나왔다. 대신 50% 미만인 학생이 9명으로 평균이 많이 내려갔다. 전체 평균은 원점수 6.3으로 전국 백분위 **66%**에 해당된다.

3) 구조인지검사

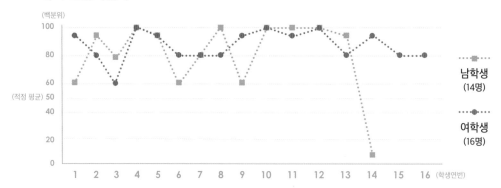

이것은 매우 놀라운 결과이다. 원점수가 9~10점인 학생이 8명이다. 한 학생만 제외하고 모두 평균을 넘었다. 구조인지검사는 다양한 파트의 선율을 들으면서 멜로디가 어느 성부에 있는지 찾고, 음악의 짜임새를 단성(monophony)인지, 화성(homophony)인지, 다성(polyphony)인지 구별하는 문제였다. 오케스트라의 합주와 앙상블을 통해 여러 성부의 어울림과 짜임새를 구별하는 능력이 생긴 것으로 판단된다. 전체 평균은 원점수 7.6으로 전국 백분위 **93%**에 해당된다.

4) 선율인지검사

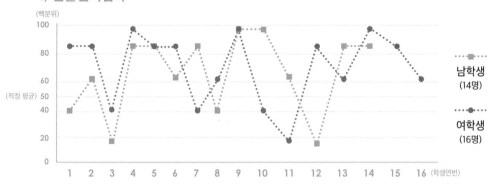

선율인지검사에서 백분위 98% 이상인 학생은 5명이다. 전국 80% 이상인 학생은 16명으로 전체의 절반이 넘는다. 전체 평균은 원점수 7.3으로 전국 백분위 **62%**에 해당된다.

5) 4영역의 총점

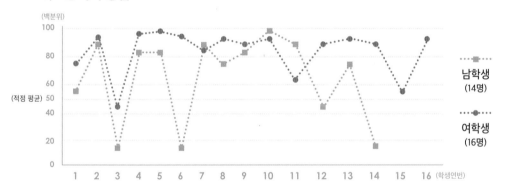

전체 영역의 총점에서 전국 백분율 90% 이상인 학생은 9명(우리 학교 기준 30%)이다. 전국 백분율 80% 이상인 학생은 18명(우리 학교 기준 60%)이다. 전국 백분율에서 50% 미만인 학생은 5명(우리 학교 기준 16.6%)에 불과하다. 특히 전국 98% 이상인 학생은 무려 3명(남학생 1, 여학생 2)이나 된다.

※ 이 검사는 예술영재를 선별할 때 쓰는 검사도구이며, 개발에 참여하였던 분을 직접 만나 이야기 들었을 때 백분위 80% 이상이면 음악영재에 속한다고 하였다. 그렇다면 우리 학교 학생의 60%는 음악영재라고 할 수 있다.

3. 인성검사 결과

• 자존감 검사

검사명	자존감 검사
분석 방법	대응표본 T검정 분석
분석 옵션	유의 수준: 0.05

항목	평균	N	표준편차	대응차이평균	P-value
나는 나를 자랑스럽게 생각한다.(사전)	3.933	30	0.828		
나는 나를 자랑스럽게 생각한다.(사후)	4.3	30	0.837	-0.367	0.025
나는 내가 꽤 괜찮은 사람이라고 생각한다.(사전)	4	30	0.788		
나는 내가 꽤 괜찮은 사람이라고 생각한다.(사후)	4.333	30	0.758	-0.333	0.048
나는 나 자신을 아끼고 소중히 여긴다.(사전)	4.133	30	0.86		
나는 나 자신을 아끼고 소중히 여긴다.(사후)	4.433	30	0.817	-0.3	0.005
나는 현재의 나에 대해 만족한다.(사전)	3.967	30	0.809		
나는 현재의 나에 대해 만족한다.(사후)	4.5	30	0.682	-0.533	0
나는 내가 앞으로 잘 될 것이라고 생각한다.(사전)	4.2	30	0.805		
나는 내가 앞으로 잘 될 것이라고 생각한다.(사후)	4.5	30	0.63	-0.3	0.037
나는 장래에 내가 하고 싶은 일을 잘 할 수 있다고 생각한다.(사전)	3.8	30	0.887		
나는 장래에 내가 하고 싶은 일을 잘 할 수 있다고 생각한다.(사후)	4.5	30	0.572	-0.7	0
나는 어려운 일도 잘 해낼 수 있다고 생각한다.(사전)	4	30	0.983		
나는 어려운 일도 잘 해낼 수 있다고 생각한다.(사후)	4.433	30	0.728	-0.433	0.025

• 인내심과 책임감 검사

검사명	인내심과 책임감 검사
분석 방법	대응표본 T검정 분석
분석 옵션	유의 수준: 0.05

항목	평균	N	표준편차	대응차이평균	P-value
나는 오늘 해야 할 일을 다음으로 미루지 않는다.(사전)	3.3	30	0.702	-0.633	0
나는 오늘 해야 할 일을 다음으로 미루지 않는다.(사후)	3.933	30	0.691		
나는 계획을 세운 것은 잘 지킨다.(사전)	3.233	30	0.858	-0.667	0
나는 계획을 세운 것은 잘 지킨다.(사후)	3.9	30	0.845		
나는 해야 할 일이 있을 경우, 마지막에 하기보다 미리미리 준비한다.(사전)	3.367	30	0.999	-0.766	0
나는 해야 할 일이 있을 경우, 마지막에 하기보다 미리미리 준비한다.(사후)	4.133	30	0.86		
나는 나의 목표를 위해 현재의 유혹을 잘 참는다.(사전)	3.067	30	0.944	-0.566	0.009
나는 나의 목표를 위해 현재의 유혹을 잘 참는다.(사후)	3.633	30	0.964		
나는 해야 할 일이 있을 때, 게임이나 채팅 등의 유혹을 잘 견딘다.(사전)	3.267	30	1.015	-0.6	0.001
나는 해야 할 일이 있을 때, 게임이나 채팅 등의 유혹을 잘 견딘다.(사후)	3.867	30	0.9		
나는 하던 일을 중간에 그만두지 않는다.(사전)	3.467	30	0.776	-0.533	0.001
나는 하던 일을 중간에 그만두지 않는다.(사후)	4	30	0.83		
어떤 일을 끈기 있게 하는 것은 나의 장점 중 하나이다.(사전)	3.467	30	0.9	-0.633	0.001
어떤 일을 끈기 있게 하는 것은 나의 장점 중 하나이다.(사후)	4.1	30	0.845		
나는 부모님과 약속한 게임/TV 시청 시간을 지키려고 노력한다.(사전)	3.567	30	0.898	-0.766	0
나는 부모님과 약속한 게임/TV 시청 시간을 지키려고 노력한다.(사후)	4.333	30	0.711		

• 타인과 유대관계 및 공감도 검사

검사명	타인과 유대관계 및 공감도 검사
분석 방법	대응표본 T검정 분석
분석 옵션	유의 수준: 0.05

항목	평균	N	표준편차	대응차이평균	P-value
나는 친구들의 고민을 잘 해결해 준다.(사전)	3.7	30	0.952	-0.433	0.007
나는 친구들의 고민을 잘 해결해 준다.(사후)	4.133	30	0.937		
나는 친구와 갈등이 있을 때 잘 해결한다.(사전)	3.8	30	0.805	-0.433	0.003
나는 친구와 갈등이 있을 때 잘 해결한다.(사후)	4.233	30	0.728		
친구들은 나에게 자주 내 의견을 묻는다.(사전)	3.633	30	0.964	-0.5	0.007
친구들은 나에게 자주 내 의견을 묻는다.(사후)	4.133	30	0.819		
나는 친구가 화가 나 있거나 슬퍼하고 있을 때 친구의 마을을 이해하려고 노력한다.(사전)	4.2	30	0.925	-0.467	0.001
나는 친구가 화가 나 있거나 슬퍼하고 있을 때 친구의 마을을 이해하려고 노력한다.(사후)	4.667	30	0.547		
친구들은 내 의견을 중요하게 여긴다.(사전)	3.667	30	1.124	-0.566	0.003
친구들은 내 의견을 중요하게 여긴다.(사후)	4.233	30	0.728		
나는 다른 사람의 기분이나 마음을 잘 알아차린다.(사전)	3.9	30	0.923	-0.267	0.043
나는 다른 사람의 기분이나 마음을 잘 알아차린다.(사후)	4.167	30	0.874		
친구가 도움을 요청하면 도와주려고 노력한다.(사전)	4	30	0.871	-0.467	0.004
친구가 도움을 요청하면 도와주려고 노력한다.(사후)	4.467	30	0.681		
나는 나와 의견이 다른 사람과도 이야기를 잘한다.(사전)	3.833	30	0.834	-0.3	0.037
나는 나와 의견이 다른 사람과도 이야기를 잘한다.(사후)	4.133	30	0.776		
나는 친구에게 좋은 일이 생기면 진심으로 기뻐하며 축하해 준다.(사전)	4.067	30	0.74	-0.133	0.38
나는 친구에게 좋은 일이 생기면 진심으로 기뻐하며 축하해 준다.(사후)	4.2	30	0.714		
나는 주변의 어려운 이웃들을 도우며 살고 싶다.(사전)	3.9	30	1.029	-0.467	0.028
나는 주변의 어려운 이웃들을 도우며 살고 싶다.(사후)	4.367	30	0.809		

• 노력과 성실도 검사

검사명	노력과 성실도 검사
분석 방법	대응표본 T검정 분석
분석 옵션	유의 수준: 0.05

항목	평균	N	표준편차	대응차이평균	P-value
나는 여러 사람과 협력 활동을 할 때 내 역할에 최선을 다한다.(사전)	4.167	30	0.874		
나는 여러 사람과 협력 활동을 할 때 내 역할에 최선을 다한다.(사후)	4.633	30	0.556	-0.466	0.001
나는 나의 장래를 위해 노력하며 준비한다.(사전)	3.867	30	1.137		
나는 나의 장래를 위해 노력하며 준비한다.(사후)	4.533	30	0.73	-0.666	0
나는 수업 중 맡은 과제가 어려워도 해결하려고 노력한다.(사전)	4.033	30	0.85		
나는 수업 중 맡은 과제가 어려워도 해결하려고 노력한다.(사후)	4.267	30	0.74	-0.234	0.165
나는 좋은 태도로 수업에 집중한다.(사전)	4	30	0.947		
나는 좋은 태도로 수업에 집중한다.(사후)	4.367	30	0.809	-0.367	0.07
나는 내가 하는 노력이 나에게 도움이 될 것이라고 믿는다.(사전)	4.267	30	0.828		
나는 내가 하는 노력이 나에게 도움이 될 것이라고 믿는다.(사후)	4.7	30	0.466	-0.433	0.01
나는 친구, 부모님, 선생님 등 주변 사람들의 조언에 귀를 기울인다.(사전)	4.033	30	1.033		
나는 친구, 부모님, 선생님 등 주변 사람들의 조언에 귀를 기울인다.(사후)	4.467	30	0.507	-0.434	0.013
나는 시험 성적이 잘 나오지 않을 때는 내 노력이 부족하기 때문이라고 생각한다.(사전)	4.133	30	1.279		
나는 시험 성적이 잘 나오지 않을 때는 내 노력이 부족하기 때문이라고 생각한다.(사후)	4.667	30	0.479	-0.534	0.011

- 사전검사와 사후검사를 비교 대응표본 t-검정으로 하여 분석해 보았다. 문항 점수는 최대 5점, 최소 1점으로 등간 점수차는 1점으로 두어서 평균차가 소수점으로 나와 P-value의 값이 크지 않다.
- 대응차이의 평균값은 사전조사와 사후조사의 차이를 뜻하는 것으로, 음의 값이 나와야 사전조사보다 사후조사의 값이 더 크다. P-value의 값은 유의 수준인 0.05과 비교한다.

  P-value 〈 0.05(유의수준): 통계적으로 의미가 있음

  P-value 〉 0.05(유의수준): 통계적으로 의미가 없음
- 분석 결과, 모든 문항의 평균이 향상됨을 볼 수 있다. 또한 P-value의 값이 대부분 0.05보다 적어 이 가설이 통계적으로 의미가 있음이 확인되었다.
- 즉, 오케스트라 활동이 바른 인성을 함양하는 데 효과적으로 기여하였음을 알 수 있다.

4. 학생들의 바른 인성과 음악 기능 향상으로 얻은 교육적 효과(2016년 기준)

전교생 100명인 학교에서 할 수 있는 일이라고 할 수 없을 만큼, 많은 교육적 효과를 얻고 있다.

- 2016년 학업중단(유예)학생 전무
- 2016년 학교폭력위원회 한 번도 열리지 않음
- 2016년 국가수준 학업성취도평가 기초학력미달 0% 달성(2년 연속)
- 제주어동아리 흔 디모영 '아름다운 제주어찾기 공모전「UCC 분야」 최우수상 수상
- 제27회 전도 중고등학생 글짓기대회 최우수상 수상
- 1학년 현○○, 미국 뉴욕카네기홀「극동방송 전국 어린이합창단원」공연 등 다수 학생 대외음악활동 참가
- 서귀포시청 주관, 사제동행 해외(싱가포르) 역사문화체험 참가(학생 4명)
- 2학년 현○○, 서귀포시청 주관 일본 카시마시와의 청소년 홈스테이 교류 참가
- 2학년 이○○, 임○○, 농림축산식품부 주관, 한-뉴질랜드 농어촌지역 청소년 어학연수 참가(2개월)

- 2학년 김○○, 제18회 전국 꿈나무선수(창던지기 부문) 선발 육상 대회 2위 입상
- 2016년 전도 교육감기 육상대회 여중부 우승, 남중부 준우승
- 2016년 전도 교육감기 장거리 육상대회 여중부 우성, 남중부 준우승
- 1학년 윤○○, 「세계적인 피아니스트들의 향연」 도내 유일 피아노 독주 공연
- 1학년 윤○○, 금난새 지휘 「농어촌 희망청소년 오케스트라 합동연주회」 공연
- 교내 3명 서귀포청소년오케스트라 활동 「서귀포청소년오케스트라와 함께 하는 kydo러시아귀국음악회」 공연
- 교내 9명 초록우산재단 오케스트라 활동

5. 학부모 대상으로 실시한 만족도 조사 결과

*응답자: 98명

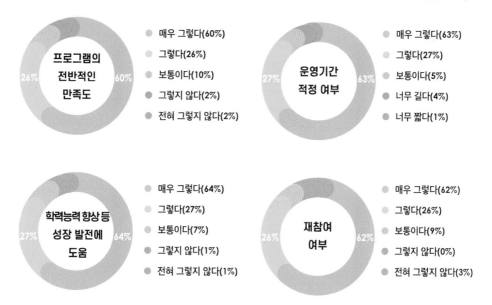

연구를
마치며

처음 이 학교에 왔을 때 전교생 오케스트라를 운영해야 한다는 데 매우 큰 부담감을 느꼈다. 학부 시절 오케스트라 단원으로 활동해 본 적은 있지만 현악기 전공도 아니었고 오케스트라 지휘를 해본 경험도 없었다. 주변에 조언을 얻을 만한 사람도 나에게 도움을 줄 사람도 없어 막막했다. 전국의 온갖 연수들과 책을 뒤지며 배우려고 하였으나 4년 동안 딱 한 번 서울에서 열린 오케스트라 세미나에 참석했을 뿐 그렇다 할 연수도 지침서도 없었다. 절실히 매뉴얼이 필요했지만 구하지 못했다. 나는 스스로 터득하면서 운영할 수밖에 없었다.

근무하는 동안 주변의 오케스트라 운영 학교들에게 여러 번 도움 요청이 왔다. 아는 범위 안에서 도움을 드리려고 열심히 답변해드렸다. 아마 그분들도 처음의 나처럼 막막했으리라 공감이 되었기 때문이다. 그리고 음악 교사들을 모아 바이올린과 첼로를 배우는 교사동아리를 만들었다. 현악기의 특성상 몇 개월 안에 실력이 향상되지 않지만 몇 년 뒤에는 우리 음악 선생님들이 함께 앙상블을 연주하는 날이 오지 않을까 기대도 해본다. 준비한 자에게는 기회가 오듯이 언제 어디서 우리에게 어떤 일이 일어날지 모르기 때문이다.

4년의 임기를 마치고 내가 마지막 근무하던 해, 다음에 근무할 교사를 학기 초부터 구하였지만 선뜻 오시겠다는 선생님이 없으셨다. 우여곡절 속에 구하긴 하였지만 2년만 근무하고 전출하셨다. 이런 현실이 참 안타까워 다음에 발령받아 오시는 선생님이 나처럼 막막하지 않도록 지침서를 남기고 싶었다. 현악기와 오케스트라 수업이 일반

음악 교과 수업처럼 교과과정 안에서 녹아나야 한다는 것이 4년간 연구의 결론이다. 전공을 막론하고 누가 맡게 되더라도 이 보고서를 참고하여 지도한다면 '도저히 못 할 일'이 아니라 '할 만한 일'이 되도록 도움이 되고 싶다. '오케스트라'라는 큰 사업을 운영한다는 것은 많은 노고를 필요로 한다. 그렇지만 두려움은 조금 없어지지 않을까.

이 보고서를 보면서 이런 의문을 가질 수 있다.

'학생들에게 악보를 가르쳐야 파지력과 전이력이 생깁니다, 숫자로만 표기된 악보를 주는 것은 학생들에게 일부 곡만 연주할 수 있도록 하는 임시방편이 아닌가요?'

물론 그 부분을 간과하는 것은 아니다. 이 교수법은 초보 학생들에게 쓸 수 있는 좋은 방법이다. 처음부터 악보를 잘 보고 금방 이해하는 학생은 이 교수법이 필요없다. 그런데 대부분의 학생들은 2학년이 되면 손가락 번호표기법을 쓰지 않게 된다. 일부 학생은 표기를 하지 않으면 악보를 보지 못한다. 현장에서 많은 학생들을 지도하다 보면, 아무리 원리를 설명해도 악보를 보지 못하는 학생이 존재하는 것과 마찬가지다. 실제 영국 그룹 '퀸'의 리더이자 보컬이었던 프레디 머큐리도 악보를 보지 못했지만 많은 곡을 작곡하고 연주하였다. 악보를 보지 못하는 학생들도 오케스트라 연주를 할 수 있다니, 얼마나 가치 있는 일인가?

소리로 실행을 먼저 하도록 접근하는 방법을 사용하지만, 학생들의 음악적 인지능력이 점점 키워지면 기호를 이해하고 분석할 수 있는 능력이 생긴다. 단지 처음부터 어려운 방법으로 학생들이 하고자 하는 의지가 상실되지 않도록 하는 것이 중요하다. 우리 학교 오케스트라도 처음 몇 년 동안은 연주를 포기한 부진학생이 매우 많았다.

음악이란 마법과 같아서, 자신의 실력이 저조하더라도 하나의 음악을 만들어 냈다는 기쁨을 맛보게 되면 절대 음악을 싫어하지 않는다. 내가 첫 정기연주회 당시 학생들과 '군대 행진곡'을 연주했는데, 제일 마지막 종지음을 내기 전 살짝 멈췄다가 지휘에 맞추어 들어가도록 연습을 시켰다. 그 음을 정확히 내기 위해서는 모든 학생이 지휘를 보며 맞추어야 했다. 그런데 마지막 리허설까지 한두 명의 학생 때문에 종지음이 맞질 않는 것이다. 학생들은 그냥 정박으로 끝내자고 나에게 여러 번 건의하였으나 나는 성공해보지 못한 그것에 계속 미련이 남아 끝까지 밀고 나갔다. 그런데 진짜 연수회 때 마법같이 마지막 음을 한 명도 틀리지 않고 정확히 맞춘 것이었다. 그때 느낀 전율은 나뿐만이 아니었다. 학생들도 모두 느꼈다. 두고두고 학생들이 그 순간 소름이 돋았다는 이야기를 나한테 하였다. 그때, 나는 학생들을 믿는 것이 얼마나 큰 효과를 낳았는지 알게 되었다.

언젠가 차이코프스키의 'Andante Cantabile'라는 곡을 공부하였다. 느리지만 차분하고 현악기의 아름다움을 느낄 수 있는 곡이었다. 나는 악기들의 아름다운 하모니와 선율 진행을 학생들이 느꼈으면 했다. 그래서 현악 4중주 곡을 오케스트라로 편곡하였다. 그러나 빠른 비트에 익숙한 학생들은 처음 들어보는 그 곡이 낯설고 재미없다며 투덜거렸다. 하지만 연주회가 끝난 뒤 연주회 자가평가서에서 그 곡이 제일 좋았다는 학생들이 대거 나왔다. 클래식을 학생들이 어려워할 것 같은가? 중학생이 지루해하고 싫어하니 시도조차 안 하는가? 그들은 클래식 음악이 주는 매력을 모르기 때문에 싫어한다. 교사는 학생들이 몰라서 즐기지 못하는 음악을 찾아 계속 알려주어야 한다. 클래식의 매력을 알게 된 학생들은 클래식을 사랑하고 즐긴다. 순간적인 불만과 질타가 싫어 학생들의 입맛에 맞는 곡만 시도하지 말자. 교육은 지금 이 순간의 행복보다 미래의 희망을 위해 하는 것이다.

우리 학생들이 얼마나 클래식을 사랑했는가 하면, 교육청에서 학교로 찾아가는 음악회를 기획하여 농어촌 학교를 중심으로 특강을 진행할 때였다. 그때 현악앙상블팀이 오서서 우리 학교에서 공연을 하셨다. 곡에 대한 설명과 함께 연주를 감상하고 퀴즈를 맞추기도 하는 클래식 프로그램이었다. 특히 우리 학생들은 매우 집중하고 즐겁게 공연을 즐겼다. 연주의 막바지가 되었을 때 첼로 연주자께서 학생들에게 신청곡을 받겠다고 하셨다.

"자, 여러분이 듣고 싶은 곡이 있나요? 신청곡을 받아서 연주해 볼게요."

학생들은 너도나도 손을 들면서 신청하겠다고 난리였다. 친구들이 손을 많이 들자 좀 놀라시면서 몇 학생들에게 발언 기회를 주었는데, 학생들이 베토벤, 모차르트, 차이코프스키, 라벨 등 클래식 곡들을 신청하는 것이었다. 연주자께서 너희들이 이런 곡을 알고 있는 것도 놀라운데, 이런 신청곡을 하는 학교를 본 적이 없다며 놀라셨다.

알고 보니 학생들이 좋아하는 영화 OST, 애니메이션 OST 등 간단한 곡들을 신청하리라 생각해서 곡을 준비하셨단다. 물론 학생들이 신청한 곡은 연주해주지 못하셨지만 공연이 끝나고 매우 칭찬하시면서 학생들의 수준에 깜짝 놀랐다고 말씀하셨다.

나는 무슨 배짱인지 학생들에게 어려운 곡을 계속 숙제로 주면서 해마다 새로운 도전을 하게 했다. 그런데 학생들은 기대보다 훨씬 더 크게 성장했다. 2016년 나는 상당한 수준의 곡들을 끊임없이 내놓았다. 하지만 단 한 번도 곡이 어려워서 못 하겠다는 학생이 나오지 않았다. 정기연주회를 코앞에 둔 시점에 학생들은 내년 오케스트라 이야기를 꺼낸다. 3학년이 되면 고입으로 인해 공식적으로 오케스트라를 하지 않는다. 하지만 일부 원하는 학생은 참여 가능하다. 2016년 처음으로 3학년 3명이 오케스트라에 합세했다. 그리고 2학년 중 이미 5명이 계속하겠다고 예약을 하였다.

스스로 운지 스티커를 떼고, 암보해서 악기를 연주하고, 서툴게 비브라토를 넣으면서 아름다운 소리를 내려고 노력하는 학생들의 모습을 보면 절로 흐뭇해진다. 어떤 학생들은 더 큰 무대에 서고 싶어서 외부 청소년오케스트라에 오디션을 보았고, 오디션을 통과하여 활동하기도 했다.

우리 학생들은 20년 뒤, 50년 뒤 중학교 때 오케스트라를 했던 추억을 두고두고 되새기며 행복해 하겠지. TV나 공연장에서 '죽은 왕녀의 파반느'를 듣게 된다면, '내가 저 곡을 연주했었어!' 하며 자녀들에게 자랑할 것이다. 그들의 행복한 추억 속에 내가 함께한다는 것만으로 참 영광스럽다.

모두들 입을 맞춘 듯 이야기하였다. 오케스트라가, 예술 교육이 학생들을 행복하게 만들었다고. 도전감과 성취감을 느낀 학생들은 자신감이 생기고 남을 배려하는 마음이 자랐다고. 그것이 진실인지 거짓인지 나는 정확히 알 수 없다. 그래도 분명 위미중학교 학생들은 달랐다는 것만큼은 자신 있게 이야기할 수 있다. 주변 고등학교 선생님들로부터 가끔 이런 이야기를 들었다. 학교에서 손 들고 발표하고 질문하는 학생들은 다 위미중학교 졸업생이란다. 틀릴 것을 두려워하지 않고 자신의 생각을 자신 있게 말할 줄 아는 용기를 가진 것만으로도 큰 성과가 아닐까. 그 학생들이 성인으로 성장하면 이 사회에 긍정적인 영향을 미치지 않을까.

나의 연구보고서가 음악은 절대 못 하는 분야라고 생각했던 어떤 학생에게는 인생의 기회이길, 학교에서 새로운 사업을 맡게 되었을 때 거침없이 도전해 보는 어떤 교사의 용기이길 기대해 본다.

오케스트라 교육
실제 후기

저는 초등학교 시절 관악단을 통해 클라리넷이라는 악기를 접했습니다. 그 후 위미중학교 오케스트라를 통해 클라리넷이라는 악기에 대해 흥미를 가지게 되었으며 더욱더 성장할 수 있었던 것 같습니다. 때로는 후배로서, 파트장으로서, 선배로서, 그 자리에서 묵묵히 악기를 하던 기억이 지금의 저를 만들어 준 것 같아서 저는 위미중학교에서 오케스트라를 했던 경험이 너무 좋습니다. 특히 혼자 연습할 때는 잘 느낄 수 없지만 다른 파트, 혹은 다른 많은 악기와 합주 시간을 가지고 연습을 하다 보면 더더욱 음악시간이 설레고 몰입되며 기다려졌습니다. 오케스트라를 하면서 힘들었던 혹은 좀 아쉬웠던 점은 파트장이었기 때문에 사람들이 저에게 기대하는 부분이 있었는데 원하는 소리나 연주를 잘 하지 못했을 때 친구들에게 그 부분이 미안하기도 했습니다. 초보 연주자였기에 '더 잘할 수 있었을 텐데.'라는 아쉬웠던 부분이 가끔 생각이 납니다. 그러나 그때 선생님들과 학생들 덕에 지금까지도 클라리넷이라는 악기를 계속 연주하고 있습니다. 좋은 추억과 기회를 주셔서 감사합니다.

클라리넷 양현재(2014~2016 재학)

오케스트라를 중학생 때 처음 접해서 많이 신기했습니다. 첼로를 연주하며 소리가 뜻대로 나오지 않아서 많은 어려움이 있어서 힘들었지만, 다 같이 합주할 때는 몸에 전율이 흐를 정도로 기분이 좋았습니다. 친구들, 선후배들과 호흡을 맞출 수 있어서 정말 뜻깊은 시간이었습니다. 좋은 추억 감사합니다.

첼로 김유나(2014~2016 재학)

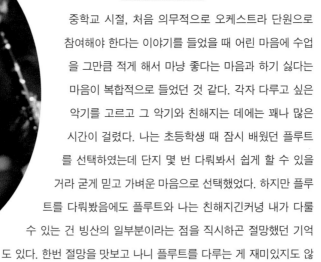

중학교 시절, 처음 의무적으로 오케스트라 단원으로 참여해야 한다는 이야기를 들었을 때 어린 마음에 수업을 그만큼 적게 해서 마냥 좋다는 마음과 하기 싫다는 마음이 복합적으로 들었던 것 같다. 각자 다루고 싶은 악기를 고르고 그 악기와 친해지는 데에는 꽤나 많은 시간이 걸렸다. 나는 초등학생 때 잠시 배웠던 플루트를 선택하였는데 단지 몇 번 다뤄봐서 쉽게 할 수 있을 거라 굳게 믿고 가벼운 마음으로 선택했었다. 하지만 플루트를 다뤄봤음에도 플루트와 나는 친해지긴커녕 내가 다룰 수 있는 건 빙산의 일부분이라는 점을 직시하곤 절망했던 기억도 있다. 한번 절망을 맛보고 나니 플루트를 다루는 게 재미있지도 않고 하기 싫다는 마음만 점점 커져갔다. 때문에 실력은 늘지 않았고 이게 꼬리를 물고 물어서 '나는 할 수 없구나.'라는 생각을 하기도 했었다.

이런 생각이 조금씩 들다 점점 커지게 되어 스스로가 위축될 때 모든 파트가 모여 합주를 해보자 내가 했던 생각들은 지우개로 지운 것처럼 말끔해졌다. 선생님의 지휘에 맞춰 다 같이 연주를 할 때 나는 깊은 곳에서 시작하는 전율을 느꼈고 몸에 소름이 돋았다. 당연히 완벽하지도 파트별로 서로 잘 맞지도 않았지만 아마추어들끼리 내는 악기 소리들이 하나로 합쳐져 아름다운 선율이 된다는데, 그 선율에 내 자신도 포함되어 있다는 사실을 깨달았을 때 내 머리에서 스파크가 팍 하고 튀는 것 같았다. 내가 다룰 수 있는 부분이 한정적이라고 해서 내가 포기할 필요가 없겠다는 점을 절실히 알게 되니 속에서 열정이 스멀스멀 피어나기 시작했다. 첫 합주를 하고 난 뒤 나머지 빙산도 어느 정도 개척해 내리라 다짐하며 차근차근 플루트를 연습해갔다. 합주 시간에 느꼈던 전율을 다시 느끼고 싶어 합주 시간을 손꼽아 기다렸고 그 전율은 아직도 뇌리에 깊이 박혀 있다. 처음엔 엉성했던 합주가 점점 들어줄 만해지고 좋다는 소리를 듣기까지 꽤 많은 시간이 걸렸지만 처음 연주회를 열고 다음 해 내가 플루트 파트장이 되어 플루트 파트를 이끌게 되었다. 그 이후 악기뿐만 아니라 모든 부분에서 쉽게 포기하는 것이 아닌 마음을 열고 긍정적으로 생각하고 노력한다면 안 되던 것도 할 수 있게 된다는 걸 몸소 느낄 수 있었다.

이런 값진 경험 덕분에 나는 지금도 매사에 열린 마음으로, 긍정적으로 임하려 많은 노력을 하며 스스로를 더욱 성장시킬 수 있었다고 자신 있게 말할 수 있다.

플루트 임희정(2014~2016 재학)

우리 학교는 작은 마을에 있는 중학교라서 자연스럽게 그 동네 초등학교를 졸업하고 같은 친구들과 함께 진학하는 학교였는데, 때마침 전교생이 참여하는 오케스트라였기에 선택의 여지는 없었다. 나름 악기 배우는 것을 좋아했지만 중학생이라 친구들과 놀고 싶은데 하교가 늦어지니 친구들과 불평하고 투덜거리기도 했다. 나름대로 잘하는 친구들도 있었고 하기 싫어하는 친구들도 있었지만 모두 모여 같이 연주를 한다는 건 어느 오케스트라에서도 볼 수 없는 특별한 경험이었다고 생각한다. 우연히 내가 악장이라는 자리를 맡게 되어 사실 걱정이 되기도 했지만 그 역할이 나를 긴장하게 만들고 책임을 실어주었다.

연주회 당일, 완벽하지 않아 삐그덕거림이 있었지만 우리가 함께 소리를 감싸주었던 것 같은 느낌으로 연주를 무사히 마쳤다. 처음 배우는 악기로 여러 곡을 완주해낸 것에 대해, 부모님들과 선생님, 졸업생들이 관중이 되어 연주자로서 박수를 받음에 있어 충분히 뿌듯했고 훌륭한 경험이 되었다. 완벽하진 않지만 우리만의 소리가 만들어졌고 지금은 그때를 되돌아볼 수 있는 추억이 되었다. 선생님과 친구들 그리고 나를 포함한 그 자리에 함께했던 모든 분들에게 감사의 마음을 전한다.

바이올린 이수빈
(2014~2016 재학)

아마 내가 중학교를 다른 곳으로 갔다면 지금 나는 많이 바뀌었을지도 모르겠다. 중학교 때 처음 오케스트라를 접하고, 생전 처음 겪어보는 경험이 아직도 기억에 남아 대학생이 된 지금까지도 난 아마추어 오케스트라에서 열심히 연주하고 있다.

나는 오케스트라를 하기 전에도 초등학교 방과후학교를 통해 악기를 접해본 축에 속했다. 하지만 누구와 합주를 해본다거나, 큰 규모의 공연을 해본 경험은 거의 없었다. 그냥 스스로 연습하고, 그 곡을 연주해내면 끝나는 나만의 활동에 불과했다. 악기를 연주할 줄 안다는 것이 그렇게 대단한 칭찬 거리가 된 적도 거의 없었던 것 같다. 그렇게 나만의 활동이었던 악기 연주가 누군가와 함께하는 활동이 된 건 학교 오케스트라가 처음이었다.

시작은 필수였다. 위미중학교에 입학한 이상 1학년과 2학년은 오케스트라 활동에 참여해야 했다. 학교 특색 활동으로 필수로 해야만 했기에 나에게 좀 더 익숙한 악기를 선택했고, 별 고민과 기대 없이 오케스트라를 시작했던 기억이 난다. 하지만 그 속에서 인정받고, 하모니를 맞추면서 점점 오케스트라에 재미를 붙이게 되었다.

오케스트라를 하면서 나의 연주에 대한 인정과 그에 따른 역할을 맡는 경험을 할 수 있었다. 능력에 대한 인정과 그에 맞는 역할은 내가 연습에 매진할 수 있는 원동력이었다. 내심 춤은 추고 싶은데 용기가 없어 등 떠밀려 나간 자리에서 박수갈채를 받은 사람의 심정처럼, 오케스트라가 필수라는 점은 자신감을 얻을 기회를 부담 없이 가질 수 있게 했다. 나름대로 연습 방법을 스스로 연구하고 몰두해서 더 좋은 결과를 내는 기분을 이 연습을 통해 처음 느꼈다. 그 기분이 너무 좋아서 집에서도, 학교에서도 시간이 남으면 악기를 꺼내 들었던 기억이 난다. 무언가를 노력해서 만들어낼 수 있는 능력을 얻었다는 것은 앞으로 무엇을 해야 할지에 대한 고민에 막막했던 중학생 시기에 있어서 굉장히 뜻깊은 경험이었고, 아직까지도 새로운 것에 도전할 힘을 주는 기억이다.

많은 사람이 하나의 하모니를 만들고, 몇 달 동안 준비했던 것을 한 번의 기회에 쏟아부을 때 오는 벅참 또한 오케스트라를 계속하게 만든 장본인이다. 오케스트라는 곡을 받고 파트별로 연습한 후 어느 정도 완성되었다 싶으면 다 같이 모여서 합주를 하는 순서로 연습했다. 이 중 악기를 처음 잡아본 친구들도 있었기 때문에 맨 처음 악보를 숙지하고 파트별로 연습하는 과정이 굉장히 오래 걸렸다. 처음엔 연주회를 준비해가는 1년이라는 시간이 너무 짧진 않은가 걱정도 많았다. 하지만 1년이라는 시간 동안 점점 성장해가는 우리를 보며 든 생각은 '무엇이든지 꾸준히 하면 되겠다.'였다. 연습하면 할수록 늘어가는 실력과 팀워크가 결과로 바로 나타나는 경험이 참 재미있었다. 그리고 그렇게 1년 동안 준비한 곡들을 두어 시간 남짓한 공연에서 모두 쏟아부을 때의 벅찬 느낌은 아직도 잊을 수가 없다. 중학교 오케스트라는 내가 보고 듣고 직접 참여했던 많은 오케스트라 중 제일 투박했었지만, 그 기분만큼은 지금까지 겪어본 오케스트라 중 그 어느 곳도 처음 겪었던 것과 같은 느낌을 주지는 못했다.

나에게 중학교 때의 오케스트라는 스트레스 해소구, 새로운 취미 그 이상의 의미가 있었다. 같은 곡을 연주하는 사람 속에서 내가 가진 소리의 무게가 막중하다고 느낄 때의 부담감과 그것을 해냈을 때의 성취감, 그리고 그 순간을 위해 하는 연습의 과정들이 취미가 줄 수 있는 즐거움 그 이상으로 '스스로 하고 싶은 것을 잘 해내기 위해 행동하는 힘'을 나에게 준 듯하다. 그게 내가 중학교 때 경험했던 오케스트라에서 얻은 가치이자, 아직까지도 연주하게 하는 원동력이다.

나는 아직도 오케스트라 안에 있으면 중학생의 마음이 된다. 실험해보고 싶은 소리, 맞추어보고 싶은 호흡, 뽐내보고 싶은 기량을 꺼내 보이는 것에 스스럼이 없어진다. 이런 멋진 취미를 청소년기에 접할 수 있었다는 것이 정말 행운이었다고 생각한다. 제약 없이 에너지를 쏟을 곳이 있다는 것은 예전이나 지금이나 정말 멋진 일이다!

플루트&피콜로 임수영(2015~2017년 재학)

오케스트라를 하면서 음악에 대한 지식이 풍부해지고 그때 당시에는 아무 생각 없이 연주를 했는데 지금 생각해보면 다시 오케스트라를 하고 싶다! 오케스트라는 나에게 좋은 추억이었다!

첼로 오혜진(2015~2017년 재학)

2년 동안 오케스트라를 하면서 너무 재미있었다. 항상 지겹다는 소리를 하며 오케스트라를 했었는데 사실 오케스트라가 없고 일주일 동안 공부만 했다면 나의 중학교 시절은 너무나도 재미없었을 것이라고 생각한다. 그래도 친구들과 후배들과 함께하는 게 재미있었고, 좋은 추억으로 남을 수 있었다.

바이올린 오현정
(2015~2017년 재학)

위미중학교 오케스트라를 통해서 음악이라는 분야에 오랫동안 관심을 갖게 해주었고 동아리 규모로 하는 게 아닌 전교생이 참여하다 보니 더욱 뜻 깊었던 것 같다. 어쩌면 중학교 때 오케스트라가 아니었다면 초등학교 때 방과후로 잠깐, 다른 활동으로 잠깐 배웠을 음악을 3년 내내 오케스트라에 참여하게 되면서 최근까지도 음악을 계속하게 해준 계기가 된 것 같다. 그때 당시에는 오케스트라 활동이 재밌을 때도 있었지만 사실 힘들 때도 있었다. 그러나 지금 생각해보니 힘들 때도 하나의 추억이 되어서 너무 좋은 시간들이었다. 어쩌면 공부하고 놀면서 보냈을 3년을 오케스트라를 통해서 다양한 경험이 쌓이고 지금까지 활동의 밑바탕이 되어주었다.

플루트 현소희(2015~2017년 재학)

중학교에 들어와서 음악과는 연이 없었던 내가 처음 악기를 잡고 악보를 읽으며 연주를 하게 되어서 신기하였다. 음악보다는 공부, 공부보다는 게임이 좋았던 내가 방과후 시간에 악기를 배우며 점점 열심을 다하게 되었다. 선생님들도 너무 좋으셔서 단순히 공식처럼 외워진 악기 연주가 아닌 진심으로 연주를 할 수 있게 되어 지금 돌아보면 정말 즐거운 추억이었다.

클라리넷 강현수(2015~2017년 재학)

　어렸을 적부터 악기를 배우며 어린이 오케스트라로 초등학교 생활을 보내며 중학교에 올라와서는 필수로 하는 오케스트라에 들어가서 고등학생 때까지도 오케스트라에서 부악장으로 연주하였다. 중학교 전에 바이올린을 배우며 오케스트라로 연주회도 몇 회를 하면서도 음악에 대해 흥미가 없고 그저 숙제같이 느껴졌었다. 진학하기 전에 위미중학교에서 진행하는 음악회를 보러 간 적이 있는데, 그때 좁은 다목적실에서 긴장한 얼굴이지만 즐겁게 연주하며 청중과 소통하는 그들을 보며 '나도 저런 음악을 하고 싶다.'라는 생각을 할 수 있는 계기가 되었다.

　중학교에서도 내가 해오던 악기를 선택하며 남들보다 앞선 시작점에서 시작하게 되어, 1학년을 맡으며, 이제껏 2~30명을 인솔하던 것보다 그 많은 인원을 통솔하는 것은 정말 힘든 경험이었지만, 그로 인해 인원이 많은 단체에서의 리더십을 기를 수 있었다. 또한 1-2학년 전교생이 함께하는 오케스트라이라서 그런지 2학년 선배들과의 교류도 많아지며 학교 생활도 즐거워졌다.

　2학년 때에는 악장을 하며 전체 파트장들과의 소통과 의견 조율들이 힘들었지만, 그러면서 점점 오케스트라의 단합력이 높아져 배려하며 서로에게 맞춰주는 연주를 해나갈 수 있게 되었다.

    그리고 오케스트라를 구성하는 악기가 늘면서 소리가 채워져가며 보람을 느낄 수 있었다. 또, 흔히 하기 어려운 악기를 배울 수 있어 좋았다. 난 특별히 태평소라는 악기를 하게 되었는데, 너무나도 부족한 실력으로 연주회에 서게 되어 더욱 열심을 다해 악기 연습을 하게 되었고 나에게 더욱 큰 책임이 주어졌다는 부담감이 컸지만 그 덕분에 스스로 해내려는 용기와 끈기를 배울 수 있었다. 비록 연주회에서는 연습한 것의 절반도 못 해서 많이 울기도 했지만 그 이후로 준비하는 과정이 더욱 꼼꼼해지고, 불가능할 것 같아도 최선을 다하며 오케스트라에서 인생을 살아가며 필요한 것을 배워갈 수 있었다.

    함께 마음을 맞추며 아름다운 하모니를 낼 수 있던 경험은 중학교 시절 오케스트라가 제일 기억에 남는 것 같다. 음악을 필요에 의해 하는 것이 아닌 즐거워 노래부르는 듯한 연주는 다시는 하기 힘들 정도로 정말 즐기면서 행복한 연주를 할 수 있어서 정말 즐거웠다!!

바이올린&태평소 강예진(2015~2017년 재학)

미숙한
악기 소리가
이뤄낸

놀라운
이야기

현익부
(교장 재직 2011~2013년)

위미 마을 언덕 교정에서 아이들과 꿈을 이야기하던 때가 벌써 여러 해 전이다. 열성적으로 도움을 주던 학부모님들과 교육자적 소명감으로 뭉쳤던 선생님들이 오버랩되는 것은 당연하다.

우리는 감성과 창의성 교육에 에너지를 집중했었다. 전교생 오케스트라, 모든 학생이 무대에 올라가는 연극 발표회, 미술 교육, 월 1회 책가방 없는 현장 학습, 매년 여름방학 직전 1박 2일 야영활동 등 여러 프로그램들이 있었다.

그중 압권은 전교생 오케스트라였다. 1주일에 5시간의 1인 1악기 연습과 합주 훈련을 통해 매년 정기 발표회를 가졌었다. 시골 학교에서 사교육 전혀 없이 악기를 연주하는 자녀들을 보면서 학부모님들은 발표회 날 눈물을 많이 보였었다. 학생들에게 채워진 자신감과 자존감은 기대 이상이었다. 자연스레 학력 향상에도 성과를 이루어 전국 3,000여 개 중학교 중 영어교육 향상도에서 2년 연속 최상위권, 제주도 학력 향상 최우수 학교에도 연속 선정되었다.

전교생 오케스트라가 가장 중요한 프로그램이어서 지도 선생님 초청하는 것이 많이 힘들었다. 근무하던 선생님이 만기가 되어 전출 가야 하는데 전입 선생님을 구할 수가 없었다. 교육청과 협의하여 초임 예정인 선생님들에게 문의 과정을 거쳤다. 다행히 한 분에게서 지도해 보겠다는 의사를 전달받았고 우리 학교에 배정되었다. 그 선생님도 오케스트라 지도 경험이 없고 걱정이 되었겠지만 대담하게 결정해 준 것이 참 고마웠다.

그해 그 선생님의 지도하에 경상북도 성주군에 있는 중학교에 2학년 전체 학생이 원정 연주회를 갖기도 하였다. 물론 이제 그 선생님은 오케스트라 지도 전문가가 되었다.

요즘 IT나 AI산업을 얘기할 때 인문학이나 창의성의 중요성을 강조하는 사람들이 많다. 기술적인 면에다 사람의 감성이 투영되어야 더 완성된 작품을 만들 수 있다는 얘기인 것 같다. 졸업한 학생들에게도 중학교 시절의 감성 교육이 그들의 삶을 완성하고 아름답게 만들어 가는 데 도움이 되리라 생각한다.

그중 압권은 전교생 오케스트라였다.
학생들에게 채워진 자신감과 자존감은 기대 이상이었다.

사랑하면

보이는
것들

이양숙
(교감 재직 2015~2017년)

9월에 교감으로 부임하고 얼마 지나지 않은 11월의 오케스트라 정기연주회는 가슴 설레게 하는 대단한 행사였다. 11월이면 학부모 대부분이 감귤 농사로 1년 중 가장 바쁜 시기이다. 이를 감안하여 학교에서는 늦은 저녁에 연주회를 갖는다. 학교에서는 저녁 식사로 국수를 제공하여 마을 축제와도 같은 분위기다. 전교생 100여 명의 학생 수에 관람객만 300명이 넘게 참여하였으니 저녁시간대의 마을 축제라 해도 손색이 없을 정도다.

전 교사 10여 명 모두가 연주회에 들이는 정성도 대단하다. 체육관에서 하는 연주는 음악을 위한 공연장과 달리 악기 연주 소리가 모아지지 않는 단점이 있다. 이를 극복하기 위해 교무부장 이하 전 교사는 나무판지에 골판종이를 덧대어 소리판을 만드는 등 여러 가지 아이디어와 노력을 총동원하여 조명시설까지 완벽하게 오케스트라를 위한 공연장을 만들어내었다. 소박하나마 그럴싸한 우리 손으로 만든 최고의 '예술의 전당' 그 자체였다.

드디어 막이 오르자 순간 장내는 합주 소리가 온 공간을 점령하게 되었다. 온몸에 전율이 퍼졌다. 지금까지 익혀온 기량을 맘껏 발휘하는 이 순간이 나를 울컥하게 했다. 그동안 어렵게 하나하나 익혀가는 과정을 보아 왔기에 아이들이 대견

스럽고 애쓰신 선생님들에 대한 고마움이 한꺼번에 몰려온 것이다. 반짝반짝한 아이디어와 워낙 아이들을 좋아하는 지도 선생님의 사랑이 떠오르게 되었다. 우리 학교 오케스트라는 1, 2학년 60여 명의 아이들로 구성되는데 초등학교 졸업 때까지 악기를 한 번도 다뤄보지 않았던 아이들도 모두 참여하기에 지도가 여간 어렵지 않았을 것이다. 악기 다루는 것이 더딘 아이들에게 악보와 악기를 어떻게 지도하는지 궁금해서 질문한 적이 있었다. 선생님만의 방법으로 악보를 숫자로 바꾸어 한 명씩 지도한다는 이야기를 들었다. 악보 여기저기에 고심한 흔적이 보인다.

"○○엄마. ○○은 무슨 악기 선택했나요?"

위미중학교 학부모 총회 때 신입생 학부모들이 주고받는 대화 내용이다.

"어느 학원 다녀요?"가 아닌….

짧은 대화만으로도 학부모들의 열정 또한 오케스트라에 거는 기대가 크다고 할 수 있다.

"사랑하면 알게 되고 알면 보이나니, 그때 보이는 것은 전과 같지 않으리라."

정조 시대 어느 문인이 한 말이 생각난다. 오케스트라가 완성되기까지 위미중 가족이 힘 모아 노력하던 과정 한 장면 한 장면을 떠올리며 아름다웠던 그때를 기억해 본다. 교감으로 첫 부임했던 11월의 가을 밤을….

위미중은

나의
첫사랑!

전문상담교사 권경애
(2014~2017년 근무)

불혹을 훌쩍 넘어선 지천명의 가운데쯤 따뜻한 남쪽 나라를 꿈꾸며 서귀포에 둥지를 틀었고 2014년 처음으로 만난 곳이 아름다운 바닷가 언덕에 자리한 위미중학교였다.

이곳은 육지와는 아주 달랐다. 우선 학교 운동장에 펼쳐진 파란 잔디가 경이로웠고 전교생이 백 명이 약간 넘는 작은 학교로 각 학년이 두 개의 반으로 구성되어 있었다. 교직원 수도 그에 걸맞게 아주 작은 가족적인 분위기를 연출하였는데 가장 인상적인 것은 아이들과 선생님과 관계에서 흐르는 묘한 친밀감과 유대감이었다. 그런 눈빛은 육지의 학교에서는 경험할 수 없는 특이한 현상이었고 지역사회의 주민과 학교와의 밀도 있는 교감, 그리고 더 놀라운 것은 거기에 전교생 오케스트라가 있다는 것이었다.

4월의 제주는 섬 전체가 꽃향기로 아우라를 이루었고 나의 상담사 생활을 그렇게 아름다운 꽃향기 속에서 시작되었다. 여름방학이 끝나고 등교한 녀석들의 모습은 해변 특유의 햇볕에 잘 그을러 깜둥이가 되어 눈만 반짝거렸다. 그곳도 사람 사는 곳이라 크고 작은 풀지 못한 미해결 과제와 문제가 있었지만 우리는 우아하게 풀어나갈 수 있는 내면의 힘이 있었다. 그 이유는 혼자가 아니었기 때문이었고 어떠한 문제가 생기면 혼자서 고민하지 않고 여러 선생님과 같이 상황을 멀리서, 혹은 가까이서 공감하고 교감하며 에너지를 나누었기 때문이다. 그러한 순기능 속에서 우리는 행복했었고 음악이 있었고 전교생이 오케스트라 단원이었다. 해마다 음악회가 열리는데 그 순간을 위해 일 년을 준비하며 즐겼다.

가장 좋은 기억으로 각인된 것은 졸업식이다. 강당에 마련된 졸업식장은 디너파티장이었다. 꽃과 다과가 있는 커다란 원탁엔 학생과 학부모와 선생님들이 둘러앉아 있었고 단상에서는 졸업하는 선배를 위한 작은 음악회가 열렸다. 시간 제한이 없는 우리만의 작은 축제가 열린 것이다.

근무 시작과 더불어 입학한 친구들이 졸업할 무렵 아쉽게도 나는 다른 학교로 가야 했다. 돌이켜 보면 위미에서 보냈던 그 시간은 나에게 꿈이었고 사랑이었다. '어린 왕자'에 나오는 극성스럽게 까다로운 장미꽃처럼 세상에 하나뿐인 어여쁜 첫사랑이었다. 지금도 그곳을 떠올리면 행복한 미소가 흐르며 우린 여전히 하나가 되어 그 순간을 같이 공유하고 있다.

귀한 님들 보고 싶어요!
귀한 님들 사랑합니다!!

위미중학교 졸업식 장면
학교 체육관에 원탁을 놓아 연회처럼 꾸민다. 피아노와 지휘 단상이 보인다. 오케스트라가 사진 상 왼쪽에 위치해 보이지 않지만 축하 연주를 한다. 학생 수가 적기 때문에 한 명씩 단상에 올라가고 교장 선생님께서 졸업장을 전달하신다.

제3장

슬기로운

음악 수업

음악 교사의
음악 수업에 대한 고민

　나는 우연히 동네 아파트 상가에 있던 피아노교습소에 다닌 것을 계기로, 음악이 적성에 맞았는지 다른 친구들보다 재능이 있어서 음악에 접근하기가 수월했다. 초등학교 때는 음악 수업 시간에 피아노(그때는 풍금이었지만) 반주를 했었고, 초등학교와 고등학교 때는 학교 합창단 반주도 맡았었다. 그래서 자연스럽게 음악 잘하는 친구로 학급 친구들에게 인지되었고 당연히 학교 음악 수업에서도 좋은 성적을 받았다. 몇십 년이 지난 후 내가 교사가 되어 그 시절 음악 수업 시간에 무엇을 했는지 떠올려보았다. 대부분의 학생들은 음악 수업 시간을 그다지 좋아하지 않았고, 특히 사춘기 시절 해마다 하는 가창 수행평가에서 다들 곤욕을 치렀던 기억이 난다. 나는 피아노를 전공했지만 노래하는 것을 좋아하여 학교 소풍이나 장기자랑 등에서 우리 반 대표로 노래할 만큼 부끄러움이나 두려움이 없었다. 그런 나에게 학교에서 치르는 가창 수행평가는 그저 당연히 점수 잘 나오는 과목 중 하나였다.

　지금 10대들의 하루 일과를 살펴보면, 아침에 일어나 핸드폰으로 음악을 들으며 등교하고, 학교에서 하는 음악방송은 매우 재미있게 듣고 신청곡을 보내는 등 관심이 많다. 점심 시간에도 짜투리 시간을 이용해서 음악을 듣고 싶어서 교실 컴퓨터 앞에 모이곤 한다. 그런데 음악 수업 시간에는 어떤가? 집중해서 공부하지 않고 마음 편히 참여할 수 있어서 좋아하는 학생들은 많지만 실제 음악 교과 자체를 좋아해서 음악 시간이 좋다고 하는 학생은 생각보다 적다.

　내가 교직에서 처음 느낀 괴리감은 이것이었다. 학생들은 하루 종일 음악을 듣고 평소 그렇게 음악을 좋아하는데, 왜 음악 수업은 재미가 없을까? 현실에서 접하는 음악과 교과로 접하는 음악은 무엇이 다를까? 나는 음악 수업에서 무엇을 가르쳐야 하는가?

아마 음악 교사라면 누구나 한 번은 고민을 해봤을 것이라 생각한다.

나는 고등학교 때 교과서에 나온 한국 가곡들이 너무나 좋아서 집에서 피아노 연습을 하다가 좀 지루해질 때는 교과서에 나온 가곡들을 직접 반주하며 불러보곤 했었다. 사실 가곡의 아름다움이야 느끼는 사람들에게는 감동 그 자체이다. 시와 선율이 적절히 조화된 아름다운 노래는 하나의 영화처럼 의미가 다가오고 감동을 준다.

서울에서 근무할 때와 제주에서 근무할 때 교과서에 나온 여러 가지 노래들을 수업 중에 배웠을 때, 나는 노래 자체의 분위기를 잘 살려 반주하여 학생들이 노래 자체를 즐겁게 부를 수 있도록 가창 수업 시에는 여러 곡을 엮어서 수업하였다. 이론과 형식도 중요하지만 음악에서 주는 느낌과 분위기가 더 오래 남고 기억될 것이라 생각했다. 그래서 보통 학기초부터 배운 노래들을 연이어서 메들리처럼 부르곤 했는데, 어느 정도 배운 곡들이 많아지면 1시간 내내 노래만 불러도 학생들이 너무나 즐거워했다. 그래서인지 우리 학교 학생들은 복도를 지나다니거나 쉬는 시간에 수업 중에 배운 노래들을 자유롭게 불러서 온 선생님들이 음악 시간에 무슨 노래를 배웠는지 다 아실 정도였다. 어떤 선생님께서 수업 후 조금 남은 시간 동안 학생들에게 뭐 하고 싶냐고 물었더니 노래를 하겠다 하였는데, 음악 교과서를 보면서 신나게 떼창을 했다는 이야기를 전해 들으면 뿌듯한 마음이 들곤 했다. 요즘 교과서에는 전 세계 민요와 시대별 노래, 다양한 장르들의 음악들이 풍부히 실려 있기 때문에 참 좋다.

2020년 코로나19로 인해 가창 수업의 비중이 현저히 줄어들면서 마음껏 소리질러 노래하지 못하는 것이 참 안타깝다. 물론, 가창 수업뿐만 아니라 다양한 형태의 수업을 학교에서 할 수 있다. 하지만 코로나19로 인해 온라인 수업과 오프라인 수업이 교차되고, 특별실 이동을 자제하면서 음악을 교실에서 다른 교과와 마찬가지로 하고 있다는 점이 안타깝다. 특히 내가 교사가 된 이후 가장 고민한 점은 평가방법이었다. 기존의 **음악 수행평가에서 음악적 재능을 타고난 학생들의 고득점을 너무나 당연시해왔다**는 점이 마음에 걸렸다. 동료 선생님들 중에 학창 시절 다른 건 다 잘했는데 음악은 아무리 해도 점수를 잘 받지 못해서 매 학기마다 장학금 대상에서 밀렸다는 이야기, 음악 선생님이랑 사이가 안 좋았다는 이야기 등을 종종 듣게 된다. 사실 나도 음악적 재능으로 거저 좋은 점수를 받아왔지만 재능 자체가 평가되는 교육은 위험하다. **교육이란 노력 여부에 따라 공정한 점수를 받아야 되는 것**이 아닌가?

나는 음악 수행평가에서 채점 기준을 다양하게 나눈다. 과정중심평가 이전의 방식에서는 가창곡을 선정할 때 이탈리아 가곡이나 익숙하지 않은 가곡 등을 제재곡으로 선정했다. 그래서 많은 연습을 통해 외워서 부를 수 있도록 하였다. 사춘기를 겪고 있는 중학생들은 다른 사람 앞에서 노래를 하거나 악기를 연주하는 것을 두려워하여 평가 자체를 거부하는 경우도 많다. 그래서 교사 앞에서 1대 1로 수행평가를 볼 수 있도록 하였고, 본인이 가지고 있는 목소리나 음색을 평가요소에 넣지 않았다. 예를 들어 'O sole mio' 같은 경우 '가사를 정확히 외웠는가', '노래를 잘 파악하여 음정과 리듬이 틀리지 않는가'를 기준하여 평가하였다. 가사를 외워서 올 정도면 노래는 이미 잘 알고 있어서 이상한 음정이나 리듬으로 부르지는 않는다. 실제로 이 평가방법을 적용했을 때, 평소 우리 학교 가수로 알려진 어떤 여학생은 가사를 보고 불러서 좋은 점수를 받지 못했고, 노력해서 온 대부분의 학생은 좋은 점수를 받게 되었다. 당시 학생 수가 적은 소규모 학교였기 때문에 나는 실수하거나 제대로 외우지 못한 학생들에게는 언제든지 재시험을 볼 수 있도록 기회를 주었다. 여러 번 재시험을 보더라도 그 학생이 노력하여 곡 하나를 완성하는 과정 자체가 학습이자 평가라고 생각했기 때문이다.

근래 칼림바를 수업하고 수행평가를 보았다. 단선율만 있는 곡, 화음이 들어간 곡, 반주와 화음이 같이 들어간 곡 등으로 수준을 나누어 곡을 자유롭게 선택하게 하였다. 물론 암보해서 연주해야 된다. 간혹 연습도 하지 않고 기본 점수만 받겠다는 학생들이 있는데 나는 끝까지 할 수 있을 때까지 재시험을 보게 하여 모든 학생이 1곡 이상은 연주할 수 있도록 만들었다. 실제 작년 1학년 남학생 두 명이 바흐의 '미뉴에트 1번'을 2중주로 연주하였는데, 처음에는 제 박자에 들어가는 것조차 힘들어서 1마디 진행이 안 되었는데 5번 정도의 재시험을 통해 둘 다 암보하여 친구의 소리와 맞추며 중주를 완성한 경험이 있다. 계속 개인지도를 하며 연습을 할 수 있도록 도와줬더니 해내어서 담임선생님도 칭찬해주고 스스로도 만족하며 즐거운 수업을 마무리할 수 있었다.

교사마다 생각이 다를 것이다. '계속 재시험 볼 기회를 준다면 공정성의 문제는 없는

가?'라고 질문할 수도 있다. 나는 학생들에게 음악 교과도 노력한 만큼 점수를 받을 수 있고 선생님은 누구에게나 공정하다는 인식을 주기 위해 지금까지 노력해왔다. 그리고 학생들에게 수업 평가지 또는 설문지 등으로 의견을 수렴해보면, 나의 이런 노력들을 학생들도 알고 있었다. 나는 1학기에 1~2가지라도 새롭게 배운 것, 스스로 노력해서 이루어 낸 것 등이 평생 기억에 남는 수업을 하고 싶다.

작년에도 우리 학교 모든 학생, 단 1명도 빠짐 없이 음악 수행평가를 하였고, 모든 학생들이 칼림바로 연주하였다. 모든 수업 시간 내내 잠만 자는 학생들이 있었는데 내 수업에서는 자발적으로 참여했다. 그런 학생들의 변화가 너무 신기해서 사진으로 찍어 개인 소장하고 있다. 특별한 비법이 있냐고 물으신다면 나도 잘 모르겠다. 그저 누구나 할 수 있다, 할 수 있도록 선생님이 도와준다는 교사의 마음가짐이 전부이다.

> "나는 우리 학교 음악 선생님이 진유경 선생님이어서 너무 좋다. 진유경 선생님은 음악에 대해 잘 모르더라도 노력을 통해 누구나 성적을 좋게 받을 수 있는 기회를 주신다. 수행평가가 엄청 어려운 것도 아니어서 하겠다는 의지만 있으면 해낼 수 있다. 내가 1학년 때만 해도 난 음악을 매우 싫어하였다. 하지만 진유경 선생님의 평가방식 덕분에 음악 수업을 좋아하게 되었다"
>
> — 성산중학교 2학년 남학생의 글

이런 학생들의 글들은 나를 보람 있고 행복하게 해준다.

제3장에서는 내가 교직에 있으면서 많은 고민들과 함께 연구하며 실행했던 수업들을 몇 가지 소개하려고 한다. 2020년부터 온라인 수업이 시행되면서 수업 결과물들을 누구나 볼 수 있도록 공개하기 위해 인스타그램 계정을 운영 중이다. 자료를 보면서 종종 전국 음악 교사들에게 자료 요청이 오기도 한다. 수업했던 방식과 절차, 학습지와 자료 등을 언제든 공유하고 있다. 나의 수업 실례에서 아이디어를 얻어 실행 및 재구성하여 더 좋은 수업들이 나올 것이다.

2020년 코로나19로 인해 온라인 수업을 해보면서, 내가 웹툰스쿨에 다닐 때 만든 10컷으로 만든 웹툰이 있다. 그림 실력이 형편없지만 내용 위주로 봐주길 바란다.

#웹툰 스쿨 #10컷 웹툰 #코로나-19 #온라인 수업 도전 #두근두근

새로운 시작을 위해 옷을 사고, 가방을 사고, 머리를 하고, 주인공은 설레는 마음으로 모든 것을 준비한다. 무엇을 준비하는 것일까? '온라인 입학이라도 다행이야.'라는 문구로 내용을 압축해서 표현했다. 온라인 입학과 온라인 수업을 통해 학생들은 학교의 소중함, 친구들의 소중함을 알게 되었다. 앞으로 20년 뒤 미래는 어떻게 될 것이라 생각하는가? 학교가 언제까지 존재할 것인지 그동안 많은 추측과 연구들이 있었지만, 이번 코로나19 팬데믹을 겪으면서 느낀 점은 그래도 학교는 존재할 것이라는 짐작이다. 독자의 생각은 어떤가?

지금 세대의
문화 읽기

나는 학년 초가 되면 학생들에게 '평소 어떤 음악을 듣는가? 어떤 음악을 좋아하는 가?'라는 궁금증으로 학생들에게 음악으로 자신을 소개하는 시간을 갖는다. 내가 좋아하는 음악, 오랫동안 들은 음악, 추천해 주고 싶은 음악 등을 글 또는 그림과 함께 표현하고 모든 친구들의 활동지를 보면서 음악도 들어보고 공유해보는 시간이다.

이런 활동을 통해서 해마다 어떤 음악들이 나왔고, 학생들의 관심 분야는 무엇인지 추측할 수 있다. 특히 최근 문화적·예술적 변화는 어떻게 흘러가고 있는지 알 수 있는 좋은 정보가 된다.

놀라운 사실은 요즘 학생들의 관심은 매우 다양하다는 것이다. 80년대 태어난 나는 TV와 라디오를 통해서 음악을 접했는데 매주 어떤 노래가 가장 인기가 많은지 방송사에서 순위를 매겼다. 가요톱10에서도 매주 어떤 노래가 가장 인기가 많은지 사람들의 관심이 매우 집중되었으며 음반을 사기 위해 매장에 가면 가장 잘 팔리는 테이프 순위가 적혀 있고, 비디오 가게에도 대여 순위가 쭉 적혀 있었다. 우리는 그저 남들이 많이 보고 많이 듣는 음악과 영화를(나의 의지와 큰 상관없이) 자연스레 선택하게 된다. 보이지 않는 손이 우리의 취향을 정하고 우리가 자연스레 그것을 좋아하게끔 유도하였다.

1998년 가요톱10이 종영했을 때 나는 살짝 충격을 받았다. 가요 순위를 안 매긴다고? 그럼 이제 뭘 들어야 되지? 누가 제일 인기가 많은지 이제부터 순위를 매기지 않는다니 너무나 생소하고 이상했다. 현재 Mnet에서 하는 가요 방송 같은 경우 인기순위대로 정한 것이 아니라 그냥 여러 콘텐츠들이 나열되어 방영되고 있다. 너무나 자연스럽게 우리는 보고 있다.

현재 학생들의 관심분야는 매우 다양하다. 1960년대 노래부터 지금까지, 전 세계 가수들의 노래와 게임·영화·애니메이션 삽입곡까지 범위가 넓다. 커버곡이 원곡을 넘어선 인기를 끄는 경우도 있다. 학생들의 관심 노래는 대부분 BTS나 블랙핑크 등등 아이돌의 노래일 것이라 짐작했는데, 중복되는 곡들이 거의 없다. 심지어 대부분 내가 모르는 곡들이다.

혹시 '나비보벳따우'라는 노래를 아는가? 유튜브에 검색을 해보면 '나비보벳따우' 1시간 연속재생이라는 동영상이 제일 먼저 뜰 것이다. 이 노래는 동물의 숲이라는 게임에 등장하는 배경음악인데 무슨 말인지 알아 들을 수 없는 외계어로 되어있다. 재미있는 것은 단순한 멜로디가 계속 반복되어 나오는데 어디에서 시작해도 이상하지 않고 어디에서 끝나도 이상하지 않다는 것이다. 심지어 중독성 있는 이 음악을 1시간씩 듣고 있어도 질리지 않는다. 여기에서 주목해야 될 점은, 기존의 음악에서는 전체적인 음악의 구성과 가사의 의미·내용·짜임새 등이 중요한 요소였다면 현재의 음악은 **한순간의 느낌·이미지·감성**이 중요해졌다는 것이다. 이렇게 사람들에게 중요한 인상을 남겨준 짧은 음악은 수많은 버전의 커버 영상을 양상한다. 새로운 것을 창조하는 형태의 독창성이 발현되기보다 모두가 알고 있는 것을 나만의 방식으로 재해석하는 창의성이 중요해진 시대가 된 것이다.

사실주의에서 인상주의로 넘어갈 당시 20세기 초반의 예술적 변화가 21세기 지금에도 비슷한 양상을 가진다. 순간적으로 느끼는 감정과 재미가 중요한 시대가 왔다. 교훈적인 내용을 가지고 있는지 바탕에 깔린 철학이 무엇인지 중요하지 않다.

영화나 드라마에서도 이런 변화를 감지할 수 있는데, 기승전결이 뚜렷하고 전개되는 사건들을 정확히 마무리해서 완벽한 짜임새와 구성이 각광받았던 과거에 비해 요즘 영화나 드라마는 그냥 이야기를 나열하거나 마무리 짓지 않고 열린 결말을 보여주는 형태가 많아졌다. 과거 드라마의 1~2화는 등장인물들의 관계를 요약해서 보여주고 성격을 나타내는 장면들을 나열하면서 사람들에게 배경지식을 심어준 후 사건이 시작되었지만, 요즘 드라마들은 상징적으로 인물들을 소개하며 바로 이야기가 시작된다. 인물들의 배경들은 감상자들이 추측할 수 있도록 단서만 제공한다.

대표적인 작품으로 '슬기로운 의사 생활'을 꼽을 수 있다. 기존의 드라마는 어떠한 사건이 중심이 되고 그 사건에 얽힌 등장인물들의 갈등과 그것을 해소하는 과정을 보여주었다. 그런데 '슬기로운 의사 생활'을 보면 뚜렷한 갈등을 가지는 공통된 사건이 없고 그저 같은 병원의 각기 다른 과에서 근무하는 의사들의 일상생활들을 보여주면서 소소한 공감을 얻고 있는데 이런 자연스러운 이야기 전개가 사람들에게 매력을 주는 것이다. '리틀 포레스트'라는 영화에서도 시골집에 내려간 주인공이 계절별로 제철 채소들을 이용한 요리를 하면서 먹고, 어릴 적 친구들과의 소소한 일상들을 나열하는 것이 전부이다.

요즘 세대들은 TV를 잘 보지 않는다고 한다. 유튜브나 틱톡이나 릴스 등에서 간단한 짤을 본다. 전체가 아니라 재미있는 장면만 추려서 선택한다. 프로그램의 기획 의도와 전체적인 내용이 중요하지 않다는 것이다. 이런 것에 익숙한 학생들에게 기존의 예술 교육방법이 맞을 것인가? 이런 문화를 가진 세대들에게 나쁘다고 말할 수 있는가? 시대에 맞게 우리도 의식을 변화시키고 그들이 쉽고 재미있게 접근할 수 있는 방법을 마련해줘야 하는 것이 아닌가? 고민해 봐야 할 문제다. 어떻게 해야 할지 모르겠다고 생각할지라도 그들의 그런 문화를 인정하고 이해한다면 훨씬 다가가기 쉽지 않을까.

표 3-1 콘텐츠의 변화

분류	기존 콘텐츠의 특징	현재 콘텐츠의 특징
내용의 구성	기승전결이 뚜렷	기승전결이 모호 아예 한 부분이 삭제되기도 함
주제	작가가 의도하는 메시지가 있음	작가의 의도가 뚜렷이 드러나지 않음
감상 초점	전체적인 내용이 중요	순간적인 느낌이 중요
감상 방법	한 편을 전부 감상	일부 장면만 선택하여 감상

과정중심평가,
원래 하던 대로

　필자는 두 아이의 엄마이고, 지금 셋째 아이를 임신 중이다. 3년의 육아휴직을 마치고 현장으로 돌아갔더니 '과정중심평가'를 하고 있었다. 생소한 단어부터 걱정이었다. 그렇지 않아도 3년의 휴직 동안 현장의 감은 잃고 해마다 바뀌는 정책과 공문서들을 어떻게 감당하나 고민하고 있었는데 '과정중심평가'가 도대체 무엇인가? 연수도 찾아서 듣고 자료들도 보면서 무엇인가 잘 들여다보았더니 그동안 해오던 수업을 조금만 변형하면 되는 것이었다. 정체를 알고 나니 마음이 편해졌다.

　아, 해오던 대로 하면 되는구나! 생각해보면 교육에도 트렌드가 있어서 계속 유행이 바뀌는데, 예전 '배움의 공동체' 수업에 대한 것도 그랬고 요즘 제주교육청에서 강조하고 있는 IB 수업도 그렇고, 사실 음악 교과는 기존에도 그런 방식으로 수업을 해 왔다. 단지 담는 그릇이 달라졌을 뿐 두려워할 필요가 전혀 없다.

　예를 들어 'O sole mio'를 수업한다고 가정해보자.

§ **활동 〉 가창 〉 제재곡: O sole mio** §

- 이탈리아 칸초네 조사하기
- 곡 분석하기: 박자, 조성, 리듬, 빠르기 등
- 가사 해석, 딕션
- 나타냄말 지키면서 노래하기
- 원어로 외워 노래부르기

간단히 5가지 수업을 했다고 가정하자. 기존 평가방식에서는 5번의 결과물을 가지고 채점을 했다면, 이를 4~5단계로 나누어 20~30점씩 배정하고 각 단계별로 평가를 하는 것이 과정중심평가이다. 복직한 이후 2년 동안 과정중심평가 방법으로 모든 수행평가를 보고 있는데 장점은 학생들의 다양한 능력을 발휘할 수 있게 도와준다는 것이다. 노래를 단순히 잘 불러서는 좋은 점수를 얻지 못한다. 조사도 해야 하고 조사한 내용을 글로 표현하며 포트폴리오를 만들고 그것을 연주까지 연결시켜야 하기 때문에 특정 능력이 뛰어나거나 부족해도 큰 영향을 주지 않는다는 것이다. 매우 변별력 있고 노력의 여부를 잘 반영할 수 있는 좋은 평가도구가 된다.

혹시 아직도 '과정중심평가'가 두려운 분이 계시다면 수업하는 내용을 쭉 적어보면서 과정을 나누어 본다면 쉽게 평가모형을 만들 수 있다. 우리가 기존에 해왔던 수업들에서 형태만 바꾸면 된다!

PART 04 음악사 수업, 어떻게 접근할까?

나는 학창 시절 국사책을 매번 처음부터 보지만 1단원을 넘기지 못하고 포기했었다. 마음을 먹고 처음부터 공부해 보지만 또 실패한다. 그래서 국사에서 삼국 시대가 나오기 전까지만 책이 까매졌던 기억이 난다. 그래서 나는 역사를 싫어하는 사람이라고 생각했다. 그런데 요즘 많은 인문학 콘텐츠들이 생기면서 조선 시대 역사의 토막토막을 재미있게 강의해주는 프로그램들을 보면 집중해서 듣게 된다. 무엇이 문제일까? 역사를 시대적 순서에 따라 쭉 공부하는 것이 맞는가? 흥미 있는 이야기들을 토막토막 공부하여 그것을 연결시키면 안 되는가? 이런 의문이 생긴다.

학생들에게 '음악사'를 수업할 때 반응이 어떤가? 학기 초에 '음악이란 무엇인가?'라는 주제로 수업을 하는데, 원시 시대 사람들의 도구를 이용한 음악부터 현재까지 '기악'과 '성악'이라는 두 가지 장르를 대조시키면서 음악이 시대에 따라 어떻게 정의되었는지 알려준다. 학생들에게 수업 시작 때에 '음악'을 정의해보게 하고, 수업이 끝난 후 '음악'을 정의해보게 하면서 음악에 대한 인식을 넓혀주는 수업이다. 이 수업을 통해 간단하지만 음악의 역사에 대해 훑어볼 수 있는 기회를 제공한다.

학교에서 가장 많이 하는 음악사 수업은 무엇인가? 교과서에 나오는 바로크 시대, 고전주의, 낭만주의, 민족주의 음악 중 어떤 음악사를 가장 중요하게 생각하는가?

나는 근현대음악 수업을 많이 한다. 현재 우리 음악과 가장 닮아 있으며 학생들의 다양한 호기심을 자극하기 좋다. '거꾸로 가는 음악사 수업'을 컨설팅하면서 학생들에게 사전 조사를 한 경험이 있는데, 대부분의 학생이 현대음악에 대해 궁금하다고 답했다.

PART 05

'거꾸로 접근하는 음악사' 수업 모델

1. 단원명: 인상주의와 20세기 음악

2. 단원 설정의 이유

☑ 하나의 학문으로서 '음악'을 학생들에게 체험하도록 하자

'음악' 시간은 즐거운 시간이다. 학생들은 수업에 와서 노래를 즐겁게 부르며 학업의 스트레스를 날린다. 그러나 '음악'이 중요한 학문의 한 분야라는 것을 잊은 채, 그저 노는 시간으로 생각하는 풍토가 만연해 있다. 신나고 재미있지만 '음악'도 하나의 학문으로서 학생들에게 알아가고 배우는 즐거움을 알려주고 싶다.

☑ 이론을 기피하며 일반적인 활동만을 하는 일차적인 음악 수업의 탈피

우리나라 음악과 교육과정은 1차부터 가창, 기악, 감상, 창작의 4가지 활동을 중시해왔다. 그러나 4차부터 '기본'이라는 내용 영역을 추가하면서 음악적 개념들을 교육하는 나선형 교육과정을 도입한다. 6차에서는 '이해'라는 영역을 추가하였고, 현재는 활동과 이해가 함께 교육되도록 하며 '표현'으로 수정되었다. 활동과 이해가 병행되고, 실음을 기준으로 이론 수업도 함께 해야 한다는 것이다. 좋은 음악 수업은 '모든 음악 활동은 학생의 음악적 이해와 음악적 기능을 함께 발전시켜야 한다.'는 원리에 기초해야 한다. 단순히 노래를 부르고 음악을 듣는 활동만으로 이루어진 수업보다는 학생들에게 음악 교육적으로 더 발전시킬 수 있는 의도를 가지고 있어야 한다.

☑ 초중등 9년의 음악 수업을 받으나 기초적인 음악 지식이 부족하여, 전이와 파지 없는 음악 수업의 탈피

초등학교부터 음악 수업을 받아왔으나, 입학생들을 보면 깜짝 놀랄 때가 많다. 아주 기초적인 음악 지식도 가지고 있지 않은 경우가 허다하다. 학교의 음악 수업은 학생들이 이론은 지겨워하고 어려워하니까 제재곡 중심의 수업이 주가 된다. 다양한 노래를 배우고 악기로 연주하는 것도 중요하지만, 귀에 익숙하여 따라 부르는 형식의 가창 수업은 발전이 없다. 특히 고입시험을 치를 시기에는 중3들의 음악 점수가 전 과목 중에서 가장 처저라는 불명예스러운 현실 속에 있었다. 알아가는 즐거움, 심미적 체험을 통하여 음악 체험의 질이 높아져서 전이와 파지가 될 수 있는 음악 수업이 필요하다.

☑ 바로크 시대부터 시작하는 고리타분하고 지루한 음악사 수업의 탈피

'음악사'라는 단어에 학생들이 지루하고 어색해한다. 음악사는 보편적으로 바흐와 헨델이 살았던 바로크 시대부터 수업을 하게 된다. 교사인 나도 들으면 지루한 바흐의 음악부터 시작하는 음악사 수업은 말 그대로 어렵고 지루함 그 자체이다. 왜 바로크부터 음악사를 공부해야 하는가? 중고생에게 가장 재미있고 그들이 향유하는 음악과 어울리는 시대는 바로 20세기 음악이다. 가장 가까운 곳에서부터 가장 재미있게 음악사를 이야기해 보자!

표 3-2 중학교 학년별 음악사 진도계획

학년	중 1학년	중 2학년	중 3학년
학습내용	현대음악, 국민악파	낭만파, 고전파	바로크, 르네상스, 중세

☑ 미술과 연계한 현대음악의 모습

모든 학문과 예술은 독립적으로 발전되는 것이 아니라 유기적으로 서로 연결되어 있다. 그래서 통합교과와 융합 교육을 중시하고 있다. 하나의 방법으로 접근하기보다 다양한 방법으로 접근하는 것이 융합 교육을 실현시키므로, 이중부호화를 통해 현대음악과 현대미술의 조화와 시대의 모습 등을 함께 보여준다.

☑ 이론과 표현의 적절한 조화를 통해 '실음'을 바탕으로 한 이론수업의 모델을 제시

단순한 이론수업으로 음악사를 하겠다는 것이 아니다. '감상'과 '기악'과 '창작'을 접목시켜 자연스럽게 다양한 활동을 하게 하며, 몸으로 체득하고 감각으로 느끼는 음악사 수업을 하자. 현대는 '스토리텔링'의 시대이다. 하나의 이야기처럼 재미있게 음악사를 '스토리'로 만나보는 수업을 구성하였다.

3. 단원 학습 목표

차시	학습목표
1/3 (본시)	1. 인상주의 음악의 특징을 이해할 수 있다. 2. 바레즈와 존케이지의 음악기법을 이해할 수 있다. 3. 20세기 음악기법을 이용하여 간단한 음악을 연주할 수 있다.
2/3	1. 리게티의 '전자음악'을 그림악보와 연결시켜 이해할 수 있다. 2. 쇤베르크의 '12음 기법'을 이해할 수 있다.
3/3	1. 쇤베르크의 '12음 기법'을 이용하여 악곡을 창작할 수 있다. 2. 음악의 범주에 속할 수 있는 새로운 소리 소재들을 찾아서 발표할 수 있다.

4. 차시별 지도계획

차시	지도 내용	학습 내용	학습자료
1/3 (본시)	● 인상주의 음악의 특징 이해하기 ● 바레즈의 '아이오나제이션'을 듣고 음악의 3요소 중 리듬의 역할 이해하기 ● 존케이지의 '4분 33초'와 우연성음악 이해하기 ● 간단한 생활 타악기를 이용하여 리듬합주 해보기	● 베토벤과 드뷔시의 '달빛' 비교감상 미술작품 비교감상 ● 음악의 3요소와 바레즈 음악 알기 ● 존케이지의 '4분33초'와 잭슨폴록의 그림을 비교하여 '우연성' 작품 이해하기 ● 생활타악기를 이용하여 리듬카드의 리듬 연주하기	감상 자료 교과서 피아노 PPT자료 생활타악기

차시	지도 내용	학습 내용	학습자료
2/3	• 전시학습 확인 • 리게티의 '아티큘레이션'을 그림악보와 함께 감상하기 • 전자음악과 그림악보의 장점과 특징 이해하기 • 쇤베르크의 '바르샤바생존자'를 감상하고 '12음기법' 이해하기 • '12음기법'의 전위, 역행, 역행전위 기법 이해하기	• 리듬창작 합주해보기 • 전자음악을 그림악보를 보면서 감상하기 • 전자음악과 그림악보의 특징 이야기하기 • 쇤베르크의 '바르샤바생존자'의 일부를 감상하고 '12음기법' 이해하기 • '12음기법'의 기법들의 종류와 뜻 이해하기	감상자료 악보 피아노 PPT자료 12음렬학습지
3/3	• 전시학습 확인 • '12음기법'의 기본음렬을 함께 정하고, 모둠별로 역할을 나누어 전위, 역행, 역행전위를 하여 곡 완성시키기 • 새로운 음악에 포함시킬 수 있는 소리의 범주에 무엇이 들어갈 수 있는지 모둠별로 브레인스토밍 하기 • 각 모둠 대표가 토의한 내용 발표하기	• 그림악보 보며 감상하기 • 함께 '12음기법'의 기본음렬을 정하고, 모둠별로 역할 분담하여 기본음렬을 변형시켜 보기 • 모둠별로 새로운 음악에 포함 시킬 수 있는 소리가 무엇이 있을까 생각해보고 자유롭게 의견 제시하기 • 각 모둠에서 토의한 내용 발표하고, 다른 모둠의 아이디어 평가하기	12음렬학습지 감상자료 PPT자료

5. 지도상의 유의점

• 학생들이 미적 체험을 할 수 있도록 음악과 미술의 융합교육을 통하여, 그 시대의 모습들을 다각적으로 볼 수 있는 시각을 갖게 한다.

• 음악의 요소와 음악의 종류 및 역사·사회·문화적 맥락에서의 음악의 역할 및 가치를 폭넓게 이해하고 내면화할 수 있도록 한다.

• 음악사에 대한 학습은 악곡, 인물, 사회·문화적 배경 및 음악사의 전체적인 흐름 등을 다룸으로써 폭넓은 이해와 안목을 갖도록 하는 데 중점을 둔다.

• 학생들에게 충분한 음악적 경험의 기회를 제공하므로 실음을 통하여 음악용어와 개념을 이해할 수 있도록 한다.

• 악기 연주하기에서 소리 나는 다양한 도구들을 이용하여 연주하도록 하며, 학생

들의 흥미, 특성 등을 고려하여 선택할 수 있도록 선택권을 준다.
- 음악 만들기에서는 자유롭게 소리를 탐색하고 음악을 창의적으로 만들어 볼 수 있도록 그림이나 기호, 문자, 악보 등을 활용한다.

| 학습자 분석과 분석결과 |

학습자 조사 대상: 중학교 1학년 전체 37명

선호 교과 조사(복수 정답)

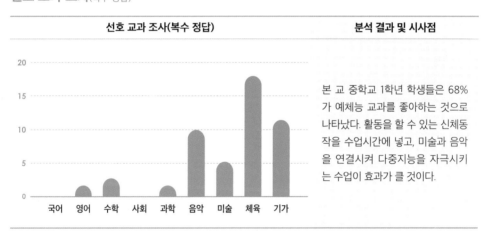

선호 교과 조사(복수 정답)	분석 결과 및 시사점
	본 교 중학교 1학년 학생들은 68%가 예체능 교과를 좋아하는 것으로 나타났다. 활동을 할 수 있는 신체동작을 수업시간에 넣고, 미술과 음악을 연결시켜 다중지능을 자극시키는 수업이 효과가 클 것이다.

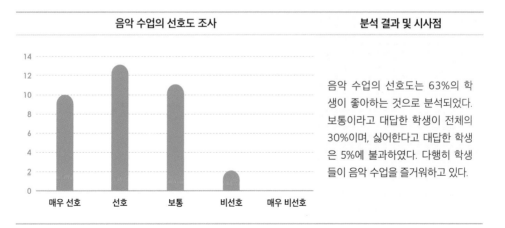

음악 수업의 선호도 조사	분석 결과 및 시사점
	음악 수업의 선호도는 63%의 학생이 좋아하는 것으로 분석되었다. 보통이라고 대답한 학생이 전체의 30%이며, 싫어한다고 대답한 학생은 5%에 불과하였다. 다행히 학생들이 음악 수업을 즐거워하고 있다.

음악교과 수업 영역 선호도 조사

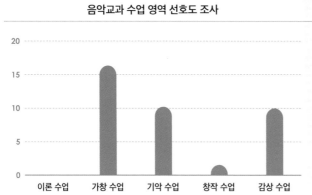

분석결과 및 시사점

학생들이 익숙한 가창수업(43%), 기악수업(27%), 감상수업(27%)은 선호하는 편이다. 그러나 익숙치 않은 창작수업(3%)과 이론수업(0%)의 결과로 보아, 편향된 음악수업이 이루어져왔음을 알 수 있다. 이론수업은 어렵고 지루하다는 편견을 바꿔보자.

좋아하는 음악장르 조사 (복수정답)

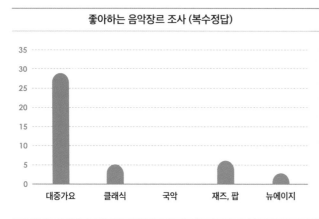

분석결과 및 시사점

대중가요를 좋아하는 학생이 대부분(67%)이다. 반면, 국악은 전혀 반응이 나오지 않았고, 클래식과 재즈 뉴에이지도 일부 학생들이 선택했을 뿐이다. 대중가요와 가장 가까운 음악사는 어느 시대일까? 어떻게 학생들에게 쉽고 재미있게 접근할 수 있을까?

음악사에 대해 알고 있는지 조사

11%

14%

음악사에
알고
있나요?

47%

27%

들어 본 적 있고
잘안다(14%)

들어본 적은 있으나
잘 모르겠다(27%)

어떤 것인지
잘 모르겠다(47%)

어려울 것 같아서
하고 싶지 않다(11%)

분석결과 및 시사점

대부분의 학생들이 음악사에 대해 잘 알지 못하고, 심지어 '어려울 것 같아서 하고 싶지 않다'는 반응을 보였다. 학생들은 중3이 되어서 고입시험을 위해 음악공부를 하는 것을 어려워한다. 겪어보지 않았던 분야에 대한 두려움 때문이다. 음악교육의 내실을 위해 음악 기본이론에 대한 교육이 중1부터 행해져야 한다.

음악사 시대 선호도 조사	분석결과 및 시사점

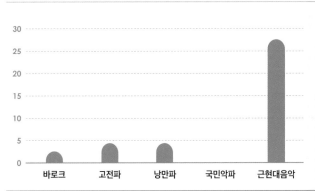

성인들의 기준에서 가장 어려운 근현대음악을 학생들은 가장 선호하는 것으로 조사되었다. 73%의 학생들이 현대음악에 관심을 보인다. 그렇다면, 음악사의 접근순서도 '근현대음악'이 첫 걸음이어야 맞는 것이 아닐까?

근현대 음악사조 선호도 조사(복수정답)	분석결과 및 시사점

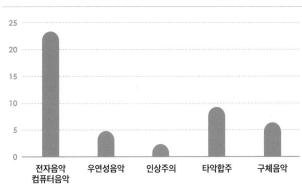

간단히 용어의 개념을 설명해주고, 선호도를 조사해보았다. 복수정답을 할 수 있도록 하였더니 중복답안을 많이 하여 37명 중 45개의 응답이 나왔다. 특히 컴퓨터에 관심이 많은 세대답게 전자음악의 선호도가 51%로 가장 높았다.

다양한 소리의 선호도 조사(복수정답)	분석결과 및 시사점

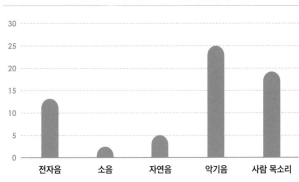

학생들에게 어떤 소리로 음악을 만들어보고 싶느냐는 질문을 하였더니, 악기음(40%)과 사람목소리(30%)를 선호하였다. 전통적으로 해오던 음악적 관습에 익숙하다. 그러나 앞 문항과 연결되는 전자음(20%)에도 관심을 가지고 있는 것으로 파악된다.

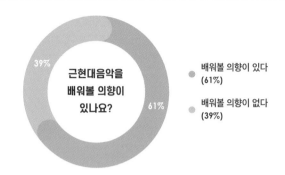

근현대음악을 배워볼 의향이 있나요?

- 배워볼 의향이 있다 (61%)
- 배워볼 의향이 없다 (39%)

근현대음악을 배워보고 싶은 학생이 61%, 배우고 싶지 않은 학생이 39%로 조사되었다. 이론 수업은 전혀 선호하지 않았던 응답지와 비교하면 매우 놀라운 결과이다. 중학생들은 이론 수업과 음악사 수업이 어렵고 싫은 것이 아니라, 무엇인지 모르기 때문에 기피하는 것이 아닐까?

| 본시 교수 |

수업에서 사용했던 PPT와 함께 스토리보드 형식으로 설명

- 우리가 잘 알고 있는 음악에 대해 이야기해보기
  - 장단조와 주요 3화음
  - 악기 및 성악으로 연주
  - 작곡자가 정해놓은 악보 실행
  - 음악의 3요소: 가락, 리듬, 화성

- 그렇다면 현대에 와서 음악에서 어떤 일들이 일어났을까? 상상해보기

- 그림과 함께 보는 20세기 이전 음악
  - 사실주의 대표작 밀레의 '이삭 줍는 사람들' 감상
  - 그림을 그리는 절차 생각해보기: 밑그림 〉채색
  - 사물과 대상의 윤곽이 뚜렷하고 한눈에 알아볼
    수 있음
  - 동요 '학교종' 악보 보면서 노래부르기
  - 으뜸화음인 '도미솔'이 악보의 대부분에 쓰임
  - 주로 쓰는 화음과 사용되는 음이 정해져 있음

- 그림과 함께 보는 인상주의
  - 인상주의 미술의 대표작 마네의 '해돋이 인상' 감상
  - 붓의 터치가 자유롭고 하늘과 바다 간의 윤곽이 없다.
  - 인상주의 그림에서 느낀 점을 음악에 대입시켜 본다면?
  - 인상주의 음악 드뷔시의 '목신의 오후 전주곡' 감상
  - 음악에서 떠오르는 느낌은? 상상한 것과 비슷한가?
  - 우리가 알고 있던 음악과 다른 점은?

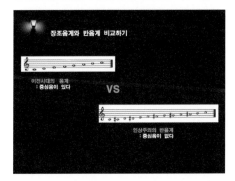

- 장음계와 반음계 비교하기
  - 다장조 음계와 반음 음계 비교하기: 중심음의 유무
  - 베토벤의 '운명'과 드뷔시식 '운명' 부분 감상
    (베토벤의 운명 주멜로디를 반음계적으로 변형하여
    비교해서 들려줌)
  - 베토벤의 '월광'과 드뷔시의 '달빛' 부분 감상
  - 감상 후 느낌을 자유롭게 이야기하기
- 인상주의 정의해보기
  - 프랑스에서 일어난 미술과 음악사조
  - 오랫동안 지배적이던 장조·단조의 조성을 극복하여
    반음계 사용, 중심음 없어짐
  - 순간적인 인상, 색채적인 화음, 독특한 음색이 특징

- 바레즈의 '아이오나이제이션(Ionisation)' 감상
  (유튜브 이용)
  - 음악의 3요소는? 리듬, 가락, 화성
  - 리듬만으로 음악이 될 수 있는가?
    선율, 화성이 없는 것을 음악이라 할 수 있는가?
  - 악곡해설: 41개의 타악기와 2개의 사이렌을
    1명의 지휘자와 13인의 연주자가 연주한 곡
  - 그 외에 리듬음악 예시: 사물놀이, 난타,
    가물란 합주 등

- 존 케이지의 '우연성 음악'
  - 지식채널e '4분 33초' 감상
    (이 콘텐츠는 유튜브에서 찾을 수 없다.
    EBS 홈페이지에서 볼 수 있으니 참고하자.)

- '4분 33초' 악보에서 TACET의 뜻 알기
  - 소음과 무음도 음악의 요소임을 선언
  - 다만 소리 없는 음악을 즐겼을 뿐

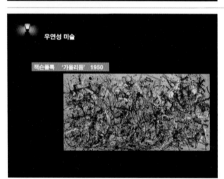

- 우연성 미술사조에 대해 어떤 그림일까 생각해보기
- 잭슨폴록의 '가을리듬' 감상

- 우연성 음악 정의해보기
  - 정해진 것을 단순히 연주하는 것이 아니다.
  - 무음, 소음 등도 음악의 소재가 될 수 있다.
  - 다른 예술과의 결합을 통해 발전되었다.

리듬카드 만들어서 제시

리듬만 제시할 때는 정간보를 자주 이용하는데, 음표를
몰라도 바로 연주가 가능한 장점이 있다. 공개 수업 때
학생들이 정간보로 리듬 치기를 했을 때 완벽하게 연주
해서 참관하신 분들이 놀랐던 기억이 난다.

ex)

- **주변에 소리 나는 여러 물체를 이용해 타악음악 만들기**
  - 소리 나는 물체 찾기: 필통, 연필, 물통, 가위,
    스테이플러, 종이, 손바닥, 발구르기 등
  - 2모둠으로 나누어 리듬카드를 보며 연주해보기
  - 2가지 리듬을 창작해서 타악 합주해보기

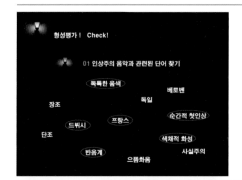

- 형성평가1
  - 나열된 키워드를 보면서 구분해보기

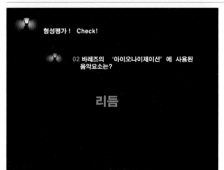

- 형성평가2
  - 음악의 3요소 중 어떤 요소가 사용되었는가?

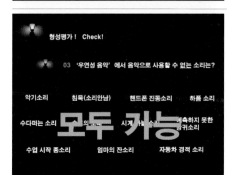

- 형성평가3
  - 음악의 소재가 될 수 없는 소리 찾기
  - 학생들이 장난으로 '엄마의 잔소리'를 사용할 수 없다고 하였다.
  - 모든 소리가 음악의 소재로 가능함

음악 활동지: 인상주의와 20세기 음악

학년	반	번호	이름

고전주의(20세기 이전의) 예술	고전주의 미술의 특징:
	고전주의 음악의 특징:
인상주의 예술	인상주의 미술의 대표작: 인상주의 미술의 특징:
	인상주의 음악의 대표작: 인상주의 음악의 특징:
쇤베르크의 12음 기법이란?	
음악의 3요소란?	
바레즈의 '아이오나이제이션'은 어떤 음악인가?	
존 케이지의 '4분 33초'는 어떤 음악인가?	
존 케이지의 음악을 무엇이라고 하는가?	
전자악보와 전자음악의 특징을 아는대로 써보자.	

○ **20세기 이전 음악과 관련된 개념에는 동그라미** △ **20세기 이후 음악과 관련된 개념에는 세모**	자연스러운 선율	주요 3화음	반음계 진행	모든 물건의 악기화
	일정한 셈여림	불협화음	음악의 3요소	아름다운 소리
	극한 셈여림	규칙적 박자	과학의 발전	예상 가능 한리듬
	소음과 무음	불규칙 박자	과감한 도전	다양한 악기
	전자음	모든 계이름 사용	새로운 소리	조성

'학교 교가 배우기'
수업 모델

학교에 막 입학한 1학년을 대상으로 학교 교가를 배우는 과정에 대한 수업이다.

표 3-3 교과과정

차시	수업 주제	수업 내용
1차시	우리 학교와 마을	학교와 우리 마을에 대해 알아보는 수업 봄이라 날씨가 좋을 때 야외수업으로 진행 학교 정원을 돌아다니며 교화와 교목 추측하기 학교 중앙현관에 전시된 학교 소개글 보며 활동지 작성하기 우리 마을에 대해 활동지 작성하기
2차시	우리 교가 알아보기	교가 들어보기 교가의 역사, 작곡자에 대해서 알아보기 가사의 내용을 바탕으로 4컷 만화 그려보기
3차시	우리 교가 외우기	노래 배우고 익히기 4명씩 모둠으로 쟁반노래방 게임 실수 없이 전부 외우면 사탕 받기

신입생들이 학교에 대해 아직 낯설 때 학교 정원을 산책하며 어떤 꽃과 나무가 심어져 있는지 관찰하고, 그중 우리 학교 교화와 교목을 맞춰보는 시간을 보냈다. 제주는 3월에도 다양한 꽃이 피어 있고 학교에는 많은 종류의 나무들이 심어져 있다. 이런 시간을 통해 재미있게 학교를 알아갈 수 있었다.

성산중의 교가는 나운영 작곡가의 작품인데, 네이버 인물사전에 나운영 작곡가의 일생을 간단히 만화로 만들어놓은 자료가 있어서 활용하였다. 이렇게 훌륭한 분이 우리 학교 교가를 작곡하였다는 사실에 매우 자부심을 갖게 만들었고 더욱 관심을 가지며 교가를 익혔다.

예전 예능 중 '쟁반 노래방' 프로그램처럼 4명의 모둠이 한 조가 되어 반주에 맞추어 교가를 외워서 불렀다. 손가락 지팡이를 이용하여 랜덤으로 교사가 순서를 지정해주었는데, 실패하면 기다렸다가 재도전할 수 있게 기회를 주었다. 수업이 끝났는데도 도전하여 성공하려고 학생들이 초롱초롱한 눈으로 순서를 기다렸다. 대부분의 학생들이 즐겁게 교가를 외우고 한동안 학교 내에서 학생들의 교가가 계속 울려퍼졌다.

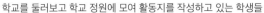

학교를 둘러보고 학교 정원에 모여 활동지를 작성하고 있는 학생들

우리 학교와 마을

성산중학교   1학년   반   번호   이름

성산중학교	우리 학교의 교육목표는?		우리 학교의 설립연도는?	
	우리 학교의 교표는? (그려보세요)		우리 학교의 교목은?	
			우리 학교의 교화는?	
	교장 선생님 성함?	선생님은 몇 명?	학생은 몇 명?	화장실은 몇 개?
	학교에서 내가 젤 좋아하는 장소		학교에서 내가 젤 좋아하는 사람	
	우리 학교 홍보표어 만들기			
성산읍	성산의 상징 3가지			
	내가 좋아하는 장소와 그 이유			
	관광객이 모르는 숨은 명소			
	성산의 맛집 3곳			
	성산의 홍보표어 만들기			

우리 학교 교가

성산중학교	1학년	반	번호	이름

■ 학습활동 1

교가를 들어봅시다, 어떤 느낌이 들었나요?

■ 학습활동 2

우리 학교 교가의 작곡가는 (   ) 이다. 출생연도 (   )년-사망연도 (   )년 나운영 작곡가의 일생을 간단히 만든 만화를 보고, 업적을 요약하여 적어봅시다.

교가로 4컷 만화 그리기	
가사:	가사:
가사:	가사:

'창작뮤지컬(극음악)' 수업 모델

한동안 뮤지컬 수업을 하고 싶어서 다양한 시도를 했었다.

대부분 학교에서 일반 수준의 학생들을 대상으로 뮤지컬 수업을 하기가 쉽지 않다. 뮤지컬 넘버들은 대부분 가창 실력을 가진 사람이 아니면 부르기가 어렵고 학생들이 소화하기 쉽지 않기 때문이다. 그리고 노래를 특별히 잘하는 학생들 위주의 수업이 될 확률이 높기 때문에 창작뮤지컬을 할 수밖에 없었다. 수 년 동안 극음악과 뮤지컬 창작에 대한 수업을 해보면서 느끼는 점은 유명 뮤지컬 중 중요 대목과 장면을 10~15분 정도 축약한 교재가 있었으면 하는 바람이다. 학생들의 음역에 맞추어 곡을 간단하고 쉽게 수정하고, 그 안에 필요한 대사, 연기, 춤 등이 나와 있는 학습교재가 있다면 참 좋겠다. 한 작품에 7~8장면 정도 나눌 수 있다면 각 모둠 별로 맡아 시리즈로 연기하여 간단히 줄인 뮤지컬 곡을 할 수 있으면 얼마나 좋을까.

학생들에게 뮤지컬에 대한 관심과 동기를 일으키기 위해서는 좋은 작품을 감상하여 감동을 주는 것이 먼저다. 주로 감상에는 '레미제라블'과 '위대한 쇼맨'을 이용하였다. 중학생 기준으로 보았을 때 뮤지컬 공연을 보여주는 것보다 영화로 만든 작품을 보여주는 것이 더 집중하며 관심을 가진다. 필자는 학생들에게 작품을 분석하고 조사하게 하는 활동이 필요하다고 생각하여 감상 〉조사 및 분석 〉작품 창작 〉연습 및 발표 순서로 수업을 진행하였다. 학교의 상황에 맞추어 여러 가지 수업을 진행해 보았는데 소개해 보려고 한다. 참고하여 본인의 상황에 맞게 수정 보완하여 적용해 보시기를 추천 드린다.

1. 간단히 만드는 뮤지컬: Let it be

오래전 개그콘서트에서 나온 코너 중 'Let it be'를 기억하시는가? 4명의 출연자들이 나와서 회사원의 직급을 부여한 캐릭터를 가지고 재미있는 상황을 음악에 맞추어 노래하는 코너이다. 나는 이 프로그램을 꽤 재미있게 보고 수업에 적용해 보았다. 우선 'Let it be' 노래는 멜로디가 간단하면서 누구나 잘 알고 있는 노래이므로 접근성이 쉽다. 그리고 음의 진행이 단순하고 고음이 없어서 대부분 학생들이 쉽게 부를 수 있고, 후렴 부분을 단락마다 넣어서 내용을 마무리 지을 수 있는 좋은 구도이다.

4명씩 조를 짜서 각 배역을 정하고 캐릭터를 만든다. 어울리는 가사를 창작하여 간단한 율동과 몸동작을 넣어서 발표하게 한다. 악보를 각 조 별로 4장씩 나누어줘서 자신이 맡은 파트의 가사를 악보에 직접 기입하게 하였다. 이 학습은 '이야기가 있는 음악'이라는 작은 주제로 뮤지컬 수업이 부담스럽거나 어려운 상황일 때 할 수 있는 수업이며, 재미있고 어렵지 않게 창작을 할 수 있다는 장점을 가진다.

활동지를 제시하고, 4명의 구성원들이 이야기를 정한 후 멜로디에 맞게 가사를 만들어 악보에 적도록 지도한다. 발표 시 간단한 신체동작 또는 연기를 곁들이면 재미있는 작품이 완성된다.

음악 학습지 '이야기가 있는 음악' Let It Be

조이름		조원 이름	
		내 이름	(학년 / 반 / 번호)

주제		기획 의도	
등장인물(배역)	**나이, 직업, 외모, 가정환경**	**성격 및 특징**	**전달 메시지**

2. 뮤지컬 감상&조사 및 분석

뮤지컬 레미제라블 감상 평가지

반번호		이름		점수	
뮤지컬의 특징은 무엇인가? (소설, 영화와 비교하며 서술)			배경이 된 시대, 나라, 사회적 상황은?		

등장인물 파악하기 (2명)

이름	태어난 배경, 어린 시절, 가정환경	외모, 의상, 재력	성격, 직업, 추구하는 이상

내가 좋아하는 레미제라블의 명곡들

제목	누가 부르는가?	어느 장면 & 내용	음악적 특징	나의 느낌

극 중 나오지 않는 내용을 상상해 보자.(장발장을 기준으로)	
감옥에 수감되기 전 장발장의 삶	
신분을 숨긴 후 시장이 되기까지 8년 동안의 삶	
어린 코제트와 숨어서 산 9년 동안의 삶	

내가 가장 감동받았던(인상 깊었던, 재미있었던) 장면은? 그 이유는?	
내가 좋아하는 장면	
그 이유는?	

내가 장발장이라면 어떻게 했을까? 7가지 중 하나만 골라서 동그라미 치고 서술해 보자.

① 빵을 훔친 장발장 ② 은식기를 훔친 장발장 ③ 신분을 위장한 장발장 ④ 신분을 다시 밝힌 장발장
⑤ 코제트를 딸로 키운 장발장 ⑥ 자베르를 살려준 장발장 ⑦ 마리우스의 생명을 구한 장발장

내가 장발장이라면 어떻게 했을까?

나의 삶과 접목시켜 보자.	
나의 삶에서 중요한 순서대로 번호를 적어보자	☐ 돈 ☐ 명예 ☐ 양심 ☐ 가족 ☐ 친구 ☐ 직장 ☐ 사랑하는 사람 ☐ 타인의 생명 ☐ 나의 생명 ☐ 법 ☐ 사람들의 눈 ☐ 의식주 ☐ 외모 ☐ 인기
나는 이런 것을 추구하며 살고 싶다	

뮤지컬영화 '위대한 쇼맨' 감상 학습지

뮤지컬의 배경이 된 인물, 나라, 시대		학년, 반, 번호	
		이름	

영화 속 캐릭터 분석하기

등장인물(1칸 1택)	나이, 직업, 외모	성격 및 특징
□ P.T 바넘 □ 필립 칼라일		
□ 제니 린드 □ 채리티		
□ 앤 휠러 □ 레티 러츠 □ 톰 섬		

영화 속 음악 분석하기

제목(2곡)	부르는 사람	영화 장면	나의 감상평	별점 5

영화 속 궁금했던 이야기를 적고, 진실 거짓을 조사해보기

영화 속 이야기	현실 속 이야기

내가 가장 감동받았던(인상깊었던, 재미있었던) 장면은? 그 이유는?	
내가 좋아하는 장면	
그 이유는?	
내가 꼽는 명대사	

실존인물 '바넘' 과 '바넘 쇼' 파헤치기	
실제 P.T 바넘 어떤 사람?	
실제 바넘 쇼는? (The Greatest Show On Earth)	
2020년 현재에 바넘이 살고 있다면, 무엇을 하고 있을까?	

내가 1891년 '뉴욕타임즈'의 기자라고 가정하여
바넘의 장례를 치른 후, 바넘의 생애에 대해 도덕적, 업적, 인간적 등의 관점으로 기사를 적어보자.
** 조건: 기사 제목, 본문, 사진 3가지가 모두 들어가야 함 **

3. 작품 창작하기

창작 뮤지컬 수업 시, 각 차시별 해야 되는 활동지를 만들고 시간 내에 제출하도록 한다. 보통 같은 활동지 2장을 나눠주고, 똑같이 2장을 써서 1장은 제출하고 1장은 조별로 보관하게 하였다. 처음에는 필자도 많이 서툴러서 학생들이 알아서 하도록 자유 권한을 주었는데, 어느 정도 규칙을 정하고 틀을 만들어주지 않으면 시간도 오래 걸리지만 학생들이 방황하게 된다.

학교 내의 이야기, 마을의 이야기 등 다양한 주제로 재미있는 작품들이 많이 나왔다. 물론 연기와 노래 동작 등이 프로페셔널하진 않지만 학생들이 즐거워하였고 각 작품들을 감상하는 재미가 있었다. 위미중학교에서 재미있었던 작품들은 미깡철에 대한 이야기가 있었는데, 미깡은 제주지역 사투리로 밀감(귤)을 의미한다. 레미제라블의 첫 장면 'look down'에 검질(잡초)을 매는 장면을 대입시켜 귤농사를 짓는 농부의 가족 이야기를 만들었는데 지역적인 특징을 잘 살린 좋은 작품이었다. 또 기억나는 작품은 학교 급식에 대한 이야기였는데, 맛있는 메뉴는 자율배식이 아니라 한정적 개수를 배급하는 학교 급식에 불만은 품은 우리 학교 학생들이 급식실 주방에 몰래 침입한다는 내용이었다.

활동지 뮤지컬 창작 방법 및 유의사항

- **시간:** 10~15분 이내
- **배경:** 사진으로 준비(파워포인트 작업)
- **음악:** 레미제라블 중 1곡 필수, 아리아(독창) 1곡, 중창 1곡,
  쇼스타퍼 1곡, 프로덕션 넘버 1곡
- **서곡(mp3) 1곡 이상**
- **반주:** MR
- **의상, 소품:** 준비하기
- **공연 포스터:** 제작

뮤지컬 창작 순서

① 주제와 장르 정하기

② 등장인물 캐릭터 정하기

③ 이야기 구성하기(서론-본론-결론)

④ 노래 구성하기(이야기 어느 부분에 어떤 노래를 넣을 것인가)

⑤ 대본 만들기

⑥ 노래 정하기, 가사 바꾸기

⑦ 안무 짜기

⑧ 연습하기, 외우기

⑨ 소품, 의상, MR, 포스터, 반주 등 필요한 것늘 순비하기

뮤지컬 창작 조별 활동 Ⅰ

조 이름		조원 이름	
창작 뮤지컬 제목		배경이 된 시대, 나라, 사회적 상황	

등장인물	나이, 직업, 외모	성격 및 특징

역할 분담	이름	하는 일
총 감독		
작가(2명)		
음악감독(2명)		
안무감독(2명)		

뮤지컬 창작 조별 활동 II

조 이름		조원 이름	

창작 뮤지컬 줄거리			

1. 처음(서론)	
2. 중간(본론)	
3. 끝(결론)	

뮤지컬 창작 조별 활동 Ⅲ

조 이름		조원 이름	
곡명 (괄호 안에 원곡 제목 기재)	**누가 부르는가?**	**어느 장면에 쓰이는가?**	**어떤 노래인가?**

뮤지컬 창작 조별 활동 Ⅳ

조 이름		조원 이름	

전체 작품의 스토리 보드 만들기				
막	장소, 장면, 배경	노래	연기, 동작	등장인물
1막				
2막				
3막				
4막				

'음악 영화와 연계'
수업 모델

| 영화 파파로티 - 오페라와 판소리 비교하기 |

1. 파파로티

한국 영화 '파파로티'는 재미있으면서도 감동을 주고, 남자 주인공의 노래를 들으며 오페라 아리아에 대한 관심이 높아지는 좋은 작품이다. 실화를 바탕으로 한 영화여서 더 와닿는데, 최근 영화 주인공의 모델이 된 김호중 씨가 미스터트롯에 나오면서 사람들이 많이 알게 되어 개인적으로는 수업시간에 소재로 사용하기가 조금 조심스러워 요즘은 쓰지 않고 있다. 영화의 전체를 감상하기 어렵다면, 교사가 장면 장면을 나눠서 요약해서 보여줄 수 있고, 유튜브에 간략하게 10분 이내로 전체 줄거리를 편집하여 보여주는 영상들을 활용할 수 있다.

2. 오페라복스 '투란도트' 감상

영화에서 주인공이 콩쿠르에 나갈 때 부르는 곡이 '투란도트' 테너 아리아 중 '공주는 잠 못 이루고(Nessun dorma)'이다. 수업 중에 오페라를 감상하기에는 너무 길고 학생들이 전체를 보기엔 지루하다. 대신 필자는 오페라복스(operavox)나 EBS에서 만든 오페라하우스를 이용한다. 오페라복스는 매우 잘 만든 콘텐츠라고 생각하지만 실제 선정성 등 문제 때문에 수업에 사용할 수 있는 작품은 별로 없다. 그중 '투란도트'와 '카르멘' 정도는 사용할 수 있다. 오페라복스 작품은 20~25분 정도로 요약되어 있어서 감상 전에 줄거리를 한번 설명해줘야 학생들이 이해하기 쉽다. 줄거리 설명 없이 감상하니 어떤 내용인지 잘 파악하지 못하였다.

3. 판소리와 오페라 비교

판소리와 오페라를 간략하게 비교 설명을 한다. 판소리 중 한 대목을 골라서 들려주고 활동지를 작성하게 할 수 있다. 이야기를 바탕으로 하는 극음악이라는 공통점을 가지지만 두 문화를 비교할 수 있는 좋은 학습이 된다. 필자가 사용하는 판소리 대목은 흥부가 중 '화초장 타령'이다. 특히 조통달 명창의 동영상을 좋아하는데, 놀부의 어리석음이 코믹하게 표현되어 처음 보는 학생들의 관심이 집중된다.

| 트롤 월드투어-다양한 대중음악 장르 학습하기 |

'트롤 월드투어' 애니메이션을 보면, 다양한 대중음악 장르들이 나온다. 특히 트롤들이 음악 장르에 따라 옷차림이나 문화도 달라지므로 음악과 대중문화를 연결시켜 수업하기 좋은 소재이다. 대중음악 장르 중 K-pop도 소개되는데 세계 속의 한국 대중문화에 대한 자부심도 생긴다.

오페라와 판소리의 비교

학년/반/번호		이름		점수	

오페라와 판소리의 공통점	

오 페 라	곡명		작곡자	
	구성요소 (뜻 쓰기)	아리아: 레치타티보:		
	넬슨도르마 Nessun dorma	(곡의 의미를 <u>오페라의 장면과 등장인물을 넣어서</u> 서술하시오.)		
	감상평 (문장으로)			

판 소 리	곡명		작곡자	
	구성요소 (뜻 쓰기)	창: 아니리: 발림:		
	반주악기			
	추임새	(추임새의 뜻과 역할, 추임새를 하는 사람을 넣어서 간단히 서술하시오.)		
	감상평 (문장으로)			

1. 공연장소(형태) / 2.배역을 어떻게 나누는지, 오페라와 판소리를 비교하여 설명하시오.

오페라와 판소리에서 음악이 없었다면 어땠을까? 음악의 역할은 무엇일까?

뮤지컬영화 '트롤 월드투어' 감상 학습지

[트롤: 월드투어]에 나왔던 다양한 장르들의 음악 중 내가 좋아하는 장르 1개를 선택하여 조사해보자.

선택한 장르:	학년	반	번호	이름

1. 장르의 기원	
2. 음악적 특징	
3. 반주하는 악기	
4. 스타일 (의상, 헤어 등)	

5. 대표뮤지션과 곡명 소개	

트롤 마을의 다양한 음악적 장르가 함께 공존한 것처럼, 우리 생활 속에서 다양한 모습들을 3가지 찾아보자.
 ex) 인종: 황인, 백인, 흑인, 혼혈

좋은 친구(좋은 지도자)가 되기 위한 방법을 영화 속 줄거리를 바탕으로 설명해 보자.

[선택한 음악장르를 그림으로 표현해 보자.]

'가상 음악회 기획하기'
수업 모델

가상 음악회를 기획해보는 수업은 학생들에게 음악 관련 직업의 다양성에 대해서 생각해 보게 하고, 우리가 보는 공연이 출연자뿐 아니라 얼마나 많은 사람들의 노력으로 완성되는지 느껴보는 좋은 음악 진로 학습 중 하나이다. 우리가 흔히 음악 관련 직업이라고 하면, 연주자나 작곡가 등을 떠올리게 되어 음악적인 재능이 있어야만 할 수 있다고 생각하기 쉽다. 그러나 학생들 중에는 음악을 듣는 것을 좋아하거나, 기획력이 있는 학생들도 있다. 각기 다른 능력의 학생들에게 다양한 자극을 주어 흥미와 관심을 가지게 하고 음악적 진로를 다양하게 열어주는 것은 매우 중요하다. 많은 차시를 할애해야 하는 수업이기도 하고, 익숙지 않은 작업이라 학생들이 집중하여 과제를 수행하기 위해서는 교사의 끊임없는 개입이 필요하다.

제일 처음 이 수업을 시작한 것은 서울의 모 학교에서 근무했던 2012년도였다. 그 당시에는 모든 기획을 종이 위에 그림이나 글로 표현하였는데, 무대장치 같은 경우 입체적으로 만든 학생들도 있었다. 최근 각 학교마다 스마트기기가 보급되어 학생들에게 개별적으로 스마트패드를 사용하여 디자인하고 엑셀이나 PDF파일로 제출하도록 하였다. 온라인 수업과 오프라인 수업이 병행되었을 때에도 어려움 없이 수업을 진행할 수 있었다.

나의 수업에는 한 모둠당 6명 정도 배정하였고, 실제 직업의식을 갖게 하고 싶어서 회사명과 직함과 연봉을 각자 책정하도록 하였다. 열심히 참여하는 학생들에게는 고액 연봉을 주고, 자기 역할을 충실히 하지 않는 학생들은 연봉이 매우 낮게 책정되는 재미있는 상황이 벌어지기도 했다. 회사 대표를 맡은 학생이 친구에게 "열심히 일하면 연봉 올려줄게."라고 이야기하면서 모둠끼리 재미있게 운영하는 모습을 보았다.

수업에 들어가기 앞서, 다양한 공연 형태를 유튜브로 보여주었다. BTS의 세계적인 콘서트 무대부터 길거리 버스킹 무대, 뮤지컬 한 장면, 오페라 한 장면, 국악 공연, 신년맞이 오케스트라 무대, 피아노 4중주 무대, 발레 공연 등 다양한 구성과 연주 장소 장르들을 보여주는 데 1차시를 썼다. 학생들이 매우 집중해서 공연을 감상하였다. 필자가 생각하기에 잘 된 공연들만 추려서 보여주었기 때문에 학생들도 감동하며 동기 유발에 최고다.

공연을 다 본 후 학생들에게 발문을 하였다. 이 공연을 만들려면 어떤 사람들이 필요한가? 평소 생각해 보지 않았던 질문이지만 학생들은 자유롭게 의견을 제시한다. 대략적으로 이런 이런 일들을 하는 사람이 필요할 것이다. 공연을 준비하고 기획하는 수많은 사람들의 인건비와 재료비, 대관비, 소모품비 등 어떤 돈들이 들어가는지 생각 해보고 필요한 돈들을 어떻게 마련해야 되는지 설명을 하였다. 티켓의 가격을 책정해 보고, 기업의 협찬을 받거나 지자체에서 지원을 받는 방법들도 설명하였다.

그리고 각자 공연을 기획해볼 것을 제시한다. 한 모둠을 6명이라 생각하고 6역할을 나누었는데 각 역할별 해야 할 과제들을 나열한 것이다.

§ 음악회 기획하기 §

- **총감독**: 공연 큐시트, 공연 섬네일
- **무대감독**: 공연무대, 조명, 카메라 설치도, 이벤트 부스 등
- **홍보부**: 공연 홍보 계획서, 홍보물, 티켓
- **캐스팅부**: 장소, 출연진, 게스트, 사회자 등 출연자 목록(출연료 기재)
- **디자인부**: 무대의상(의상스크랩북 또는 제작), 소품
- **회계부**: 지출 수입 내역표

처음 모든 모둠원들은 공연의 콘셉트, 장르와 장소를 정해야 한다. 기획 회의를 통해서 어떤 공연을 할지 결정이 되면, 각자 역할에 맞추어 과제를 수행하면 된다. 제주라는 섬의 특성 때문인지 크루즈선에서 열리는 공연을 기획한 팀이 반마다 있었다. 이 프로젝트 학습을 통해 얻은 가장 큰 성과는 평소 음악 수업시간에 조용했거나 관심이 없었던 학생들이 매우 흥미를 가지며 수업에 열심히 참여하고 좋은 성과를 냈다는 점이다. 음악 교과의 과제가 꼭 음악적인 재능(가창과 기악)만이 발휘되고 인정되어서는 안되는 중요한 이유가 된다.

가상 공연 기획하기

공연 제목					
회사명		이름	직함	역할	연봉
공연 장르		1			
		2			
공연 장소		3			
공연 일시		4			
		5			
출연자		6			
공연 기획 의도 및 줄거리 요약					

〈제출 목록〉 파일로 만들어서 클래스룸에 올리기   ★제출기한: 12월 21일 월까지
1. 총감독: 공연 큐시트, 공연 섬네일
2. 무대감독: 공연무대, 조명, 카메라 설치도, 이벤트 부스 등
3. 홍보부: 공연 홍보 계획서, 홍보물, 티켓
4. 캐스팅부: 장소, 출연진, 게스트, 사회자 등 출연자 목록(출연료 기재)
5. 디자인부: 무대의상(의상스크랩북 또는 제작), 소품
6. 회계부: 지출 수입 내역표

공연 기획하기
학습 결과물

공연 티켓 디자인

Christmas in Cruise

세계적인 가수 아이유, 셀레나고메즈, 아리아나그란데, 테일러스위프트, 빌리아일리시와 함께하는 공연!

Christmas in Cruise

워싱턴 ➡ 뉴욕
참가자:티켓을 구매하는 누구나 !
시작:저녁7시
끝:아침8시
티켓팅: 2021/12/1/오후10시부터
문의:01012345678
공연날짜:2021/12/25

mimi

좌석표

Christmas Pop Songs

Mariah Carey
of

Chrismas on the cruies

christmas show
Dec
25~26
2020
www.chrismasonthecruies.com

Friday and Saturday | 25~26 | 2 0 2 0
December | | @ 5 : 30 PM

Happy Christmas — Sydney City Tour Cruise Australia

Merry Christmas concert

N° 201225

RSVP
BY: November 25th   website

Show the KPOP BTS X BLACKPINK

BLACK PINK

MC Jang X Jessi X Jaesuk   DEC. 26. SET. ~ DEC. 29. TUE

Seat Standing A 18 / First floor

BTS Dec. 26. sat ~ Dec. 27. sun PM 2:00 - PM 7: 00

BLACKPINK Dec. 28. mon ~ Dec. 29. tue B.P PM 2:00 - PM 7:00

iN

iN Entanglement

&

BTS X BLACKPINK

장성규 x 제시 x 유재석

Address / Seoul Sports Complex, Olympic-ro, Songpa-gu, Seoul

아이유

아리아나 그란데

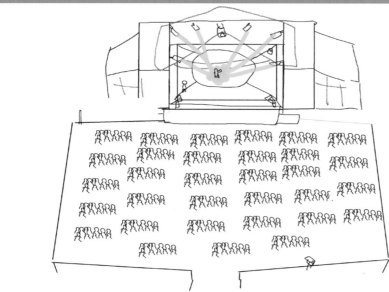

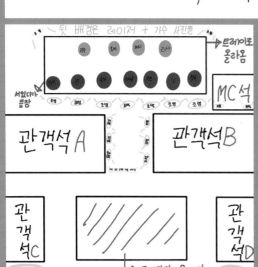

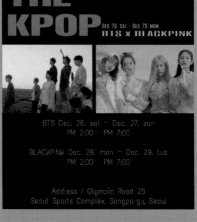

포스터, 관객석, 무대, 의상 디자인

'음악의 생활화' 수업 모델

1. 음악으로 내 소개하기

신학기 OT 수업으로 좋다. 학생들의 관심사와 수준을 평가해보고 이해하는 데 도움을 준다. 요즘 유행하고 있는 비주얼 씽킹 수업 중 손가락으로 표현하는 방법은 많은 교과에서 사용하고 있다. 5개의 손가락에 표현할 내용들은 얼마든지 교사가 변경할 수 있는데, 나는 이 양식으로 학생들과 수업하였다. 1차시는 활동지를 작성하는 시간, 2차시에는 학생들의 활동지를 쭉 스캔하여 하나씩 보면서 함께 노래도 들어보고 친구를 이해하는 시간을 가졌다. 학생들의 과제를 보면 매우 창의적이고 다양한 형태로 표현함을 알 수 있다.

2. 음악 가이드북 만들기

음악 가이드북은 일상생활에서 음악이 필요한 상황을 선택하고 거기에 어울리는 음악을 선정하여 추천하는 활동이다. 그래서 상황별로 모아 가이드북을 제작하였는데, 책자로 만들어서 전시하면 좋다. 항상 학생들에게 과제를 제시할 때에는 구체적인 활동지를 만들어서 제공하고 충분한 설명과 예시를 보여준다. 학습에서 주목할 사실은 학생들의 심리가 반영된다는 점인데, 고민이 있거나 우울한 학생들은 ② 슬픈 일로 울거나 위로가 필요할 때 상황을 많이 선택한다. 학생들의 심리 상태가 반영되며 각자 처해진 상황에서 어떤 음악으로 어떻게 위로를 얻는지 짐작할 수 있는 실마리가 된다. 학생들이 추천한 음악, 설명하는 글과 표현된 그림으로 학생들의 마음을 이해해보자.

음악 비주얼 씽킹

2021 성산중학교	학년/반/번호		이름	

MusicFingers Visual Thingking

Question

1. **엄지** 나에게 최고의 음악
2. **검지** YOU(너에게) 추천하는 음악 -you 지정
3. **중지** 가장 오랫동안 들은 음악
4. **약지** 고치고 싶은 나의 습관
5. **소지** 이번 학기 나와의 약속, 목표

How to

생각 구성, 정리 > 스케치(생각을 이미지로) > 색칠하기 > 공유하기

〈음악생활화 수행평가 음악 가이드북 만들기〉

이럴 땐 이런 음악

학년	반	번호	이름

음악이 필요한 때 (택 1)	① 신나거나 흥이 필요할 때 ② 슬픈 일로 울거나 위로가 필요할 때 ③ 집중해서 공부나 일을 할 때 ④ 사랑하는 사람(가족, 친구, 연인)과 함께 있을 때 ⑤ 실패하여 용기가 필요할 때 ⑥ 다양한 행사에 어울리는 음악(결혼식, 생일파티, 개업식 등)
추천곡명과 가수 (연주자)	추천곡명: 가수:
이 노래가 어울리는 이유	

위의 내용이 전부 들어가도록 그림으로 표현하기

학생들의
비주얼씽킹
수업 결과물

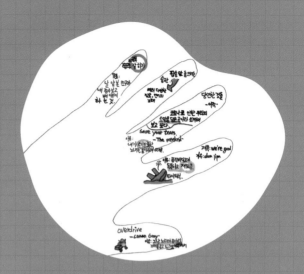

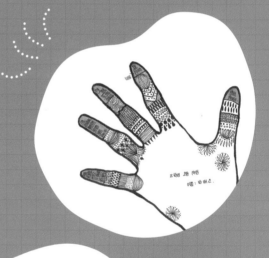

엄지

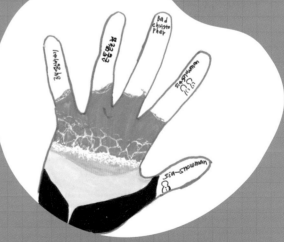

Music
Fingers Visual
Thingking

검지

약지

중지

소지

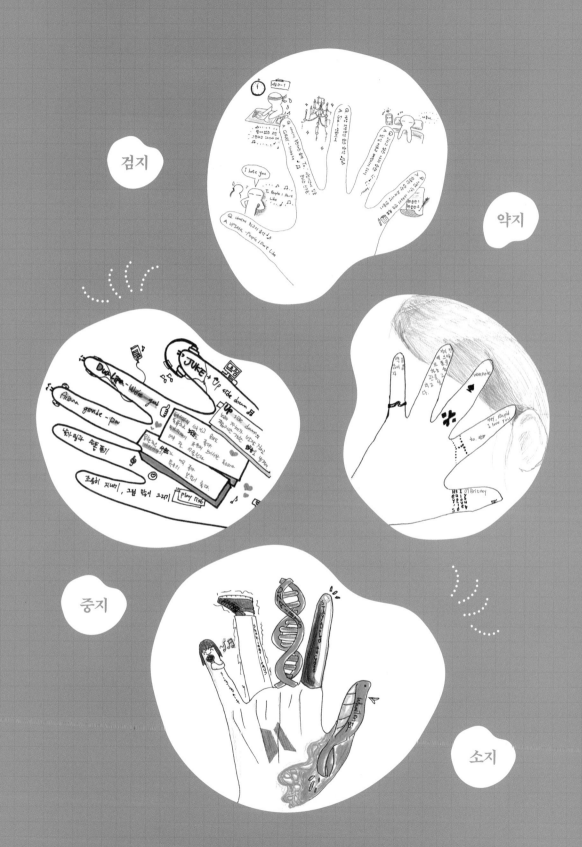

음악 가이드북
만들기 수업
결과물

운명교향곡
베토벤

이럴 땐
이런 음악
~~~~♩

쇼팽 왈츠
쇼팽

◀◀ ⏸ ▶▶

Jump up Super star
수퍼마리오 게임 음악

◀◀ ⏸ ▶▶

Honest
Pink Sweet

'동요 악보 만들기(청음과 이론의 종합)' 수업 모델

동요 악보 만들기 수업은 2013년부터 시작하여 점점 발전된 형태의 수업 모델이다. 과정 중심 평가 모델로 좋다.

내가 평소에 부르는 노래의 리듬을 음표로 어떻게 표현하는지, 음정이 어느 정도 간격인지 우리는 알고 있을까? '영어를 들었을 때 스펠링을 알고 도형을 보았을 때 길이와 각도를 대략 짐작할 수 있는 것처럼, **음악에서도 실행과 기호를 연결시켜 표현**할 수 있게 해보고 싶다.'라는 질문에서 출발한 이 수업 모델은 시창과 청음을 수업시간에 어떻게 접목할 수 있는지에 대한 가이드가 될 수 있다. 내가 부르는 노래를 악보로 표현하기 위해서는 기본적인 음악 기호와 이론에 대해서 이해가 필요한데, 이론과 실행과 청음까지 집약된 수업 모델이다. 총 5차시로 진행되고, 5단계로 과정중심평가를 실시하였다.

표 3-4 수업 과정

단계	수업 주제	수업 내용
1단계 (1~2차시)	음표와 리듬	• 온음표부터 32분음표까지 2분할되는 음표의 길이와 이름, 모양 알기 • 3분할 음표(셋잇단음표), 점음표 알기 • 활동지의 진한 동그라미에 음표를 표현해보기 　①2분음표만 ②4분음표만 ③8분음표만 ④점4분음표, 점8분음표 • 활동지의 연한 동그라미에 쉼표를 표현해보기 　(음표와 같은 음가로 쉼표로 바꾸어 표현)

단계	수업 주제	수업 내용
1단계 (1~2차시)	음표와 리듬	• 리듬카드를 보면서 교사 리듬치기 듣기(음표와 실제연주를 연결시키기) • 순서 맞추기: 리듬카드의 순서를 섞어서 4가지 연주 (총 4문제 듣고 숫자로 맞추기, 매우 재미있어 함.) • 학생 중 문제를 내보고 싶은 지원자를 받아서 추가로 맞춰 보면 더 재미있음. • 평가지 풀기(2번 문제는 숫자로 적지 않고 음표로 적게 한다.)

2단계	화음과 음정	• 조율법 설명하기(순정율, 평균율, 삼분손익법)
		• 협화음과 불협화음 듣고 구별하기
		• 장화음과 단화음 듣고 구별하기
		• 음정에 해당하는 노래 찾기(장2, 단2, 장3, 단3, 완4, 완5, 장6, 단 6 수업함)
		  장2를 계속 들려주면서 떠오르는 노래들을 불러보게 하고, 교사가 학교종,
		  아리랑 등으로 연결시켜줌. 학생들이 많지는 않아도 간혹 좋은 곡들을 찾아냄.
		  한 음정당 5~6곡 정도 함께 찾는데, 수업 참여도도 매우 높고 모든 학생들이
		  재미있어 함.
		• 평가지 풀기

3단계	박자와 빠르기	• 박자를 2/4, 3/4, 4/4로 설명하지 않고 계통으로 설명함.
		• 실제 곡들을 들려주면서 박자를 느껴보도록 함.
		• 학생들이 좋아하고 평소 알고 있는 곡들을 피아노로 일부 들려주면서 박자를
		  맞춰보게 함.
		• 터키행진곡, 위풍당당행진곡, 쇼팽 왈츠, 베토벤 소나타 등 다양한 곡들을 활용.
		  총 20곡 정도를 교사의 피아노 연주로 감상하고 맞춰보는 시간이라 매우 인기
		  가 좋았음.

4단계	동요를 음표와
	계이름으로
	표현하기
		• 평소 잘 알고 있는 동요들을 직접 불러보면서 추측하기
		• 몇 박자인지 맞춰보기
		• 박자를 세면서 가사 나누기
		• 박자를 세면서 음표로 리듬 표현하기
		• 노래를 부르면서 계이름으로 표현하기
		  - 총 16마디이므로 8마디 곡은 선택하지 않도록 주의를 준다.
		    (학교종, 나비야, 비행기 등)
		  - *친한 친구들끼리 집단 지성을 발휘할 수 있도록 자유를 줌.*
		  - *과정 자체에 의미를 두었으므로 교사도 돌아다니며 도와줌.*
		  - *피아노를 이용할 수 있도록 허락함.*
		  - *손가락으로 박자를 열심히 세어가며 노래부르면서 즐겁게 학습함.*
		  - *채점기준을 느슨하게 하여 몇 개 오류가 있더라도 감점시키지 않음.*

5단계	악보로 기보하기	• 4단계에서 한 학습을 오선보에 기보해 보는 학습
		• 음표의 간격, 기둥 모양, 기둥 길이, 계이름 표기 등 기보에 필요한 주의사항을
		  미리 이야기함.
		• 채점기준에만 기순하여 채섬함.
		  (4단계에서 이미 오류가 있었던 계이름과 리듬의 오류를 적용시키지 않음.)

표 3-5 참고(음정에 따른 노래, '활동지 17'의 활동 4)

(장)2도	(장)3도	(완전)4도	(완전)5도	(장)6도
생일축하노래 학교종 아리랑 봄봄봄(처음) 벚꽃엔딩(그대여) 마법의 성(믿을 수) 봄사랑 벚꽃 말고 언제나 몇 번이라도 수고했어, 오늘도 나는 나비 고요한 밤 거룩한 밤 동요 비행기 풍선(도입) 당신은 사랑받기 위해 루돌프 사슴코 붉은 노을(후렴) 캉캉 캐리비안의 해적	곰세마리 뻐꾸기왈츠 똑같아요 바둑이방울 너의 의미 아빠와 크레파스 축혼행진곡(전주) 우리 집에 왜 왔니 브람스 자장가	애국가 섬집아기 마법의 성(후렴) 산중호걸 멋쟁이 토마토 솜사탕 Summer 할아버지 시계 라쿠카라차 인생의 회전목마 베토벤바이러스 개구리와 올챙이 석별의 정 We wish a merry christmas 결혼행진곡(바그너) 염소4만원 Merry me(후렴) 헤그리드 테마	작은별 Moon River 여수밤바다 미녀는괴로워 (마리아) 태어나서처음으로 (First-time) 미뉴에트 in G 타요주제곡 움파룸파	사랑의 인사 흰 눈 사이로 스승의 은혜 축배의 노래 쇼팽 녹턴 No.2 제주도 푸른밤(떠나요)

(단)2도	(단)3도			(단)6도
엘리제를 위하여 편지(여기까지가) Let it go(전주) 핑크퐁 상어가족(전주) 혜화동(전주) Into the Unkown (아아아아) 환희의 송가 모차르트 자장가	나비야 아기염소 바람이 불어오는 곳 Memories(후렴) 태연의 사계(후렴) 창밖을 보라 조개껍질묶어 산토끼 벼랑 위의 포뇨 토토로 캐논 변주곡 여행을 떠나요 Merry me(도입)			쇼팽 왈츠 7번 벚꽃엔딩(후렴) The Entertainer B Rossette 템페스트 3악장 바다가 보이는 마을

표 3-6 참고(박자에 따른 곡, '활동지 18'의 박자의 종류)

박자	해당 악곡
2박자 계통	특징: 긴박, 경쾌함, 행진에 어울림, 쫓기는 느낌 La Campanella 베토벤 소나타 8번 3악장 슈베르트 Die Forelle 슈베르트 악흥의 순간 엘가 위풍당당행진곡 모차르트 작은 별 변주곡 쇼팽 즉흥환상곡 He's A Pirate(캐리비안해적 OST) 모차르트 터키행진곡

박자	해당 악곡
3박자 계통	특징: 춤곡, 움직임이 느껴짐, 편안한 느낌
	The Last Waltz(올드보이 OST)
	쇼팽왈츠 7번, 10번
	베토벤 엘리제를 위하여
	젓가락행진곡
	인생의 회전목마
	해리포터 OST 'HEDWING'S THEME'
4박자 계통	특징: 흐름과 진행의 느낌, 안정적인 느낌
	River Flows in you
	모차르트 소나타 15번 1악장
	베토벤 소나타 8번(비창) 1악장(4박 〉2박으로 바뀜)
	Summner(기쿠지로의 여름 OST)
	드뷔시 아라베스크
	캐논 변주곡
	슈만 Träumerei
	바흐 프렐류드 1번

상황에 따라 5~6차시 정도 소요된다. 필자는 올해 수업에서 3단계 수업을 하고 20여 분 동안 1~3단계를 종합하여 퀴즈를 내어 맞추는 시간을 가졌다. 플리커스(plikers)라는 프로그램을 가지고 퀴즈 형태로 수업하였는데 매우 유익한 시간이었다. 실제로 사용해보니 플리커스 프로그램은 듣기평가에 아주 적합한 도구였다. 이런 형태로 총 15문제를 골고루 내어 그동안의 학습을 한번 정리해 보는 시간을 가졌다. 플리커스의 가장 큰 장점은 교사만 스마트기기를 사용하면 학생들은 개인 QR코드를 들고 방향만 정하면 되기 때문에 간편하고 시간이 단축된다는 점이다. 만약 학교의 와이파이 환경이 좋지 않다면 플리커스를 추천한다.

멘티미터(Mentimeter)나 퀴지즈(Quizizz) 같은 경우는 학생들도 스마트기기를 사용해야 하는데, 학생들이 들어오고 로그인하는 데 꽤나 시간이 소요된다. 물론 그 프로그램들도 잘 사용하여 재미있게 수업한 경험이 있다. 상황에 따라서 선택해서 사용하면 좋겠다. 멘티미터 사용은 나른 부분에서 나시 실명하겠다.

그림 3-1 플리커스(plikers) 프로그램으로 만든 퀴즈 화면

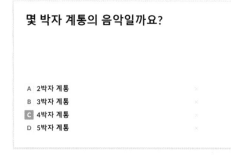

　　순회 가는 학교까지 여러 수준의 학생들을 수업해 보았는데 4단계의 학습에서 1차시에서 끝나는 반이 있는가 하면, 2차시를 사용해야 하는 학생들도 있다.(학교와 학년에 따라 다름.)

01. 각각 다른 QR 코드를 듣고 생각하는 답안이 위로 향하게 든다.
02. 플리커스 앱을 깔고 교사의 핸드폰 카메라로 비치면 정답인 경우 초록색, 오답인 경우 빨간색으로 표시된다.
03. 답이 인식되면 학생 이름이 파란색으로 바뀐다.

음악 활동지: 동요악보 만들기 1

학년	반	번호	이름

● 활동 1: 음표와 쉼표를 동그라미 안에 표현해 보자.(동그라미 1개는 4박자를 기준함)

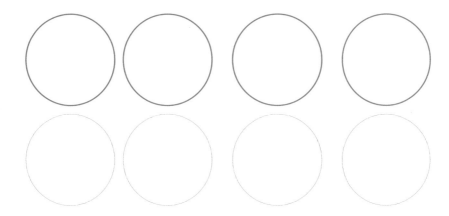

● 활동 2: 선생님이 연주하는 리듬을 듣고 순서를 나열해 보자.

- 절 취 선 -

학년	반	번호	이름	점수(20점 만점)

● 문제 1: 음표와 쉼포를 활용하여 동그라미 2개를 완성해 보자.

　조건 1 - 음표와 쉼표를 섞어서 최소 3가지 종류 이상 사용해야 함
　조건 2 - 정음표가 1개 이상 들어가야 함
　조건 3 - 빈칸이 없이 동그라미(4박)가 완성되어야 함

● 문제 2: 선생님이 연주하는 리듬을 듣고 음표로 써보자.

음악 활동지: 동요악보 만들기 2

학년	반	번호	이름

- 활동 1: 레오나르도 다빈치, 피타고라스, 아인슈타인, 브로딘, 리차드 파인만, 레이몬드 스멀리언, 이 유명한 학자들의 공통점은 무엇일까?

- 활동 2: 순정율, 평균율, 삼분손익법에 대한 선생님의 이야기를 듣고, 간단히 요약해보자.

- 활동 3: 선생님이 들려주는 소리를 듣고 구별해 보자.
  - 협화음 VS 불협화음
  - 장화음 VS 단화음

- 활동 4: 음정 구분하기(완전, 장, 단)

( )2도	( )3도	( )4도	( )5도	( )6도
( )2도	( )3도			( )6도

----------------------------- 절 취 선 -----------------------------

학년	반	번호	이름	점수(20점 만점)

- 문제1: 선생님이 들려주는 화음을 듣고, 장화음과 단화음으로 구분해 보자.
  문제 ①   문제 ②   문제 ③   문제 ④

- 문제2: 선생님이 들려주는 화음을 듣고, 어떤 음정인지 적어보자.
  문제 ①   문제 ②   문제 ③   문제 ④

음악 활동지: 동요악보 만들기 3

학년	반	번호	이름

● 박자와 관련된 용어들
  - 박자:

  - 빠르기:

● 박자의 종류

	박자표&강약	지휘모형	해당 악곡
2박자 계통			특징: 긴박, 경쾌함, 행진에 어울림, 쫓기는 느낌
3박자 계통			특징: 춤곡, 움직임이 느껴짐, 편안한 느낌
4박자 계통			특징: 흐름과 진행의 느낌, 안정적인 느낌

음악 활동지: 동요악보 만들기 4

| 학년 | 반 | 번호 | 이름 |

● 제목:

● 박자:

● 방법:
1. 가사 쓰기(마디에 맞춰서)
2. 음표 그리기
3. 계이름 써보기

가사				
음표				
계이름				
가사				
음표				
계이름				
가사				
음표				
계이름				
가사				
음표				
계이름				

음악 활동지: 동요악보 만들기 5

학년   반   번호   이름

● 방법

1. 학습지 4의 가사, 음표, 계이름을 바탕으로 오선보에 기보하기(1줄에 4마디씩)

2. 16마디 이상은 그리지 않기

3. 채점기준

   1) 박자표를 올바르게 그렸는가?

   2) 마디 안에 음표의 간격을 적절히 나누었는가?

   3) 음표를 올바르게 그렸는가?(기둥 모양, 기둥 길이, 걔이름 정확도 등)

   4) 가사를 올바른 위치에 적었는가?

[악보표기 예시]

하 늘은 맑 고 봄바람은솔솔 참새들은짹짹 하 안 구름따 라 뛰어 보 자

음악 활동지: 동요악보 만들기 4

| 2학년 | | 반 | 번호 | 이름 | A |

- 제목: 산중호길

- 박자: $\frac{4}{4}$박!

- 방법:
  1. 가사 쓰기(마디에 맞춰서)
  2. 음표 그리기
  3. 계이름 써보기

가사	산 — 중.	호걸이라 하는	호랑님의	생일날아 되어
음표	♩ ♩	♪♪♪♪ ♩♩	♩♩♩♩	♪♪♪♪ ♩♩
계이름	ⓓ 솔´	미레미레 미도	솔도 미솔	미레미레 미도
가사	각색 짐승	공원에 모여	무도회가	열렸네
음표	♩♩♩♩	♪♪♪♪ ♩♩	♩♩♩♩	♩♩♩
계이름	ⓓⓓ 솔솔	미레미레 미도	솔도미솔	미레도
가사	토끼는	춤추고	여우는	바이올린
음표	♩♩♩	♩♩♩	♩♩♩	♪♪ ♩♩
계이름	라라라	라라라	라ⓓⓓ	라솔라솔
가사	찡 — 깐	찡깐찡깐 찡깐	찡깐 찡깐	하더라
음표	♩ ♩	♪♪♪♪ ♩♩	♩♩♩♩	♩♩♩
계이름	ⓓ 솔	미레미레 미도	솔도미솔	미레도

음악 활동지: 동요악보 만들기 5

2학년 ___1___ 반   번호   이름   A

● 방법

1. 학습지 4의 가사, 음표, 계이름을 바탕으로 오선보에 기보하기(1줄에 4마디씩)

2. 16마디 이상은 그리지 않기

3. 채점기준

   1) 박자표를 올바르게 그렸는가? ○

   2) 마디 안에 음표의 간격을 적절히 나누었는가? ○

   3) 음표를 올바르게 그렸는가?(기둥 모양, 기둥 길이, 계이름 정확도 등) ○

   4) 가사를 올바른 위치에 적었는가? ○

[악보표기 예시]

하 늘 은 맑 고 봄바람은솔솔 잠새들은팩팩 하 안 구름따 라 뛰 어 보 자

산중호걸

'화성학' 수업 모델

1. 화성 분석하기

화성 분석은 주요 3화음에 대해 학습하고, 구성음으로 어떤 화음인지 분석해보는 것이다. 추가적으로 비화성음의 종류(보조음, 경과음)와 마침꼴 형태에 대한 학습도 해야 한다.

2. 한도막 형식 가락 짓기

한도막 형식 가락 짓기 수업은 화성 분석하기의 다른 버전이라고 할 수 있는데, 둘 중 하나를 선택할 수 있고, 두 가지를 차례로 수업하기도 가능하다. 8마디에 쓸 수 있는 화음을 미리 제시하고, 화성음과 비화성음을 골고루 쓸 수 있도록 지도한다. 화음이 정해졌기 때문에 대부분 안정적인 작품이 나온다. 가락 짓기 수업을 하였을 때 학급 학생 수가 적었던 때라, 학생들이 만든 노래를 필자가 피아노로 반주하면서 들어보고 어색한 부분을 수정하는 작업을 하였다. 규칙에 맞추어 곡을 적으면 노래처럼 들리는데 학생들이 자신이 만든 노래가 연주되는 과정을 매우 흥미있어 하였고, 자연스러운 흐름이 되도록 계이름이나 리듬을 수정하면서 곡의 완성도가 높아진다.

3학년 1학기 화성 분석 수행평가지

점수	3학년	반	번호	이름

〈수행평가 1〉 각 괄호에 어울리는 화음기호 적기 (Ⅰ Ⅳ Ⅴ 중에 선택)

〈수행평가 2〉 비화성음 동그라미 치고, 종류 적기 / 마지막 3번째, 4번째 줄 마침법 종류 파악하기

3학년 1학기 한도막 형식 창작 수행평가지

점수	3학년	반	번호	이름

※ 8마디 악곡 만들기

'학급 노래방'
수업 모델

2020년부터 코로나19 팬데믹 현상으로 인해, 학생들이 스트레스를 풀고 신나게 노래를 불러보는 시간이 필요하다는 생각이 들었다. 방역 때문에 한동안 특별실 이동수업이 제한되어 음악실에 가지 못했고, 비말 확산 때문에 가창 수업을 거의 못 했다. 학생들도 방과후나 주말에도 여가 시간을 즐길 수 없어 답답했을 것이다. 마침 음악실을 리모델링하면서 음악실 뒤에 작은 무대를 만들었는데, 무대에 미러볼을 설치하고 유튜브의 노래방 MR을 사용하여 학급 노래방을 열어보았다. 자칫 수업시간이 노래와 유흥에만 집중될 수 있기 때문에 주의가 필요했다. 학생들에게 학기초에 공지하였는데 5월 중순 학급 노래방 시간을 위해 3월부터 준비하고 매우 기대하여서 놀랐다.

수업 과정 중 하나인 만큼 3차시에 걸쳐서 과정을 평가하는 방식을 선택했다. 1인이 노래할 경우 1절만, 2인이 노래할 경우 곡 전체를 부르도록 하였더니 실제 가창 시간은 2차시로 충분했다.

1차시에는 노래를 검색하고 선택하여 조사하는 시간을 주었다. 노래 분석 30%, 가창 50%, 참여 태도 20%로 배분하였다. 학생들의 경연 순서는 각 반에서 음악부장을 중심으로 자유롭게 정하도록 했으며 무대에 오르면 자신의 이름을 이야기하고, 부를 노래에 대한 설명을 학습지에 쓴 내용을 암기하여 소개해야 했다. 가사를 외웠는지 노래를 잘 파악하여 틀리지 않고 불렀는지에 대한 평가도 있었다. 각 반마다 카카오톡 오픈채팅방을 개설하여 친구들이 노래부를 때 실시간으로 댓글을 달도록 하였는데, 악플 금지 조항을 넣어 무조건 좋은 내용만 쓰도록 하였다. 오픈 채팅방에서는 노래를 부른 학생들도 친구들의 반응을 볼 수 있었고, 적극적으로 참여하는지 교사가 모니터도 가능했다. 실제 가창능력이 뛰어나 노래를 잘 하는 학생들은 전체의 20% 정도였고, 나머지는 평범하였는데 실시간 반응에서 '니가 최고야!', '멋져!', '무대를 찢었다', 각종 이모티콘까지 반응이 너무나 뜨겁고 재미있었으며 친구들끼리의 사이가 돈독해지고 단합된 분위기가 만들어졌다. 간혹 실수하는 친구들에게도 응원해주고 격려해주는 문화가 자연스럽게 형성되어 좋았다.

그 외에 가산점을 준 항목이 2가지 있었는데, 무대에서의 퍼포먼스와 응원 피켓이었다. 소품을 가져온 학생, 무대의상을 준비한 학생, 춤을 추는 학생, 짧은 연기를 한 학생 등 다양하고 창의적인 퍼포먼스들이 있었다. 필수 조건이 아니라서 안 한다고 하여 감점이 되진 않지만 준비하면 더 좋은 점수를 주었다. 응원 피켓은 친구들을 응원하는 내용의 피켓을 만들어 오는 것이었는데, 야광봉이나 풍선 같은 것은 해당되지 않고 직접 손으로 만든 피켓만 인정해주었다. 반마다 여럿 만들어 오는 학생들이 있어서 학급 노래방 분위기는 더욱 무르익었다.

음악실의 크기가 다른 교실에 비해서 넓고, 한 반이 23~25명 정도여서 각 반별로 옹기종기 모여 2차시 동안 이루어진 학급 노래방은 학생들이 최고의 수업으로 꼽을 만큼 인기도 많았지만, 각 담임 선생님들께서 구경 오시고 담임 선생님 노래도 들어보면서 반 단합에 크게 기여하였다.

점수가 공개된 이후, 노래를 다 외워서 잘 불렀다고 생각했는데 80점대가 나왔다는 학생들이 몇 있었는데, 실제 노래에 해당되는 점수가 100점 중 40점이기 때문에 노래만 잘 했다고 좋은 점수를 받을 수 없다. 노래에 대한 조사를 잘 했는지, 무대에 올라갔을 때 노래 소개를 잘 했는지도 못지않게 중요하다. 전체 인원 중 3명 정도가 친구들 앞에서 노래하고 싶지 않아서 무대에 올라가지 않았지만, 가창에서는 점수를 받지 못했어도 학습지와 오픈 채팅방 참여도에 따라 점수를 부여했기 때문에 기본 점수를 받은 친구는 아무도 없었다. 그리고 전체적인 분위기가 자유롭고 좋아서 노래를 하지 않겠다고 한 학생들 중 뒤늦게 무대에 올라가서 노래를 해낸 학생들도 꽤 있었다.

〈2021년 1학기 가창 수행평가〉

학급 노래방 - 나도 가수다(제출용)

	학년	반		번호		이름	

곡명-가수명				**유튜브 제목** (조성 나오게 정확히)		
목소리와 선곡의 어울림 (선생님이 채점합니다)	상	중	하	**재생시작시간**		

이 노래를 선택한 이유	이 노래의 특징
	나와 이 노래의 연관성

★ **채점기준** ★　　　1인 노래 시: 한 절만　　　　2인 노래 시: 노래 전체(제창 안 됨)

음악분석	가창(50점)				공연참여태도(10점)		친구공연평가(10점)
(30점) 교사채점	노래 소개하기 (외워서)	10	8	6	4	적극적으로 참여	10	Kakao 오픈 채팅방 실시간 글 올리기
	가사 외우기	20	16	12	8	일부분 참여	7	
	음정 박자 맞게 부르기	20	16	12	8	참여하지 않음	4	
	춤, 퍼포먼스 (가산점)	5	3	1	0	응원 피켓(가산점)	3	

PART 14 '판소리의 세계화' 수업 모델

최근 수궁가의 매력이 재조명되었다. 한국관광공사에서 만든 한국 관광 홍보 영상 때문인데, 이날치가 부른 '범 내려온다'가 전 세계의 사랑을 받고 있다. 판소리 수업을 할 때 춘향가, 흥부가, 심청가 등을 학습하였지만 사실 필자조차 수궁가는 잘 알지 못했고 수업한 적이 없었다. 학생들도 동료 교사들도 '범 내려온다'의 주제를 흥얼거리며 부르는데 사실 어느 대목인지 무슨 내용인지 알지 못한 채 그저 부르고 있었다. 그래서 수궁가에 대한 조사를 하다가 탄생한 수업이 '판소리의 세계화'이다. 수업의 주제는 '한국관광공사' 홍보 동영상을 본 사람들에게 도움을 줄 수 있는 홍보자료(관광 가이드)를 제작하는 것이다. 이 수업도 온라인과 오프라인 수업 병행이 가능하다.

필자는 1학기에 최소 1개의 프로젝트 수업을 진행하는 편이고 동료 교사들에게도 추천한다. 그리고 음악 교과이지만 글 쓰기를 매우 중요하게 생각하는데, 글을 읽고 자신이 정리하여 써보는 학습을 학기마다 꾸준히 하다 보면 학년을 거듭할수록 글쓰기 실력이 는다.

표 3-7 수업과정

차시	수업 주제	수업 내용
1차시	판소리 조사하기	• 영상 1가지와 사전 2가지를 제시한다. (참고 자료, 활동지24에 기재) • 3가지의 자료를 보고 그 안에서 내용을 분석하여 활동지 작성
2차시	수궁가 알아보기	• 판소리 수궁가의 설명 영상 감상 (추천영상: '장민지 국악교육TV'의 '동화에 없는 진짜 판소리 수궁가 이야기') • 전체적인 수궁가의 줄거리와 대표 대목들의 제목을 학습 • 교사의 설명을 듣고 활동지 작성. 활동지 중 ★에 들어갈 단어는 '똥'이다. • 유튜브 영상 중 '장민지 국악교육TV'에 관련 영상들이 몇 개 있는데 그중 1~2개를 선택하여 보여줌
3~5차시	한국 홍보영상 조사하기	• 한국관광공사TV에서 만든 홍보영상을 감상 • 수궁가의 대목이 하나씩 삽입된 한국 홍보동영상 7개 중 택 1 (서울, 부산, 광주, 안동, 목포, 강릉, 인천) • 선택한 영상을 기준으로 활동지3 작성
6~7차시	한국 홍보자료 제작하기	• 3차시 학습 내용을 바탕으로 4페이지의 한국 홍보자료 만들기 • 용지 따로 제공 • 외국인들을 위한 홍보자료 제작 시 가산점 부여 (영어, 독일어, 태국어, 러시아어까지 다양한 언어로 제작되었다. 필자의 인스타그램에서 작품들을 볼 수 있다.)

추천영상

〈장민지 국악교육TV〉

국악수업에 유용한
영상들이 많아요.

2021년도 1학기 판소리의 세계화 1

학년	반	번호	이름

제시한 글과 영상을 감상하고 학습지를 작성합니다.	유튜브 동영상	https://youtu.be/3eMlSCq4bKM 역사채널e '판소리'

참고할 글

1. 교과서에 나오는 유네스코 세계 문화유산 '판소리'
https://terms.naver.com/entry.naver?docId=1582273&cid=47318&categoryId=47318

2. '판소리' 이야기에 몸짓을 섞어 가면서 부르는 노래
https://terms.naver.com/entry.naver?docId=959986&cid=47303&categoryId=47303

극음악이란 무엇인가? 극음악에서 음악이 주는 효과는 무엇인가? 내 생각을 자유롭게 서술하시오.

판소리의 사전적 뜻

판소리의 구성요소 3가지에 대해 설명하시오.

1. 소리(창):

2. 아니리:

3. 발림:

판소리 연주자의 형태에 따른 연주법(역할)에 대해 서술하시오.

1. 소리꾼:

2. 고수:

판소리에서 중요한 요소인 '추임새'의 뜻, 역할에 대해 설명하시오.

신재효와 판소리의 역사에 대해 설명하시오.

'종합예술'의 판소리에 대해 설명하시오.

판소리 마당의 제목을 나열하시오.

- 12마당

- 5마당

- 12마당에서 7마당이 없어진 이유는?

2021년도 1학기 판소리의 세계화 2 〈수궁가 파헤치기〉

학년 반 번호 이름:	점수(20점)

판소리 수궁가의 특징

1. 수궁가 문학:
2. 등장인물과 그의 성격
　　① 토끼
　　② 별주부
　　③ 용왕
3. 이야기가 주는 교훈:

4. 수궁가 한 줄 요약:

수궁가 줄거리와 대표 대목

남해 용왕 광리왕이 주육(酒肉)을 지나치게 즐기다가 병을 얻는다.

도사가 내려와 여러 가지 약과 침을 써보지만 낫지 않고, 다시 진맥을 해보더니 토끼의 간이 유일한 약이라고 일러준다.
　　[① 대목: 약성가　　　　　　　　　]

용왕은 크게 탄식하며 토끼의 간을 구할 방법을 의논하고자 수궁의 만조백관을 어전으로 불러들인다.
　　[② 대목: 어류도감　　　　　　　　]

거북, 조개, 물메기 등이 천거되나 이를 반대하는 신하들의 의견이 이어지고, 방게는 자원했다가 창피만 당한다.
　　[③ 대목: 신의 고향　　　　　　　]

결국 육지에 나아가 토끼의 간을 구해오겠다는 별주부의 상소가 받아들여진다.

토끼의 모습을 그린 화상을 받아들고 [④ 대목: 토끼화상　　　　　　　　]

모친, 아내와 작별한 별주부는 수궁을 떠나 육지에 도착한다. [⑤ 대목: 고고천변　　　　　]

이때 온갖 날짐승, 길짐승들이 모여 서로 높은 자리에 앉겠다고 상좌 다툼을 하는 모습을 보게 된다.

별주부는 그곳에 있던 호랑이를 토끼로 착각하고, 그가 '토생원'인지 물어본다는 것이 '호생원'이라고 잘못 발음해 호랑이와 맞닥뜨리게 된다. [⑥ 대목: 범 내려온다　　　　　　]

순간적인 기지를 발휘해 호랑이에게 잡아먹힐 위기를 가까스로 모면한 별주부는 정성스럽게 산신제를 지낸다.

드디어 토끼가 눈앞에 나타나자, 별주부는 수궁이 육지보다 훨씬 살기 좋은 곳이라는 달콤한 말로 토끼를 유혹한다.

겨우 토끼를 꾀어 데리고 가는 길에 여우가 나타나 토끼를 만류한다.

별주부는 꾀를 내어 토끼를 다시 설득하고, 무사히 수궁에 도착한다. [⑦ 대목: 범피중류　　　　　　　]

토끼를 잡아들이라는 명령이 떨어지는 것을 듣고서야 토끼는 제 간을 약으로 쓰기 위해 별주부가 자신을 데려왔음을 알게 된다. [⑧ 대목: 좌우나졸　　　　　　]

이에 토끼는 간을 빼어 육지에 두고 왔다는 거짓말로 용왕을 속이고, [⑨ 대목: 토끼 배 가르는 대목　　　　　]

수궁에서 극진한 대접까지 받는다. [⑩ 대목: 약일래라　　　　　　　]

별주부가 항의해보지만 이미 토끼의 꾀에 제대로 속아 넘어간 용왕은 토끼를 육지로 돌려보낼 것을 명한다.
　　[⑪ 대목: 별주부가 울며 여쫘오되　　　　　]

별주부의 등에 업혀 육지로 돌아온 토끼는 어서 간을 가지고 나오라고 사정하는 별주부를 조롱하며 자신의 ★을 던져주고 달아난다. 별주부는 간이라고 속이고 용궁으로 돌아가고, 별주부의 충성으로 용왕은 ★을 먹고 쾌차한다.

죽을 고비를 넘겼다는 기쁨도 잠시, 토끼는 사람이 놓은 그물에 걸리고, 독수리에게 쫓기는 [⑫ 대목: 의사줌치　　　　　]

등 여러 위험에 처한다. 그러나 토끼는 그때마다 절묘한 꾀를 써서 용케 위기에서 벗어나며 산중에서 살다가 월궁으로 간다. 끝.

2021년도 1학기 판소리의 세계화 3
〈한국 관광도시 파헤치기〉

학년 반 번호 이름:		점수(30점)	
선택 도시		**배경음악 제목**	
한국 홍보자료의 제목 **(간단하게, 도시의 특징과 이름이 함께 들어가도록)**			
ENJOY 동영상에 나오는 장소들과 설명(4곳 이상)			
EAT&SHOPPING 도시의 대표적 음식 또는 특산물 등 2가지 이상			

271

동영상에 등장하는 한국 의상 소개하기(아이템 1가지)

동영상 배경음악 가사 & 해석(동영상에 나오는 부분만)
판소리 수궁가 중 어떤 장면에 해당되는가?

[가사]

[가사 해석]

272

2021년도 1학기

판소리의 세계화 4
〈한국 관광홍보물 제작하기〉

제작물 가이드: 구성에 따라 순서를 바꿔도 됩니다.	
1페이지 표지	1. 한국홍보자료의 제목 2. 표지 디자인
2페이지 음악	1. 수궁가 소개 - 판소리 한 줄 소개, 수궁가 한 줄 요약 2. 동영상 배경음악 - 제목, 수궁가 장면, 가사, 해석 3. 동영상에 나오는 의상 아이템 소개(1가지)
3페이지 관광포인트	1. 관광장소 소개 - 4곳 2. 즐길 거리 - 대표 음식 및 특산물(2가지 이상)
4페이지 관광지도	1. 도시 소개글 2. 도시 관광지도 3. 관광포인트 표시

학생들의
학습 결과물

Busan

한반도의 최서남단, 목포

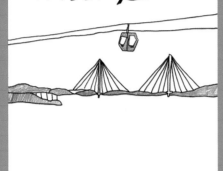

▪ 수궁가란?
→ 토끼와 별주부의 옥고 속이는 대결을 통해
 조선 후기 사회를 풍자하고 있는 판소리 다섯마당 중 하나
 ＊ 판소리?: 소리꾼과 고수가 음악적 이야기를 엮어 연행하는 고전 민속악

▪ 동영상의 배경음악?
· 세로

별주부가 울며 여쭈오되

· 가사 해석

토끼란 놈 본시 간사하여, 월출봉에 대끼러라. 섬에 올라 섰던 토끼 벼락이 달린 건 아니 내고 모면, 초록공작도 버드랑 찾아네 떤떤제 울며 여쭈오되 ×5	아, 이놈 용왕들아 칭펄에 처음보던 네가 어디 가얐는데 옛 말을 내가 들었느냐! 허말이 약질이라 용왕 살려볼 마음에 억지로 죄었으니 나도 이놈 내 배를 따 놓아 같이 용신에 들어가니다. 여래 이놈 별주부가 ×5	민정이 간이 아니 물었으면 완완한 나의 철벽 같이 높이되리, 너희 종왕 백번 살려 이후로 몸 달려 다 죽여, 너의 수궁 만년부귀 한 날 뜻이 내묘 다 죽어 사러리라. 아나 뱃짐 배 갈러라 ×3 늘 빼어라 돌 것 없다. 내 뱃짐 꽉다 네 뱃짐다.

· 진양조로 다양하
 · 제가 철썽 다 버서
 · 초록공작도 ～ 쓰니까
 · 세상 모순가 변조됩니다.

· 진양조 ～ 기왕지사
 · 챙펄에 처음 보듯 내가 어서
 · 뺏지났던 하나나
 · 허말이 ～ 되었으니
 · 억지로 죄었으니 놀이 용왕
 · 얼마나라 하기 들면 내 뺏지 않았으니

· 버지 챙쌍 ～ 돌 살리라요.
 · 너의 종왕 백번 늘 말하 따로
 · 너의 쳤 ～ 사러리라.
 · 물러나 온 줄러지시 한 날 한 시
 다 죽어쿠러지되

── 한복 – 혼례복 → 혼인할 때 입는 예복

신랑: **사모관대** → 혼인할 때 착용하던 관모

문무백관이 근무시 착용하였던 관모

← 사모관대

신부: 한삼이나 **활옷**을 입는다.

결혼 이후 하려했을 때마다 가능 맞춰 말려 전수세대 예복

← 활옷

▪ 목포??

◆ 위치: 전라남도 남서단 영산강 하구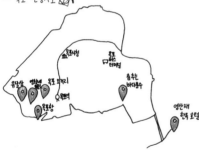
 ○ 목포시

역사: 「목포」〈고려사〉 역사책에서 처음 등장
 이름의 유래는 정확하지 않음.
 ? (木浦) 나무가 많은 포구
 ? 무화가 많이 나서
 ? 서해로부터 목포로 들어가는 길목이어서 ← 유력★

▪ 목포 관광지도 📖📍

- 갓바위
- 유달산
- 행복이 춤추는 포구
- 목포 눈물
- 목포 해상
- 춤추는 바다분수
- 목포항
- 영산재 한옥 호텔

▪ 목포의 관광장소

유달산
오케랜, 유선각, 유달난 등이 유명하다.

전라남도 목포의 상징이요 끝 산. 그리 높지 않나 산마다 험하고 기괴한바위 절벽에는 험난한 여러 봉들이 있다.

목포 시진마을

시와 아름은 봇이 마당 위에서 내려다본 풍경과 바다 이충단층 야경 곳곳으로 유명하다.

옛 시절의 모습을 그대로 간직하는 삽지, 영화 촬영지로 유명하다.

명화 1960년대 절벽 위 팬시에 유독한 현재 모습은, 영화 재현 체험을 받고 있다.

영산재 한옥 호텔

붉은 읽고 산 좋은 목포의 행복. 그 굿한바방을 그대로 옮기어 토했다.

남녀하고 후작은 기대 생명의 구본 강나가 어려져 넘어 극한.

목포항

전남 목포시에 있는 포구

까칠 이후른 항내지역의 관광구를 데 있다. 특히바다에 관광사가 함께 제주로는 만나주는 서해요으로 관찬 후시에 수많 유명인이 되었다.

▪ 목포의 즐길거리 – (대표 음식 및 특산물)

세발낙지 🔍

→ 목포의 세발낙지는 다른 지역에 비해 부드럽고 맛 또이 나기 때문에 임금님 수랏상에도 올라갔던 것도 유명하다.

→ 또, 다른 지역 세발낙지의 비싸 별너 가격대.

? 세발이 3개의 발 아닌가요
! 세발 '가는 세'자로 써서 가는 발!

갈치 🔍

→ 우리나라 연근해(동해, 남해)에 많다.
→ 성질이 가대에 비늘대신 은색의 망성 물질이 많아 특유의 풍미가 있다.
→ 갈치의 은분사가 인공적로 내는단다 양분 역겐비가 귀약하다.
→ 마른 가든 부관으로는 갈치낚시 가능

'악기 구조 사전 만들기'
수업 모델

'악기 구조 사전 만들기' 수업도 음악 진로 수업이라고 할 수 있다. 악기를 연주하는 사람만 존재하는 것이 아니라, 악기를 제작하고 수리하는 사람도 있고 연구하는 사람도 있다는 것을 알게 하여 안목을 넓혀주기 위함이다. 미국 공인 피아노 조율사로 25년을 근무하시다가 서귀포로 이주하셔서 지역에서 조율사 및 교육자로 활동 중이신 지인이 계셔서 3학년 진로수업과 연계하여 학교에 초청한 적이 있었다. 예산과 공간의 한계가 있어서 반별로 따로 진행되었다.

§ 피아노 조율사의 음악 진로 특강 §

- '피아노 조율사'라는 직업에 대해서 알아보기
- 피아노의 발명과 발전에 대한 역사 알아보기
- 음악실에 있는 피아노를 분해하여 내부의 구조에 대해서 살펴보기
- 건반 하나씩 분리된 부품을 통해 어떤 원리로 소리가 나는지 물리적 움직임 관찰하기
- 피아노 조율의 실제
- 피아노 조율 실습

이런 구성으로 수업을 요청드렸는데, 피아노 조율 실습은 학생들이 맥놀이 진동을 느껴보면서 현을 조였다 풀었다 하는 작업을 직접 해보며 조율을 해보았다. 학생들이

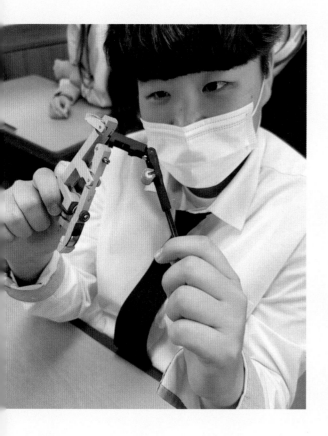

피아노 부품 중
하나를 만져보며
피아노 구조에 대해
학습한다.

♬ -피아노 내부 구조 살피기

맥놀이
진동에 대해
배운 후
현을 조여보며
조율을 해본다.

♬ -피아노 조율 실습

수업에 매우 흥미를 가지고 실습을 해보고 싶어서 서로 손을 들었다.

특강으로 진행했었던 경험을 되살려, 다음 학기에 악기에 대해 자세히 알아보는 프로젝트를 기획했다.

표 3-8 수업과정

차시	수업 주제	수업 내용
1차시	악기를 만드는 사람들	• 유퀴즈 온더블럭 프로그램 중 피아노 조율사와 바이올린 제작사의 에피소드 감상 • 음악의 3요소와 연결하여 악기의 종류 생각해보기(타악기, 관악기, 현악기)
2차시	악기 검색 및 결정	• 학생들에게 악기를 검색해보는 시간을 줌. • 모두 다른 악기를 선택하도록 하여 악기를 결정 *미리 검색엔진을 통해 악기를 검색하여 정보의 양을 확인한 후 선택하도록 주의를 줌. 단순히 쉬운 악기를 하겠다고 마라카스나 캐스터네츠 등을 선택하면 조사에 어려움이 있음.*
3~5차시	악기에 대한 조사	• 활동지의 조건에 맞추어 악기 조사하기 • 교사는 학생 개별적으로 악기의 특징에 따라 필수 내용 또는 조사 방향을 지도함. • 악기 사전의 제목(타이틀)에 대한 주의사항: 악기명과 악기의 특징이 함축된 제목을 짓도록 유도
6~7차시	악기 구조 사전 만들기	• 악기에 대한 조사 내용을 토대로 악기 구조 사전 제작 • 악기의 모양과 부품 명칭이 들어가야 함.

음악교과 '악기 구조 사전' 만들기-1

학년/반/번호		이름		점수	
내가 선택한 악기		내가 만들 악기 구조 사전의 타이틀			

악기의 역사(30점)

역사에 대해 조사한 후 소제목을 붙여서 3가지 이상의 주제로 글을 써보세요.
'~이다.'라고 문장이 완성되어야 함.

악기의 분류(15점)		
분류	명칭	설명
만들어진 나라		
악기의 재료		
소리 내는 방식 (현악기,관악기, 타악기 등)		
악기의 음색(20점)		
악기의 연주법과 음색		
악기의 음색(소리)이 잘 표현되어 있는 악곡을 2개 찾으세요.		
곡명	유튜브 제목	설명

음악교과 '악기 구조 사전' 만들기-2

반/번호		이름		점수	

악기의 모습을 상세히 그림으로 그려봅니다.
내가 정한 악기 사전의 타이틀과 부품의 이름과 악기에 대한 설명을 넣으세요(35점).

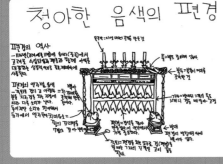

청아한 음색의 편경

편경의 역사

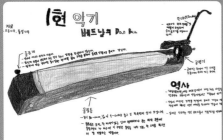

1현 악기 베트남의 Dan Bau

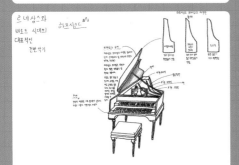

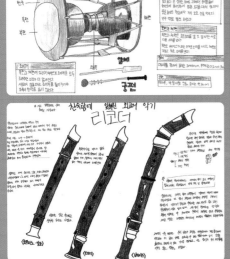

국악의 1인자 장구

리코더

악기 구조
사전 만들기
학습 결과물

말머리 닮은 마두금

기원

만들게 된 배경

악기의 쓰임

현재비

악기 구조 〜〜〜〜〜

라오스의 전통악기 Khaen

다양한 악기들이
소개되었고,
교내에
전시하여서
모든 학생들이
보면서
2차 학습하도록
하였다.

사전 만들기

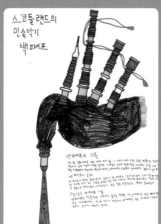

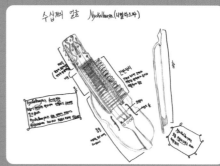

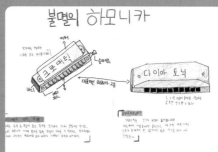

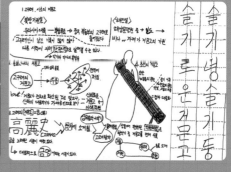

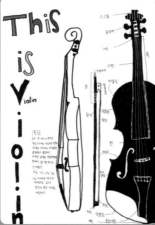

'악학궤범 문헌을 통한 8음의 분류' 수업 모델

멘티미터(Mentimeter) 프로그램을 이용하여 진행한 퀴즈 수업이었다. 8가지 재료를 가지고 악기를 분류하는 것을 학생들이 이해할 수 있도록 고려시대 유교와 아악의 유입, 종묘제례와 제사음식, 악서의 8음 8괘 8풍을 곁들여 설명하였다.

그림 3-2 '악서'에서 설명하는 8음과 8괘 8풍의 연관성

	☵	☶	☳	☴	☲	☷	☱	☰
괘	감(坎)	간(艮)	진(震)	손(巽)	이(離)	곤(坤)	태(兌)	건(乾)
방위	북	북동	동	동남	남	남서	서	서북
팔음	革	匏	竹	木	絲	土	金	石
절기	동지	입춘	춘분	입하	하지	입추	추분	입동
12地支	子	丑寅	卯	辰巳	午	未申	酉	戌亥
12율	황	대·태	협	고·중	유	임·이	남	무응

먼저 학생들에게 접속할 주소를 알려주고, 참여코드를 통해 접속하도록 한다. 첫 번째로 '악기를 만들 수 있는 재료들은 무엇이 있을까? 3가지를 써보시오.'라는 열린 질문을 하였는데 멘티미터의 특징 중 하나인 워드 클라우드를 사용하여 학생들의 답변이 가시적으로 실시간 나타난다.

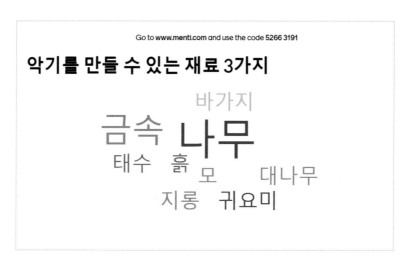

그림 3-3 첫 접속 시 간단한 질문을 하여 학생들이 들어온 것을 확인한다. 답변이 실시간으로 클라우드 모양으로 나타남. 중복 답변은 글자 크기가 커진다.

학생들의 답변을 본 후, 국악에서 분류하고 있는 8가지 재료(금, 석, 사, 죽, 포, 토, 혁, 목)를 한문으로 나열하였다. 각 한문과 뜻을 잘 연관시켜서 8가지 재료를 확정해준다.

본격적으로 학생들이 문헌의 내용만을 가지고 8가지 재료 중 해당되는 소리를 추측해서 퀴즈를 풀 수 있도록 유도하였다.

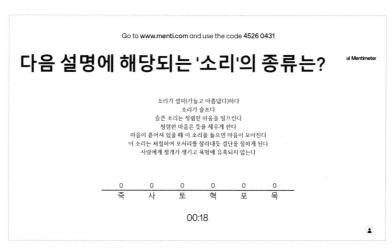

그림 3-4 학생들에게 퀴즈를 제시하면 나오는 화면. 시간은 설정할 수 있다.

그림 3-5 학생들이 답을 선택한 후, 나오는 화면

　지정된 시간이 지나면 바로 학생들의 정답을 확인할 수 있다. 정답을 확인하면 참여했던 학생들의 순위가 표시된다. 문제를 똑같이 맞추어도 빨리 맞추면 더 좋은 점수를 받는다. 그리고 문제를 풀 때마다 누적되어 순위가 표시되기 때문에 학생들이 매우 흥미를 가지며 참여한다.

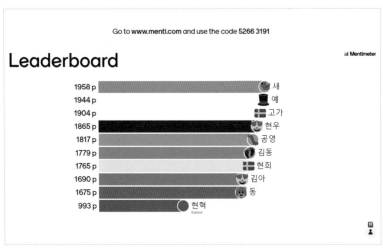

그림 3-6 학생들의 점수가 순위대로 나온다. 닉네임은 로그인할 때 학생들이 정할 수 있다.

그리고 정답이 밝혀진 후 실제 재료의 소리를 들어보며 문헌의 설명을 소리로 느껴보았다. 8가지 재료를 미리 준비해서 수업에 가져갔다. 금(꽹과리), 석(돌멩이), 사(우쿨렐레), 죽(단소), 포(없음), 토(오카리나), 혁(소고), 목(나무스틱)의 소리를 들으면서 다시 문헌을 재확인하였다.

'아! 이 소리를 문헌에서 이렇게 표현하였구나.'

의성어를 표현한 한자어(갱갱, 용용, 경경 등)들도 꽤 나와서 그것을 알아가는 재미도 있다. 그리고 각자 재료에 해당되는 악기들을 알려주었다. 아악기 수업에서 편경, 축, 박, 어 등의 악기에 대해 수업하면 학생들이 흥미를 가진다.

이번 퀴즈는 대부분의 학생들이 사전 지식이 별로 없는 상태(모두가 동등한 상태)에서 문헌의 내용만을 보고 추측하여 맞춰야 하기 때문에 매우 재미있어 한다. 정답을 맞추어도 정답을 얼마나 빨리 맞추었나에 따라 점수가 달라져서 순위가 계속 변동된다. 이때 우리 학교 선생님 몇 분도 참관하셨는데 1시간 내내 나가시지 않고 같이 퀴즈를 푸시면서 즐거워하셨다.

교실에서 사용할 수 있는 퀴즈 프로그램은 매우 다양하다. 무료판만 사용하더라도 요령껏 사용하면 꽤 쓸 만하다. 가끔 학생들에게 제공하면 즐거운 수업이 될 수 있다. 요즘은 잘 모르는 프로그램들도 포털사이트에 검색하거나 유튜브에서 찾아보면 상세히 사용법을 알려준다. 직접 해보면 생각보다 어렵지 않으니 도전해 보시길 추천드린다.

나는 새로운 프로그램으로 수업할 때마다 교내 전체 메시지로 해당 시간표를 공지하고, 오셔서 보실 수 있도록 수업 공개를 하고 있다. 나의 수업을 참관하고 개인 혹은 그룹으로 연수를 요청하면 언제든 프로그램 사용법을 알려드린다.

8음(재료)에 의한 악기 분류

학년	반	번호	이름

악기를 만드는 8가지 재료를 써보자.

역사적 기원	1100년대 중국의 제례악이 고려 시대에 들어옴. [악서]는 송나라에서 만든 음악 이론서 [악학궤범]은 조선 시대에 만들어진 음악백과사전

8음(재료)	[악서]와 [악학궤범]의 설명	해당 악기
1. 사	1. 소리가 섬미(가늘고 아름답다)하다. 2. 소리가 슬프다. 3. 슬픈 소리는 청렴한 마음을 일으킨다. 4. 청렴한 마음은 뜻을 세우게 한다. 5. 마음이 흩어져 있을 때 이 소리를 들으면 마음이 모아진다. 6. 이 소리는 처절하여 모서리를 잘라내듯 결단을 잘하게 된다. 7. 사람에게 절개가 생기고 욕망에 유혹되지 않는다.	
2. 금	1. 소리가 용용(잘 울려퍼져 우렁우렁함)하다. 2. 소리가 갱갱(건강한 소리)하다. 3. 충만한 기를 일으킨다. 4. 충만한 기는 무용을 일으킨다. 5. 군자가 들으면 무신을 생각한다.	
3. 죽	1. 소리가 청월(맑고 높음)하다. 2. 소리가 넘친다. 3. 넘치는 것을 모으게 하고, 모으는 것은 무리를 만든다. 4. 군자가 이 소리를 들으면 무리를 기르고 신하를 모은다.	
4. 석	1. 소리가 온윤(부드럽고 윤기가 있음)하다. 2. 소리가 경경(가볍고 맑음)하다. 3. 경한 소리는 분변(같고 다름을 가림)을 일으킨다. 4. 분변하여 목숨을 바치기까지 한다. 5. 군자가 이 소리를 들으면 죽은 신하를 생각한다.	

5. 혁	1. 소리가 융대(크다)하다. 2. 소리가 시끄럽다. 3. 시끄러운 소리는 움직이게 한다. 4. 움직이는 것은 무리를 나아가게 한다. 5. 군자가 이 소리를 들으면 장수(장군)의 신하를 생각한다.	
6. 토	1. 소리가 함호(감싸는 듯하고 낮음)한다. 2. 소리가 탁하다. 3. 탁한 것은 큰 것을 일으키고, 큰 것은 포용하며 기른다. 4. 이 소리가 바르면 사람들은 너그럽고 인정이 　두터운 것을 생각한다. 5. 훈과 부가 이에 속한다.	
7. 포	1. 소리가 숭취(여러 음이 동시에 나옴)하다. 2. 소리가 추(벌레나 새 같은 것이 우는 소리)하다. 3. 추한 소리는 맑은 것을 일으킨다. 4. 맑은 것은 충성스럽고 삼간다. 5. 이 소리가 바르면 사람들은 공경하고 사랑할 것을 생각한다.	
8. 목	1. 소리가 여음이 없다. 2. 소리가 곧다. 3. 곧은 것은 바른 것을 일으킨다. 4. 바른 것은 욕심을 부리지 않는다. 5. 이 소리가 바르면 사람들은 자기 마음을 깨끗이 한다.	

PART 17

'온라인 사이트를 활용한 음악 수업' 수업 모델

1. 크롬뮤직랩(musiclab.chromeexperiments.com)

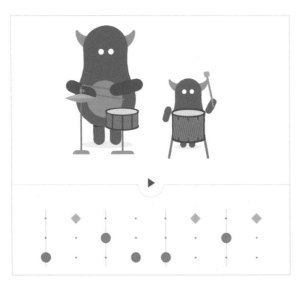

그림 3-7 율(Rhythm) 요소 학습. 아래 점을 클릭하면 추가하거나 삭제할 수 있고, 내가 만든 악보에 따라 캐릭터가 연주해준다. 점의 색깔은 드럼의 색깔과 동일하다.

많은 학교에서 음악 교사들이 사용하는 사이트 중 하나이다. 총 14가지 음악 요소를 게임처럼 만들어놓은 사이트인데, 음악의 원리를 익히기도 하고 간단히 음악을 창작하는 도구로도 사용된다. 온라인 수업할 때 이용하였는데 교사가 14가지를 차례차례 실행하면서 설명을 하고, 그중 중요하다고 생각되는 것을 몇 개 선택하여 과제를 제시하고, 간단히 학습 결과물을 캡처하여 제출하도록 하였다. 학생들이 쉽게 클릭 한 번으로 리듬을 만들 수 있고 바로 연주까지 실행되기 때문에 매우 좋은 프로그램이라 할 수 있다.

송 메이커를 가지고 노래를 만드는 작업을 하기도 하는데, 중학생 수준의 수업에는 율(Rhythm) 창작 정도가 적당하다.

2. 에이블톤(ableton.com)

다음으로 추천하는 웹사이트는 에이블톤(ableton.com)이다. 음악 교육용으로 아주 잘 만들어진 사이트인데, 이 중 학생들과 수업시간에 활용해 볼 수 있는 것은 음악 만들기(learningmusic.ableton.com)이다. 음악 만들기가 매우 체계적이고 구체적으로 나와 있는데 그림에서 보는 것처럼 비트 〉 음표 〉 코드 〉 베이스라인… 과정으로 배울 수 있는 자료를 제공한다. 그러나 일반 중고등학생의 경우 '비트' 부분만 해도 충분하다. 나는 수업 중에는 '비트'에 대해서만 프로그램을 사용하였고, 나머지 관심 있는 학생들은 자율적으로 뒷부분까지 해 볼 수 있도록 권장하였다.

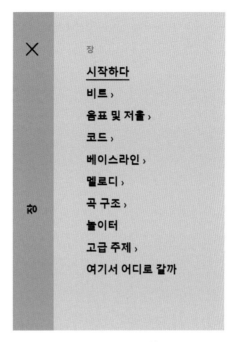

그림 3-8 에이블톤 음악 만들기(learningmusic. ableton.com)의 목차

〈비트〉 부분을 클릭하면 총 10개의 단계를 통해 차례차례 비트에 대해 학습할 수 있다. 뮤직랩과 마찬가지로 학생이 클릭 한 번으로 비트를 만들 수 있고 학생이 만든 대로 바로 연주해주어 소리를 들을 수 있다. 자신이 만든 음원을 파일로 저장할 수 있게 지원한다. 특히 실제 곡을 예시로 비트를 배울 수 있어 좋다. 퀸의 'We Will Rock You' 와 비욘세 'Single Lady'의 기본 비트가 나오면서 신나게 공부할 수 있다. 나는 학생들에게 전체를 다 저장해서 제출하게 하지 않고, 제일 마지막 페이지 10/10의 비트 만든 화면을 캡처하고, 음원을 저장하고, 프로그램 후기를 남기도록 온라인 과제를 제시하였다. 학생들의 후기 중 비트를 구성하는 소리들에 대해 배울 수 있어서 유익했고, 제대로 배워서 음악을 만들어 보고 싶다는 후기들이 많았다. 에이블톤 음악 배우기 중 필요한 내용들을 각자 학교와 교사에 맞추어 선택적으로 사용할 수 있으니 한번 들어가서 해보시기를 추천드린다.

학교 게시판과 인스타그램 계정 활용하기

학생들의 수업과정과 수업했던 활동지들을 함께 공유하기 위해 만든 수업용 계정이 있다. 아직은 우리 학교 학생들만 보고 있다. 간혹 음악교사들이 보시면서 수업 자료를 요청하거나 질문을 하기도 한다.

음악실과 음악실이 있는 복도에 게시판을 만들어 학생들의 작품들을 수시로 전시하고 있다. 그러나 오프라인 공간은 한정적이고 제약이 있어서 필요할 때 온라인계정을 사용한다.

학생들과 수업에서 했던 것들 중에서 따로 발표하거나 연주하기 어려운 학습 활동들을 올리고, 음악과 관련된 간단한 일상이나 학교 내의 행사들을 공유한다. 칼림바 연주 같은 경우는 악기 소리가 너무 작아서 발

그림 3-9 교육용으로 사용 중인 인스타그램 계정. 아직은 우리 학교 학생들만 보고 있다. 간혹 음악 교사들이 보시면서 수업 자료를 요청하거나 질문을 하기도 한다.

표하기 쉽지 않은데 온라인으로 올리면 전교생들이 다 볼 수 있어서 좋다. 학생들이 개인적으로 들어가서 보기도 하지만, 수업 중에 TV나 전자칠판을 통해 화면을 함께 보며 수업 자료로 사용하기 유용하다.

제주도는 3년 전부터 예술실과 도서관의 현대화 사업을 진행하고 있다. 우리 학교도 올해 초에 음악실 현대화 사업을 진행했다. 2교실을 터서 1.5실과 0.5실을 만들었는데 1.5실의 뒤편에 작은 무대를 제작해 수시로 학생들이 발표공간으로 사용하도록 하였다. 교실을 현대화할 때에는 교사가 어떤 방식으로 수업을 하는지 어떤 공간이 필요한지 고민하여 디자인에 참여하면 좋다. 우리 학교 음악실의 특징은 무대가 있다는 점과 스마트칠판을 설치한 것인데, 65인치를 설치하여 수업 중에 잘 사용하고 있다. 화면이 좀 작아서 아쉽긴 하지만 여러 가지로 유용하니 참고하면 좋을 듯하다. 스마트칠판의 사용방법이 궁금하다면 필자의 인스타그램에 간단한 사용법 동영상이 올라와 있으니 참고하자.

우리 학교 음악실 모습. 교실 뒤편에 작은 무대를 만들어서 수업 중 발표회 공간으로 사용한다.

교실 뒤편의 무대와 왼쪽 벽면의 블랙보드

음악실 내 게시판 활용 모습

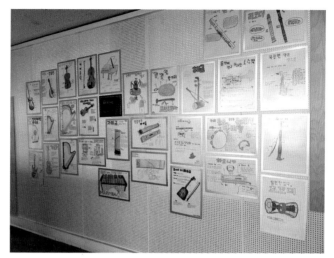
음악실 복도 계단 게시판 활용 모습

음악실 복도의 아트월. 음악당이라는 이름을 붙이고 못 쓰는 악기를 기증받아 꾸몄다.

위미중학교에 내가 있더라.

열세살 때 바라보기만 하던 내가

열여섯살 성장한 모습이 되어 내가 있더라.

넓은 잔디밭에서 공을 차고 있더라.

나는 웃기만 하더라.

경치 좋고, 공기 좋은 학교더라.

시원한 바람에 악기 소리가 묻어 나오더라.

나는 아름다운 위미중학교에 3년째 있더라.

공부하고 연주하고 공을 차면서

아름다운 위미중학교에 내가 있더라.

학교에서 열린 백일장에 입상한 어느 학생의 자작시 중 일부입니다. 학교의 다양한 자료를 찾던 중 발견했는데, 학생의 웃음소리가 들리는 듯한 이 시가 유난히 기억에 남아요.

이 책을 쓰면서 10년 정도의 교직 생활을 둘러보고 평가해보는 시간을 가졌습니다. 임고를 볼 때의 기억을 떠올리며 다시는 그렇게 열심히 공부할 수 없을 것 같다는 느낌이 들면서 지금 공부하고 있는 수험생들에게 경의를 표하기도 했어요. 처음 제주에 와서 적응하던 때의 에피소드들도 참 많았답니다. 첫 5년 동안은 마치 외국에 와서 다른 문화권에 살고 있는 듯했는데 제주의 지역적 특징들이 참 재미있었어요. 매일 봐도 바다가 신기했고 시골의 돌담들이 신기했고 주황주황 귤들이 신기했어요. 우리는 주황색을 흔히 오렌지색이라고 표현하는데, 여기 학생들은 미깡색이라고 한답니다. 미깡은 귤을 말합니다. 모든 생활이 귤과 연결되어있는 이곳이 참 재미있었어요. 학교 주변에도 집 마당에도 가로수도 전부 귤나무인데 심지어 귤 철이 되면 교무실에는 매일 귤이 가득 담긴 컨테이너들이 쌓여 있답니다. 학부모님들이 수확하시면서 계속 학교로 가져다 주시는 곳, 정이 넘치는 위미였습니다.

하루는 학생들에게 물어보았습니다.

"길거리에 있는 귤나무들 말이야, 저기 귤 따서 먹어도 되는 거야?"

매일 보는 그 주황 동그라미들이 얼마나 맛있어 보였는지 '육지것'인 선생은 침을 꼴깍꼴깍 삼켰어요. 학생들은 눈을 동그랗게 뜨면서 놀라서 대답했습니다.

"선생님 집에 귤 없어요?"

이 학생들은 길에 있는 수백 그루 귤나무들의 귤을 따먹을 이유가 없었던 거예요. 집에 귤이 너무 많아 썩을 지경이었기 때문입니다. 서귀포에 얼마나 귤이 풍부한지 식당에 밥을 먹으러 가도 테이블마다 귤이 있고, 식사가 끝나면 한 봉지 가져가라고 담아 줍니다. 동네를 산책하고 있으면 귤 따시는 분들을 처음 뵙는데도 파치 귤을 가져가라고 한가득 담아주십니다. 주유소에서 주유를 하면 귤을 줍니다. 서귀포의 클라스는 다르지요?

어느 날은 길을 걸어가고 있는데 귤을 잔뜩 실은 트럭이 제 옆을 지나가다가 빵빵 클랙슨을 울렸습니다. 얼굴을 들어 트럭을 보니 우리 학교 학생의 아버지입니다.

학교에 간혹 오셔서 얼굴을 알고 있었습니다.

"선생님, 어디 감수꽈?"

"안녕하세요, 저 집에 가는 길이에요. 저쪽으로 조금 더 가서 다리 건너면 바로 저희 집이거든요."

"태워드릴 테니 어서 탑써."

얼떨결에 옆 좌석에 어떤 아주머니와 사이좋게 앉아 집까지 타고 갔답니다.

"여기예요, 감사합니다, 조심히 가세요!"

"잠깐 계십써."

그러시더니 귤을 한 컨테이너(귤 농장이나 선과장에서 사용하는 노란색의 큰 플라스틱 박스) 꺼내서 우리 집 거실까지 옮겨다 주십니다.

긴 세월을 돌고 돌아 늦깎이 교사가 되었지만 어쩌면 제주에서 근무하기 위한 나의 여정이 아니었을까 하는 생각이 들 때도 있습니다. 지금은 성산일출봉이 바로 보이는 성산중학교에서 근무하고 있어요. 성산중학교 학생들은 예전부터 다루기 어렵다고 제주도내 소문이 파다했는데 제가 근무하는 동안은 학생들도 선생님들도 참 좋아요. 그러고 보면 나는 참 인복이 많은 사람이라는 생각도 듭니다.

위미중학교 시절 같이 근무했던 선생님들과는 그동안 꾸준히 교류하고 만나고 있고 그때 만든 단체 대화방이 아직도 운영되고 있는데, 최근 코로나19로 인해 거의 만나지 못했어요. 이번에 책을 만드는 것을 핑계로 이것저것 여쭤보기도 하고 도움을 요청하기도 하면서 그분들과 다시 연락을 하며 오랜만에 목소리를 들으니 참 행복했습니다. 아직도 해마다 학생들이 스승의 날에 메시지를 주기도 하고, 대학생이 된 그들을 동네 곳곳에서 알바생으로 만나요. 책에 실을 그들의 사진에 대한 동의를 구하고 후기를 부탁하면서 만난 학생들도 있었는데 몇 년 만에 만났지만 매일 보던 친구처럼 금세 깔깔거리며 수다를 떨었지요.

한결같이 선생님들과 학생들의 반응은 '그때가 정말 행복했다.' 입니다. 그동안 우리 학생들이 얼마나 잘 성장했는지 이야기를 들으며 뿌듯했어요. 가장 많이 들었던 이야기는 도전감과 자신감이 생겨서 뭐든 열심히 하고 있다는 이야기들입니다. 역시 우리 위미 아이들 답지요.

저는 좀 특이한 경력으로 교사가 되었는데, 보통 교사들이 기간제 경력을 가지고 있었지만 저는 34살이 되도록 기간제 경력이 하나도 없는 완전 신출 새내기로 시작했어요. 오랫동안 교육계를 떠나 다른 일을 하기도 했고, 학교에서 근무한 적은 있지만 임고 준비를 위해 공부할 시간이 필요했기 때문에 시간 강사와 방과후 강사만 해보았습니다. 그래서 처음 발령을 받았을 때 기초적인 공문 작성하는 것, 나이스에 출장을 상신하는 것부터 배워야 했습니다. 당시 근무하셨던 윤석찬 교감 선생님께 하나씩 공문 작성법을 배웠습니다. 교감 선생님 책상의 여분 의자는 한동안 제 전용 의자가 될 정도였습니다. 수시로 저를 부르셨는데 이번엔 완벽했다 생각한 문서가 또 뭐가 잘못되었는지 너무너무 궁금해서, 교감 선생님께서 부르시면

"교감 선생님! 잠시만요! 뭘 또 틀렸나 제가 맞춰볼게요!"

궁금한 것은 못 참는 성격이라 스스로 오류를 찾기 위해 막 이리저리 머리를 굴렸던 기억들이 납니다.

한동안 교감 선생님과 절친이 된 듯이 가깝게 지냈습니다. 몇 달이 지나자 이제 교정할 것이 없다며 칭찬해주셨던 때가 기억납니다. 그 뒤로 지금까지 저는 공문서 잘 쓰는 교사가 되었어요.

첫 발령에 모든 것이 서툴렀던 신규 음악 교사가 맡게 된 오케스트라 사업을 전적으로 지지해주시고 도와주셨던 교장 선생님과 지금까지 친분을 유지하면서 가족같이 지내고 있습니다. 저에게 공문서 작성법을 알려주셨던 교감 선생님과는 그 뒤 순회학교에서 교장과 순회교사로 만났고, 지금도 가끔 전화로 안부를 물으며 좋은 관계를 유지하고 있습니다. 그분들뿐만 아니라 모든 선생님들의 도움으로 저의 능력치가 올라갔지만 그보다 더 값진 것은 사람과 사람 간의 믿음과 정이었습니다. 그래서 더 값지고 소중합니다.

뭐든 닥쳐서 해야 될 때면 부족하고 필요한 것들이 참 많습니다. 제가 처음 오케스트라를 맡았을 때도 막막함에 온갖 자료와 논문들을 찾아보고 연수를 찾아보았지만 큰 도움이 되지 않았어요. 그때 교육청 장학사님들이 몇 분 학교로 방문하셔서 오케스트라 운영에 대한 회의를 한 적이 있었습니다. 학교에서 운영하는 어려움들을 나누고 해결책을 찾아보는 시간이었습니다. 당시 우리 학교는 자체적으로 오

케스트라 사업을 기획하고 만들고 성장시켰던 터라 예산 지원이 일정치 않았습니다. '교악대 지원사업 신청'에는 신규 학교만 선정하거나, 신규학교로 선정되었던 학교에 지속적으로 지원을 해주는 구조로 되어 있었기 때문에 우리 학교는 조건이 맞지 않았습니다. 그래서 저희 학교는 광동제약(제주삼다수 유통업체)과의 협약을 통해서 매년 1,000만 원씩을 지원받았습니다. 그리고 교장 선생님과 제가 여기저기에 도움을 요청하고 예산을 확보하느라 매우 분주했어요. 제주문화예술재단에서 지원을 받은 적도 있습니다. 그러나 항상 연초가 되면 제로에서 다시 시작해야 했지요. 예산 확보에 대한 어려움뿐만 아니라 저는 업무 담당자로서의 어려움도 이야기하였습니다.

"제가 오케스트라를 맡는 것은 문제가 없습니다. 그런데 그에 대한 교육과 매뉴얼이 없어서 운영을 어떻게 해야 할지 막막합니다. 앞으로도 많은 학교와 담당 교사들이 도움을 받을 수 있도록 연수와 매뉴얼이 있었으면 좋겠습니다."

신규 발령 2개월차 교사에게 장학사님이 말씀하셨지요. 진 선생이 한번 만들어 보면 어떻겠냐고요. 하하. 당시에는 나도 모르는 걸 어떻게 하라는 이야기인가 어리둥절했으나, 그때 나누었던 이야기가 씨앗이 되어 1년 뒤 제 머릿속에서 싹을 틔웠고 직접 연구를 시작하게 되는 원동력이 되었습니다.

경제적 위기를 겪은 90년대 후반의 사회적 분위기에 따라 생각지도 못한 사범대에 진학하게 된 것을 계기로 지금 교단에 있게 되었고, 학부에서 했던 오케스트라의 경험이 저를 위미에서 오케스트라를 지휘하게 만들었고, 우연히 들었던 영재교육연수는 6년이 지난 후 영재교육원에 겸임할 수 있는 자격이 되었습니다. 5년 전 국제학교 연수를 통해 접했던 IB교육과정의 모습들은 딴 나라 이야기인 줄 알았는데 현재 우리 학교는 IB학교를 만들기 위해 준비하고 있어요.

앞으로 어떤 일을 맡게 될지 어디서 근무하게 될지 모르지만 나의 이런저런 경험들이 모여 지금의 나의 모습이 되는 것이 참 신기합니다. 우연이라고 생각한 것들이 사실은 인연이었지요.

그 이후에도 저는 신규 제주 음악 교사들과 교과연구회를 만들어 회장을 맡으면서 수행평가와 동아리 활동에 대한 연구를 함께 했어요. 정기적으로 모여서 학교

이야기, 평가 이야기 등을 하였는데 그저 모여서 이야기를 나누는 것만으로도 매우 도움이 되더라고요. 그리고 교육청의 지원을 받아 교사 동아리를 조직하고 바이올린과 첼로 동아리를 만들어서 교사들과 함께 매주 레슨을 받기도 했습니다. 현악기의 특성상 단시간에 실력이 향상되지는 않지만 각자 선생님들께 좋은 경험을 제공했다 생각합니다.

방학 중에 뮤지컬 연수를 기획했던 적도 있습니다. 제가 뮤지컬 수업을 해보니 부족한 게 너무 많더라고요. 서울에서 학교 뮤지컬 수업에 출강하시는 강사님을 초청하여 발성법도 배우고 시나리오도 짜보며 3일 동안 모여서 제주 지역 선생님들과 머리 맞대며 열심히 공부했습니다. 이런 단기간의 연수들이 완벽히 수업할 준비를 마칠 수 있는 수준은 아닙니다. '우리 교사들이 언젠가 연주회도 열고 뮤지컬 공연도 해보자.'는 우리들의 목표는 아직 이루지 못하였지만 전국의 모든 선생님들이 각자의 자리에서 얼마나 열심히 연구하고 고민하고 수업에서 학생들과 직접 부딪히고 계시는지 잘 알고 있습니다.

최근 전국 음악 선생님들이 모여서 단체 대화방을 만들었는데 모여서 함께 고민하고 정보를 교환하며 매우 열심이랍니다. 얼굴도 성함도 모르는 선생님들의 글을 보면 아이디어가 빛나고 어려운 여건 속에서도 참 열심히 하고 계신 모습에 감탄하며 우리 나라 음악 교육의 미래가 밝다는 생각이 듭니다. 저도 그중 한 명의 평범한 음악 교사입니다.

이 책의 현악기 지도법과 오케스트라 지도법은 어느 수준의 학생들에게나 바로 적용할 수 있고 빨리 효과를 얻을 수 있는 실제적인 방법입니다. 학생들의 수준이 낮을수록 더욱 효과적입니다. 저는 교과수업에서도 충분히 현악기를 지도할 수 있다고 생각합니다. 학교에서 악기보관실에 먼지가 쌓인 바이올린들이 있다면 지금 당장 꺼내어 지도할 수 있습니다. 선생님의 악기 연주 실력은 중요하지 않습니다. 정확한 음정과 리듬의 지도를 위해서는 바이올린보다 피아노로 지도하는 것이 효율적입니다.

바이올린이 귀족의 악기가 되지 않도록, 오케스트라가 선택된 학생들만의 향유물이 아님을, 악보를 보지 못하고 연주한 적 없는 학생들이라도 할 수 있다는 것을 널리 알리고 싶습니다. 지도하고자 하는 마음만 준비되었다면 이 책이 도와드릴게요! 앞으로도 저는 온라인 계정을 통해서 계속 저의 수업과 예술 교육을 공개할 예정입니다. 언제든 방문해주시고 궁금한 점은 질문해 주세요.

음악 교사는 극한 직업입니다. 끊임없는 연구와 노력이 필요합니다. 그러나 저는 음악 교사라 행복합니다. 제주에서 살고 있어 행복합니다. 제주에서 이룬 가정과 제주에서 태어난 두 아이와 지금 태중에 있는 셋째 아기까지, 앞으로의 삶이 더욱 기대됩니다.

마지막으로 나의 가족들에게 사랑한다고(매일매일 말하지만) 이야기하고 싶습니다. 그리고 저와 제주의 모든 인연들과 이 책을 읽어주신 여러분께 말씀드리고 싶어요. 고맙습니다, 사랑합니다!

2021년 어느 맑은날
성산에서

학교 오케스트라
지도 지침서

2021년 11월 30일 초판 1쇄 발행
2024년　5월　5일 초판 2쇄 발행

지은이　진유경
펴낸이　김영훈
편집　　김지희
디자인　부건영
편집부　이은아, 김영훈
펴낸곳　한그루
　　　　출판등록 제6510000251002008000003호
　　　　제주특별자치도 제주시 복지로1길 21
　　　　전화 064-723-7580　전송 064-753-7580
　　　　전자우편 onetreebook@daum.net　누리방 onetreebook.com

ISBN 979-11-90482-89-9　03370

이 책은 2021년 제주특별자치도교육청 '우리 선생님 책 출판 지원 사업' 공모 선정작입니다.

값 25,000원